이것만 알면 통한다
일본어 문법

이것만 알면 통한다
일본어 문법

초판 발행	2012년 02월 10일
초판 9쇄	2024년 03월 10일

저자	이수길
발행인	이재현
발행처	리틀씨앤톡

등록일자	2022년 9월 23일
등록번호	제 2022-000106호
ISBN	978-89-6098-173-7 (13730)
주소	경기도 파주시 문발로 405 제2출판단지 활자마을
홈페이지	www.seentalk.co.kr
전화	02-337-0092
팩스	02-338-0097

ⓒ2012, 이수길

본 책은 저작권법에 의해 보호를 받는 저작물이므로 무단 전재와 복제를 금합니다.

이것만 알면 통한다

일본어 문법

이수길 저

머리말

　현대사회를 살아가는 신세대들에게 일본은 지리적으로는 물론이고 문화적으로도 대단히 가까워졌음을 느끼고 있습니다. 법적으로도 여행의 자율화로 단기체류는 번거로운 절차가 없어도 쉽게 왕래할 수 있게 되었습니다. 그러한 차원에서 보면 한일 간의 사람들이 많은 왕래를 한다는 것은 양국의 언어적인 측면에서도 배우려고 하거나 필요로 하는 인구가 늘어나고 있는 것이 현실입니다. 제2언어 영역이 활성화된다는 것은 교육적인 측면에서도 대단히 바람직한 일입니다.

　외국어는 배우는 사람의 입장이 다르고 가르치는 사람의 입장이 다르다는 것을 느끼곤 합니다. 다시 말해서 배우는 사람은 쉽게 배우고 쉽게 포기하는 습성이 강하고 가르치는 사람은 정반대의 입장일 것입니다. 흔히들 외국어는 무작정 암기하고 외우면 말이 되고 글이 된다는 생각으로 시작하는 학습자가 일반적입니다. 특히나 일본어를 배우려고 하는 학습자들의 대부분은 일본어가 쉽다는 생각으로 접근합니다. 초급 단계에서는 쉽게 적응을 하고 나아가다가 조금씩 한자가 많아지고 동사적 문법을 학습할 단계에 이르게 되면 어렵다는 생각보다는 까다롭다는 생각을 많이 하게 됩니다. 이러한 단계를 극복하고 다음 단계까지 꾸준하게 이어서 학습하는 사람은 일본어의 기초를 잡을 수 있게 됩니다. 반면 1차적인 난관을 극복하지 못해 포기하면 일본어의 맛을 느끼지 못하고 결국 초보적인 단계에서 헤어나지 못하는 것입니다. 외국어는 단시간에 정복하려고 해도 안 되지만 정복할 수도 없는 것입니다. 그렇기 때문에 매일매일 정해진 양을 조금씩 꾸준하게 오래도록 반복하고 지속하여 학습적 효과를 유지할 수 있도록 신경을 곤두세워야 합니다.

그러한 의미에서 필자는 일본어 학습자들이 일본어 공부에서 오는 문법적 어려움을 쉽게 해결하고 학습할 수 있는 지침서를 만들게 되었습니다. 처음부터 끝까지 순서대로 학습을 해도 좋고 중간에 필요한 부분만 끄집어내서 집중적으로 공부해도 좋은 책을 내놓게 되었습니다. 말하자면 본서 한 권만으로도 충분하게 일본어 문법의 기초를 완벽하게 정리하고 일본어를 쓰고 말하는 데 불편함이 없도록 만들었습니다. 기초에서 고급까지의 문법적 표현을 예문과 함께 설명을 곁들어 알기 쉽고 이해하기 쉽게 편집했습니다.

아무리 좋은 교재와 능력 있는 선생님이 있어도 학습자 본인의 노력과 투자가 없으면 아무런 도움이 되지 않습니다. 그러한 의미에서도 본서와 함께라면 그동안 맛보지 못했던 일본어의 새로운 맛을 볼 수 있을 것입니다. 아무쪼록 이 책이 학습자 여러분에게 꼭 필요한 언어적으로 일상의 도구가 되었으면 하는 바람입니다.

끝으로 본서의 출간을 도와준 씨앤톡 사장님을 비롯해서 편집부 여러분에게 심심한 감사의 뜻을 이 페이지를 통해서 전해드리겠습니다. 대단히 감사합니다.

저자 이수길

이 책의 특징과 학습 방법

이 책의 특징

본서는 일본어의 기초에서 고급에 이르기까지 문법적 흐름을 단계적으로 잡아주고 혼자서도 운용할 수 있도록 구성하였습니다. 특히 일본어의 품사인 명사, 형용사, 동사, 부사, 접속사, 조동사, 연체사, 조사, 감동사 등을 총체적으로 체계적인 설명과 함께 기본 예문을 곁들여 학습자가 쉽게 이해하고 응용할 수 있다는 점이 최대의 장점이라고 할 수 있습니다.

이 책의 학습 방법

본서를 효율적으로 학습하고 학습적 발전을 꽤하려면 다음과 같은 순서에 입각해서 시종일관해서 학습한다면 좋은 효과를 얻을 수 있습니다.

첫째. 문장을 정독으로 읽어본다.
둘째. 문형 설명을 이해하고 숙지한다.
셋째. 예문을 반복해서 읽어 본다.
넷째. 예문을 토대로 다른 예를 상상해 본다.
다섯째. 반복해서 소리 내어 읽어 본다.

첫 번째로 문장을 정독한다는 것은 문장 구성을 살피고 파악하여 이해를 쉽게 터득하는 데에 도움을 줍니다. 두 번째로 문장 구성을 대략적으로 파악한 상태에서 문형 설명을 이해하면 머릿속에 저장되는 속도도 빠르고 쉽게 적응하는 데 도움을 줍니다. 세 번째로 예문을 반복해서 읽어본다는 것은 외국어 학습에서 가장 기본적인 학습 방법입니다. 머리가 나쁘고 나이가 많아서 암기가 안 된다는 것은 핑계에 불과합니다. 반복의 반복은 자동화 현상을 유발하게 되는 지름길입니다. 네 번째로 예문을 토대로 다른 예를 상상해 본다는 것은 두 말할 나위없는 것입니다. 즉, 주어진 예문만 달달 암기했다고 해서 그것으로 완성된 학습이 아닌 것입니다. 그것을 기본으로 유용한 예를 스스로 적용해서 활용할 수 있는 능력으로 연결해야 합니다. 그렇기 때문에 또 다른 예문을 찾아보려고 노력하고 응용력을 키우려고 뇌세포를 자극해야 한다는 것입니다. 다섯 번째로 문법적 기본 과정을 거치면서 터득된 문장을 반복해서 소리 내어 읽어야 자신의 귀에 들리고 무의식적으로 뇌에 저장되어 듣기에도 효과를 얻을 수 있습니다.

외국어 학습에서 큰 소리로 문장을 읽는 것은 입과 귀를 열고 또한 눈을 뜨게 합니다. 이러한 과정이 정상적으로 마무리 되면서 최종적으로 손으로 쓸 수 있는 능력을 키워야 언어의 4기능이 제대로 작동할 수 있게 되는 것입니다. 따라서 외국어 학습은 반복적으로 듣고 말하고 읽고 쓰기가 이루어져야 완벽한 언어로서 역할을 한다는 것을 명심하면서 파이팅 합시다.

이 책의 목차

머리말	4
이 책의 특징과 학습 방법	6

Part 01 필수 일본어 문법 · 14

01 일본어의 기본 학습 · 17

001 일본어의 문자 · 18
  1 히라가나(平仮名;ひらがな) · 18
  2 가타카나(片仮名;かたかな) · 19
  3 한자(漢字;かんじ) · 19

002 일본어의 발음 · 20
  1 히라가나(ひらがな) · 20
  2 가타카나(カタカナ) · 28

003 일본어의 품사 · 34
  1 명사(名詞; めいし) · 34
  2 형용사(形容詞; けいようし) · 34
  3 형용동사(形容動詞; けいようどうし) · 34
  4 동사(動詞; どうし) · 35
  5 부사(副詞; ふくし) · 35
  6 접속사(接続詞; せつぞくし) · 35
  7 감동사(感動詞; かんどうし) · 35
  8 연체사(連体詞; れんたいし) · 35
  9 조사(助詞; じょし) · 36
  10 조동사(助動詞; じょどうし) · 36
  11 기타 문법 용어 · 36
  Jump Up · 38

02 명사 따라잡기 · 39

001 명사의 종류 · 40
  1 보통명사 · 40
  2 고유명사 · 40
  3 전성명사 · 40
  4 복합명사 · 41
  5 형식명사 · 41
  6 수사 · 42
  7 대명사 · 42

002 명사의 기본 문형 · 43
  1 긍정과 부정 · 43
  2 과거와 과거 부정 · 44

003 명사의 수식 활용 : 조사 の의 용법 · 45
  1 명사 + の + 명사 : 해석하지 않는다 · 45
  2 소유·소속 : ~의 · 45
  3 소유의 주체 : ~의 것 · 45
  4 제품 : ~제(품) · 45
  5 동격 : ~인 · 46

004 지시대명사 · 46
  1 こ·そ·あ·ど · 46

005 인칭대명사 · 48
  1 인칭대명사 · 48

006 수사 · 49
  1 수세기 · 49

007 위치 명사 · 56
  1 위치 명사 · 56

008 가족 호칭법 · 57
  1 가족 호칭법 · 57

009 명사의 기타 문형 · 58
  1 ~は~です ~은(는) ~입니다 · 58
  2 ~は~ですか ~은(는) ~입니까? · 59
  3 ~は~では[じゃ]ありません
    ~은(는) ~이 아닙니다 · 59
  4 ~は~でした ~은(는) ~이었습니다 · 59
  5 ~は~でしたか ~은(는) ~이었습니까? · 59
  6 ~は~では[じゃ]ありませんでした
    ~은(는) ~이 아니었습니다 · 60
  7 ~は~の~です ~은(는) ~의 ~입니다 · 60
  8 ~で、~です ~이고, ~이다 · 60
  9 ~だろう·~でしょう ~일 것이다,
    ~겠지·~일 것입니다, ~겠지요 · 61

10 ～になる ～이(가) 되다	61
11 명사 + する ～하다	61
12 ～に行く・～に来る ～하러 가다・～하러 오다	61
Jump Up	62

03 형용사 따라잡기　　65

001 い형용사　　66
1 い형용사의 긍정과 부정　　66
2 い형용사의 과거와 과거 부정　　67
3 い형용사의 연결형　　68
4 い형용사의 명사 수식　　68
5 い형용사의 가정형　　69
6 い형용사의 추측형　　70
7 い형용사의 기타 활용　　70

002 な형용사　　72
1 な형용사의 긍정과 부정　　72
2 な형용사의 과거와 과거 부정　　73
3 な형용사의 연결형　　74
4 な형용사의 명사 수식　　74
5 な형용사의 가정형　　75
6 な형용사의 추측형　　75
7 な형용사의 기타 활용　　76
Jump Up　　77

04 동사 따라잡기　　81

001 동사의 종류　　82
1 1그룹 동사 (5단 동사)　　82
2 2그룹 동사 (상하1단 동사)　　82
3 3그룹 동사 (변격 동사)　　83

002 동사의 ます형　　83
1 5단 동사의 ます형　　83
2 상하1단 동사의 ます형　　84
3 변격 동사의 ます형　　84
4 동사의 ます형 활용 표현　　85

003 동사의 て형(음편형)　　89
1 5단 동사의 て형　　89
2 상하1단 동사의 て형　　91
3 변격 동사의 て형　　91
4 동사의 て형 활용 표현　　91

004 동사의 ない형　　94
1 5단 동사의 ない형　　94
2 상하1단 동사의 ない형　　94
3 변격 동사의 ない형　　95
4 동사의 ない형 활용 표현　　96

005 동사의 た형　　97
1 5단 동사의 た형　　97
2 상하1단 동사의 た형　　99
3 변격 동사의 た형　　100
4 동사의 た형 활용 표현　　100

006 동사의 원형　　102
1 동사의 원형　　102
2 동사의 원형 활용 표현　　102

007 동사의 명사 수식형　　103
1 명사 수식형　　103
2 동사의 명사 수식형 활용 표현　　104

008 동사의 가정형　　105
1 5단 동사의 가정형　　105
2 상하1단 동사의 가정형　　105
3 변격 동사의 가정형　　106
4 동사의 가정형 활용 표현　　106

009 동사의 명령형　　107
1 5단 동사의 명령형　　107
2 상하1단 동사의 명령형　　107
3 변격 동사의 명령형　　108

010 동사의 의지형　　108
1 5단 동사의 의지형　　108
2 상하1단 동사의 의지형　　109
3 변격 동사의 의지형　　109
4 동사의 의지형 활용 표현　　109

011 동사의 가능형　　110
1 5단 동사의 가능형　　110

이 책의 목차

  2 상하1단 동사의 가능형   111
  3 변격 동사의 가능형   111
 012 존재 동사「ある」와「いる」   112
  1 ある   112
  2 いる   112
 013 자동사와 타동사   113
  1 자동사   113
  2 타동사   113
 014 진행과 상태의「ている」와「てある」   115
  1 ~ている   115
  2 타동사 + てある   116
 015 수수표현(授受表現)   117
  1 やる・あげる・さしあげる
    주다・드리다
  2 くれる・くださる 주다・주시다   117
  3 もらう・いただく
    받다・받다(겸양표현)   118
  4 보조동사로 쓰일 때의 수수표현   118
 016 동사의 명사화(전성 명사)   120
  1 5단 동사의 명사형   120
  2 상하1단 동사의 명사형   120
  3 ~方・~物 ~하는 방법[요령]・
    ~하는 것   121
 017 복합동사   122
  1 동사+동사   122
  2 명사+동사   122
  3 형용사+동사   123
  4 동사의 ます형 + 접미어   123
  5 기타   126
  Jump Up   128

05 조동사 따라잡기   131
 001 사역의 조동사 せる・させる   132
  1 5단 동사의 사역형   132
  2 상하1단 동사의 사역형   133
  3 변격 동사의 사역형   133
 002 수동의 조동사 れる・られる   134
  1 5단 동사의 수동형   134
  2 상하1단 동사의 수동형   134
  3 변격 동사의 수동형   135
  4 れる・られる의 다양한 쓰임   136
 003 사역수동의 조동사 せられる・させられる   137
  1 접속 형태   137
 004 단정의 조동사 だ・です・ます   138
  1 접속 형태   138
 005 부정의 조동사 ない・ぬ・ん   139
  1 접속 형태   139
 006 과거・완료의 조동사 た   140
  1 과거   140
  2 완료   140
 007 희망의 조동사 たい・たがる   141
  1 접속 형태   141
 008 전문의 조동사 そうだ   143
  1 동사 + そうだ   143
  2 い형용사・な형용사 + そうだ   144
  3 명사 + そうだ   144
 009 양태의 조동사 そうだ   145
  1 동사의 ます형 + そうだ   145
  2 형용사의 어간 + そうだ   145
 010 추정의 조동사 らしい   146
  1 동사의 기본형 + らしい   146
  2 い형용사의 기본형・な형용사의 어간
    + らしい   147
  3 명사 + らしい   147
 011 비유・예시의 조동사 ようだ・みたいだ   148
  1 동사의 기본형 + ようだ   148
  2 い형용사 기본형 + ようだ   148
  3 な형용사 어간 + なようだ   149

4 명사 + のようだ	149
012 추측・권유의 조동사 (よ)う	**150**
1 동사	150
2 형용사	150
013 부정의 추측・의지 조동사 まい	**151**
1 접속 형태	151
014 가정의 조동사 たら・なら	**152**
1 접속 형태	152
Jump Up	154

06 조사 따라잡기   155

001 격조사	**156**
1 が	156
2 から	157
3 で	157
4 と	158
5 に	159
6 の	160
7 へ	161
8 や	162
9 より	162
10 を	162
002 부조사	**163**
1 か	163
2 きり	163
3 くらい(ぐらい)	164
4 こそ	164
5 さえ	165
6 しか	165
7 ずつ	165
8 すら・ですら	165
9 だけ	166
10 だって	166
11 ～だに	166
12 たりとも	167
13 でも	167
14 とか	167
15 など / なんか	167
16 なり	168
17 なんて	168
18 ～の～の	168
19 のみ	169
20 は	169
21 ばかり	169
22 ほど	170
23 まで	170
24 も	171
25 やら	171
003 접속조사	**172**
1 が	172
2 から	172
3 くせに	173
4 けれど(も)	173
5 し	173
6 たり	173
7 て(で)	173
8 ても(でも)	174
9 と	174
10 ながら	174
11 なり	175
12 ので	175
13 のに	176
14 ば	176
15 まま	176
004 종조사	**177**
1 い	177
2 か	177
3 が	178
4 かしら / かな	178
5 さ	178
6 ぞ	179
7 っけ	179

이 책의 목차

8 って	179
9 とも	179
10 な(あ)	180
11 の	180
12 ね	181
13 もん(もの)	181
14 もんか(ものか)	182
15 や	182
16 よ	182
17 わ	183
Jump Up	184

07 부사 따라잡기 — 185
- **001 상태부사** — 186
  - 1 상태부사 — 186
  - 2 의성어·의태어 — 190
- **002 정도부사** — 195
  - 1 정도부사 — 195
- **003 서술부사** — 198
  - 1 단정·긍정 — 198
  - 2 부정·금지 — 198
  - 3 희망·결의 — 199
  - 4 비교·비유 — 200
  - 5 가정 — 201
  - 6 의문 — 201
  - 7 추측 — 201
  - 8 부정 추측 — 202
  - 9 강조 — 202
  - Jump Up — 204

08 접속사 따라잡기 — 205
- **001 병렬 접속사** — 206
  - 1 および 및 — 206
  - 2 ならび 및, 또 — 206
- **002 역접 접속사** — 206
  - 1 が 그렇지만, 하지만 — 206
  - 2 けれども·けれど·けど 그렇지만, 하지만 — 207
  - 3 しかし 그러나, 하지만 — 207
  - 4 しかしながら 그렇긴 하지만 — 207
  - 5 それでも 그래도, 하지만, 그럼에도 불구하고 — 207
  - 6 それなのに 그럼에도 불구하고, 그런데도 — 208
  - 7 それにしては 그렇다고는 하지만 — 208
  - 8 それにしても 그렇다 하더라도, 그렇다손 치더라도 — 208
  - 9 でも 그래도, 하지만 — 208
  - 10 ところが 그렇지만, 그런데 — 208
- **003 선택 접속사** — 209
  - 1 あるいは 혹은, 또는 — 209
  - 2 それとも 그렇지 않으면, 또는 — 209
  - 3 または 혹은, 또는 — 209
  - 4 もしくは 또는, 그렇지 않으면 — 210
  - 5 ないし 내지는, 혹은 — 210
- **004 설명 접속사** — 210
  - 1 すなわち 즉, 그래서, 다시 말하면 — 210
  - 2 ただし 단지 — 210
  - 3 たとえば 예를 들면, 예컨대 — 211
  - 4 つまり 결국, 요컨대, 이를테면 — 211
- **005 순접 접속사** — 211
  - 1 したがって 따라서, 그러므로 — 211
  - 2 すると 그러자, 그러면 — 212
  - 3 そこで 그래서 — 212
  - 4 そして 그리고, 그리하여 — 212
  - 5 それで 그래서 — 212
  - 6 だから 그렇기 때문에, 그러니까 — 212
- **006 전환 접속사** — 213
  - 1 さて 그런데, 그럼 — 213

2 それでは　그러면　　　　　213
　　3 では(じゃ)　그럼　　　　　213
　　4 ところで　그런데　　　　　213
007 첨가 접속사　　　　　　　214
　　1 おまけに　게다가, 그 위에　214
　　2 かつ　게다가, 동시에　　　214
　　3 しかも　더구나, 더욱이, 게다가　214
　　4 その上に　게다가, 또한　　214
　　5 それから　그리고 나서, 그리고　215
　　6 それに　게다가　　　　　　215
　　7 なお　또한　　　　　　　　215
　　8 また　다시, 또, 게다가　　215
　　9 さらに　한층, 게다가, 그 위에　215
　　Jump Up　　　　　　　　216

09 경어 따라잡기　　　　　217
001 존경어　　　　　　　　　218
　　1 동사의 어미 あ단 + れる/られる　218
　　2 お(ご) + 동사의 ます형 + になる　219
　　3 お(ご) + 동사의 ます형 + ください　219
　　4 お(ご) + 동사의 ます형 + です　220
　　5 명사의 존경어　　　　　　220
　　6 형용사의 존경어　　　　　221
002 겸양어　　　　　　　　　222
　　1 お(ご) + 동사의 ます형 + する(いたす)　222
　　2 お(ご) + 동사의 ます형 + いただく　223
　　3 겸양의 의미를 갖는 명사　223
　　4 특수한 형태의 존경어, 겸양어　224
003 정중어　　　　　　　　　226
　　1 ～です・～ます　～입니다・～합니다　226
　　2 미화어　　　　　　　　　　227
　　Jump Up　　　　　　　　228

10 기타 문법 따라잡기　　　231
001 감동사(感動詞)의 종류와 활용　232
　　1 감동 표현　　　　　　　　232

　　2 상대를 부르거나 주의를 환기시키는 표현　233
　　3 응답 표현　　　　　　　　234
　　Jump Up　　　　　　　　235
002 연체사(連体詞)의 종류와 활용　236
　　1 ～る + 체언　　　　　　　236
　　2 わが + 체언　　　　　　　236
　　3 ～の + 체언　　　　　　　236
　　4 ～な + 체언　　　　　　　237
　　5 ～た・～だ + 체언　　　　237
003 형식명사의 종류와 활용　238
　　1 うち (어떤 행위가 계속되는) 동안, 사이　238
　　2 かた 분　　　　　　　　　238
　　3 こと 일, 것, 적, 말　　　　239
　　4 せい ～탓, ～때문　　　　240
　　5 ため ～ 때문에, ～을 위해　240
　　6 つもり ～할 예정(계획), ～할 생각　241
　　7 ところ 정도, ～참, ～때　241
　　8 ほう ～쪽, ～편　　　　　242
　　9 はず (당연히) ～할 것, ～할 리　243
　　10 まま ～인 채, ～대로　　　243
　　11 もの ～법, ～것　　　　　243
　　12 わけ 사정, 이유, 까닭　　244
004 접두어와 접미어　　　　　245
　　1 접두어(接頭語)　　　　　　245
　　2 접미어(接尾語)　　　　　　246
　　Jump Up　　　　　　　　253

Part 02　시험에 나오는 필수 문법　254

001 기초 문형　　　　　　　　256
002 발전 문형　　　　　　　　261
003 심화 문형　　　　　　　　297

이것만 알면 통한다
일본어 문법

Part 01

필수 일본어 문법

01_ 일본어의 기본 학습

02_ 명사 따라잡기

03_ 형용사 따라잡기

04_ 동사 따라잡기

05_ 조동사 따라잡기

06_ 조사 따라잡기

07_ 부사 따라잡기

08_ 접속사 따라잡기

09_ 경어 따라잡기

10_ 기타 문법 따라잡기

이것만 알면 통한다

일본어 문법

일본어의 기본 학습

- 일본어의 문자
- 일본어의 발음
- 일본어의 품사

일본어의 문자

일본어를 구성하고 있는 문자는 히라가나(平仮名;ひらがな)와 가타카나(片仮名;かたかな) 그리고 한자(漢字;かんじ)이다.

1 히라가나(平仮名;ひらがな)

일본어의 기본적인 문자는 히라가나로 작성된다. 기본음은 50개이며, 음절 하나하나로 단어를 만들 수 있다. 50개의 음으로 구성되어 있다고 해서 오십음도라고도 하지만 현재는 거의 46개만 쓰고 있다.

단＼행	あ행	か행	さ행	た행	な행	は행	ま행	や행	ら행	わ행	ん행
あ단	あ a	か ka	さ sa	た ta	な na	は ha	ま ma	や ya	ら ra	わ wa	ん ŋ
い단	い i	き ki	し shi	ち chi	に ni	ひ hi	み mi		り ri		
う단	う u	く ku	す su	つ tsu	ぬ nu	ふ hu	む mu	ゆ yu	る ru		
え단	え e	け ke	せ se	て te	ね ne	へ he	め me		れ re		
お단	お o	こ ko	そ so	と to	の no	ほ ho	も mo	よ yo	ろ ro	を wo	

2 가타카나(片仮名;かたかな)

가타카나는 외래어, 의태어, 의성어, 인명, 지명, 특수한 표현, 강조 등으로 활용된다. 히라가나를 기본으로 하여 만든 문자로, 히라가나와 발음은 같으나 표기법이 다르다. 가타카나도 50개의 음으로 구성되어 있지만 현재는 거의 46개만 쓰고 있다.

단＼행	ア행	カ행	サ행	タ행	ナ행	ハ행	マ행	ヤ행	ラ행	ワ행	ン행
ア단	ア	カ	サ	タ	ナ	ハ	マ	ヤ	ラ	ワ	ン
	a	ka	sa	ta	na	ha	ma	ya	ra	wa	ŋ
イ단	イ	キ	シ	チ	ニ	ヒ	ミ		リ		
	i	ki	shi	chi	ni	hi	mi		ri		
ウ단	ウ	ク	ス	ツ	ヌ	フ	ム	ユ	ル		
	u	ku	su	tsu	nu	hu	mu	yu	ru		
エ단	エ	ケ	セ	テ	ネ	ヘ	メ		レ		
	e	ke	se	te	ne	he	me		re		
オ단	オ	コ	ソ	ト	ノ	ホ	モ	ヨ	ロ	ヲ	
	o	ko	so	to	no	ho	mo	yo	ro	wo	

3 한자(漢字;かんじ)

일본어의 한자는 복잡한 번자체를 사용하지 않고 기본적으로는 약자를 쓴다. 한자의 발음은 한자의 음으로 읽는 음독(音読;おんよみ)과 뜻으로 읽는 훈독(訓読;くんよみ)으로 구분되며, 일본어 문장 속에서 빠져서는 안 되는 문자이다.

どくしょ
読書 독서〈음독〉

うんどう
運動 운동〈음독〉

よ
読む 읽다〈훈독〉

か
書く 쓰다〈훈독〉

일본어의 발음

히라가나는 50개의 청음을 기본으로 하며, 탁음, 반탁음, 요음, 촉음, 장음, 발음 등으로 나눌 수 있다.

1 히라가나(ひらがな)

① 청음(淸音; せいおん)

오십음도 표의 50개의 음은 모두 청음으로 발음한다. 청음이란 깨끗한 소리로 발음되는 것을 말한다.

모음으로, 우리말의 '아·이·우·에·오'에 가까운 발음이다.

あ	い	う	え	お
a	i	u	e	o
あい(사랑)	いえ(집)	うえ(위)	え(그림)	うお(물고기)

か행 ㄱ과 ㅋ의 중간 발음으로, 우리말의 '카·키·쿠·케·코'에 가까운 발음이다. 하지만 단어에 따라서는 '까·끼·꾸·께·꼬'에 가깝게 발음되는 경우도 있다.

か	き	く	け	こ
ka	ki	ku	ke	ko
かさ(우산)	き(나무)	くうき(공기)	けしき(경치)	かこ(과거)

우리말의 '사·시·스·세·소'에 가까운 발음이다.

さ	し	す	せ	そ
sa	shi	su	se	so
さしみ(생선회)	しあい(시합)	すし(생선초밥)	せかい(세계)	そら(하늘)

た행	ㄷ과 ㅌ의 중간 발음으로, 우리말의 '타·치·츠·테·토'에 가까운 발음이다. 하지만 단어에 따라서는 '따·찌·쯔·떼·또'에 가깝게 발음되는 경우도 있다.			
た	ち	つ	て	と
ta	chi	tsu	te	to
たこ(문어)	ちず(지도)	つなみ(지진해일)	てがみ(편지)	としょかん(도서관)

な행	우리말의 '나·니·누·네·노'에 가까운 발음이다.			
な	に	ぬ	ね	の
na	ni	nu	ne	no
なつ(여름)	にもつ(짐)	ぬの(헝겊)	ねこ(고양이)	のはら(들판)

は행	우리말의 '하·히·후·헤·호'에 가까운 발음이다.			
は	ひ	ふ	へ	ほ
ha	hi	hu	he	ho
はた(깃발)	ひふ(피부)	ふとん(이불)	へそ(배꼽)	ほお(볼)

➡ は는 조사로 쓰면 'wa'로 발음한다. 또한 'へ'도 조사로 쓰일 때는 'e'로 발음한다.

ま행	우리말의 '마·미·무·메·모'에 가까운 발음이다.			
ま	み	む	め	も
ma	mi	mu	me	mo
まめ(콩)	みそ(된장)	むぎ(보리)	め(눈)	もの(물건)

や행	우리말의 '야·유·요'에 가까운 발음이다.		
や		ゆ	よ
ya		yu	yo
やま(산)		ゆみ(활)	よゆう(여유)

행 우리말의 '라·리·루·레·로'에 가까운 발음이다.

ら	り	る	れ	ろ
ra	ri	ru	re	ro
らくだ(낙타)	りゆう(이유)	るす(부재중)	れんらく(연락)	ろじ(골목)

행 우리말의 '와·오'에 가까운 발음이다.
「を(~을, ~를)」는 조사로만 쓰인다.

わ	を
wa	wo
かわ(강)	ほんをよむ(책을 읽다)

ん 우리말의 받침인 'ㄴ·ㅁ·ㅇ'에 가까운 발음이다. 뒤에 나오는 글자에 따라 발음이 바뀐다.

ん
n, m, ŋ, N
おんな(onna, 여자) しんぱい(shimpai, 걱정) おんがく(oŋgaku, 음악) にほん(nihoN, 일본)

② 탁음(濁音;だくおん)

탁음은 오십음도 표의「か·さ·た·は행」에서만 적용되며, 청음에 탁음 부호
「」를 글자의 오른쪽 상단에 작게 찍어서 발음한다.

행 우리말의 '가·기·구·게·고'에 가까운 발음이다.

が	ぎ	ぐ	げ	ご
ga	gi	gu	ge	go
がか(화가)	かぎ(열쇠)	ぶんぼうぐ(문구)	げらく(하락)	ごい(어휘)

우리말의 '자·지·즈·제·조'에 가까운 발음이다.

ざ	じ	ず	ぜ	ぞ
za	zi	zu	ze	zo
ざせき(좌석)	じこ(사고)	ちず(지도)	ぜいきん(세금)	ぞう(코끼리)

 우리말의 '다·지·즈·데·도'에 가까운 발음이다.

だ	ぢ	づ	で	ど
da	ji	zu	de	do
だいがく(대학)	はなぢ(코피)	つづき(연속)	でぐち(출구)	まど(창문)

 우리말의 '바·비·부·베·보'에 가까운 발음이다.

ば	び	ぶ	べ	ぼ
ba	bi	bu	be	bo
ばか(바보)	びじん(미인)	ぶた(돼지)	べんり(편리)	おうぼ(응모)

③ 반탁음(半濁音;はんだくおん)

반탁음은「は행」에서만 적용되고 반탁음 부호인「°」를 글자의 오른쪽 상단에 찍어서 발음한다.

ぱ행 우리말의 '파·피·푸·페·포'로 표기하지만 발음할 때는 '빠·삐·뿌·뻬·뽀'에 가깝다.

ぱ	ぴ	ぷ	ぺ	ぽ
pa	pi	pu	pe	po
いっぱい(가득)	えんぴつ(연필)	きっぷ(표, 티켓)	かんぺき(완벽)	たんぽぽ(민들레)

④ 요음(拗音;ようおん)

요음은 오십음도 표 「い단」의 음에 「や・ゆ・よ」를 작게 오른쪽 밑에 붙여 써서 한 음절로 발음하는 것을 말한다. 요음도 청음과 탁음, 반탁음으로 구분해서 발음된다.

요음의 청음

きゃ	きゅ	きょ
kya	kyu	kyo
きゃく(손님)	きゅうきゅうしゃ(구급차)	きょり(거리)

しゃ	しゅ	しょ
sya	syu	syo
しゃしん(사진)	しゅみ(취미)	しょぞく(소속)

ちゃ	ちゅ	ちょ
cha	chu	cho
ちゃわん(밥공기)	ちゅうい(주의)	ちょしゃ(저자)

にゃ	にゅ	にょ
nya	nyu	nyo
こんにゃく(곤약)	にゅうがく(입학)	にょうぼう(아내)

ひゃ	ひゅ	ひょ
hya	hyu	hyo
ひゃく(백, 100)	ひゅうひゅう(휙휙, 쌩쌩)	ひょうか(평가)

みゃ	みゅ	みょ
mya	myu	myo
さんみゃく(산맥)	×	みょうみ(묘미)

りゃ	りゅ	りょ
rya	ryu	ryo
しょうりゃく(생략)	りゅうがく(유학)	りょこう(여행)

요음의 탁음

ぎゃ	ぎゅ	ぎょ
gya	gyu	gyo
ぎゃく(역, 반대)	ぎゅうにゅう(우유)	にんぎょう(인형)

じゃ	じゅ	じょ
zya	zyu	zyo
じゃま(방해)	じゅうしょ(주소)	じょせい(여성)

びゃ	びゅ	びょ
bya	byu	byo
さんびゃく(삼백, 300)	びゅうびゅう(휙휙, 쌩쌩)	びょういん(병원)

요음의 반탁음

ぴゃ	ぴゅ	ぴょ
pya	pyu	pyo
ろっぴゃく(육백, 600)	ぴゅう(확, 휙)	ぴょんぴょん(깡총깡총)

⑤ 촉음(促音;そくおん)

촉음은 단어 음절 사이에 「つ」를 작게 삽입해서 발음하는 것을 말한다. 우리말의 받침과 같은 역할을 하며, 뒤에 오는 소리에 따라 발음이 달라진다.

▶ 「か행」 앞에서는 'ㄱ(k)' 발음이 된다.

    がっこう(gakkou) 학교   いっかい(ikkai) 일 층

▶ 「さ행」 앞에서는 'ㅅ(s)' 발음이 된다.

    ざっし(zasshi) 잡지   しっそ(shisso) 검소함

▶ 「た행」 앞에서는 'ㄷ(t)' 발음이 된다.

    きって(kitte) 우표   にってい(nittei) 일정

▶ 「ぱ행」 앞에서는 'ㅂ(p)' 발음이 된다.

    きっぷ(kippu) 표   いっぱい(ippai) 가득

⑥ 장음(長音;ちょうおん)

장음은 단어 음절 속에서 모음은 발음하지 않고 모음 앞에 오는 음을 길게 발음하는 것을 말한다. 가타카나에서 장음은 단어 음절 속에서 표기하지 않고, 장음 부호 「ー」로 표기한다.

▶ 「あ단」 글자 뒤에 「あ」가 올 때

    おばあさん(oba-saN) 할머니   おかあさん(oka-saN) 어머니

▶ 「い단」 글자 뒤에 「い」가 올 때

    おじいさん(ozi-saN) 할아버지   ちいさい(chi-sai) 작다

▶ 「う단」 글자 뒤에 「う」가 올 때

    すうがく(su-gaku) 수학   つうか(tsu-ka) 통과

▶ 「え단」 글자 뒤에 「い・え」가 올 때

    せんせい(sense-) 선생님   けいたい(ke-tai) 휴대(전화)
    えいえん(e-eN) 영원   おねえさん(one-saN) 언니, 누나

▶ 「お단」 글자 뒤에 「う・お」가 올 때

おとうさん(oto-saN) 아버지   おとうと(oto-to) 남동생
おおい(o-i) 많다   とおり(to-ri) 길

⑦ 발음(撥音;はつおん)

발음은 일본어에서 유일하게 받침소리가 나오는 「ん」을 말한다. 이 음도 촉음처럼 뒤에 이어지는 소리에 따라 발음이 달라진다.

▶ 「か・が행」 앞에서는 'ㅇ(ŋ)' 발음이 된다.

でんき(deŋki) 전기   おんがく(oŋgaku) 음악

▶ 「さ・ざ・た・だ・な・ら행」 앞에서는 'ㄴ(n)' 발음이 된다.

あんさん(ansaN) 암산   ばんざい(banzai) 만세
はんたい(hantai) 반대   へんどう(hendou) 변동
あんない(annai) 안내   れんらく(renraku) 연락

▶ 「ま・ば・ぱ행」 앞에서는 'ㅂ(p)' 발음이 된다.

しんまい(shimmai) 햅쌀   ぜんぶ(zembu) 전부
しんぱい(shimpai) 걱정   しんぴ(shimpi) 신비

▶ 「あ・は・や・わ행」 앞 또는 문장의 맨 끝에 오는 경우는 'ㄴ+ㅇ(N)' 발음이 된다.

れんあい(reNai) 연애   ほんや(hoNya) 서점
でんわ(deNwa) 전화   おでん(odeN) 어묵

2 가타카나(カタカナ)

가타카나도 히라가나와 마찬가지로 50개의 음으로 구성되어 있으며, 일상생활에서 외래어 사용이 증가함에 따라서 사용 빈도가 매우 높아졌다. 또한 외국인의 인명과 지명을 표기하는 데도 많이 쓰이고 있다.

① 청음(淸音;せいおん)

あ행 모음으로, 우리말의 '아·이·우·에·오'에 가까운 발음이다.

ア	イ	ウ	エ	オ
a	i	u	e	o
アイロン (다리미)	イギリス (영국)	ウイスキー (위스키)	エアコン (에어컨)	オレンジ (오렌지)

か행 ㄱ과 ㅋ의 중간 발음으로, 우리말의 '카·키·쿠·케·코'에 가까운 발음이다. 하지만 단어에 따라서는 '까·끼·꾸·께·꼬'에 가깝게 발음되는 경우도 있다.

カ	キ	ク	ケ	コ
ka	ki	ku	ke	ko
カレンダー (달력)	キー (열쇠)	クレヨン (크레용)	ケーキ (케이크)	コーヒー (커피)

サ행 우리말의 '사·시·스·세·소'에 가까운 발음이다.

サ	シ	ス	セ	ソ
sa	shi	su	se	so
サービス (서비스)	シーソー (시소)	スポーツ (스포츠)	メッセージ (메시지)	ソファー (소파)

タ행	ㄷ과 ㅌ의 중간 발음으로, 우리말의 '타·치·츠·테·토'에 가까운 발음이다. 하지만 단어에 따라서는 '따·찌·쯔·떼·또'에 가깝게 발음되는 경우도 있다.

タ	チ	ツ	テ	ト
ta	chi	tsu	te	to
タクシー (택시)	チーズ (치즈)	ツナ (참치)	テレビ (텔레비전)	トマト (토마토)

ナ행	우리말의 '나·니·누·네·노'에 가까운 발음이다.

ナ	ニ	ヌ	ネ	ノ
na	ni	nu	ne	no
ナイフ (나이프)	ニュース (뉴스)	ヌード (누드)	ネクタイ (넥타이)	ノート (노트)

ハ행	우리말의 '하·히·후·헤·호'에 가까운 발음이다.

ハ	ヒ	フ	ヘ	ホ
ha	hi	hu	he	ho
ハーモニ (하모니)	ヒール (힐)	フード (푸드, 음식)	ヘア (헤어, 머리)	ホテル (호텔)

マ행	우리말의 '마·미·무·메·모'에 가까운 발음이다.

マ	ミ	ム	メ	モ
ma	mi	mu	me	mo
マウス (마우스)	ミルク (밀크, 우유)	ムービ (무비, 영화)	メロン (멜론)	モータ (모터)

우리말의 '야·유·요'에 가까운 발음이다.

ヤ	ユ	ヨ
ya	yu	yo
ヤング (영, 젊음)	ユニホーム (유니폼)	ヨット (요트)

 우리말의 '라·리·루·레·로'에 가까운 발음이다.

ラ	リ	ル	レ	ロ
ra	ri	ru	re	ro
ラジオ (라디오)	リモコン (리모콘)	ルーム (룸)	レモン (레몬)	ローション (로숀)

 우리말의 '와·오'에 가까운 발음이다.

ワ	ヲ
wa	wo
ワーキング(워킹)	×

 우리말의 받침인 'ㄴ·ㅁ·ㅇ'에 가까운 발음이다. 뒤에 나오는 글자에 따라 발음이 바뀐다.

ン
n, m, ŋ, N
エンジン(enziN, 엔진) コンビ(kombi, 콤비) ピンク(piŋku, 핑크, 분홍) ワイン(waiN, 와인)

30

② 탁음(濁音;だくおん)

탁음은 오십음도 표의 「カ・サ・タ・ハ행」에서만 적용되고 청음에 탁음 부호 「゛」를 글자의 오른쪽 상단에 작게 찍어서 발음한다.

が행 우리말의 '가・기・구・게・고'에 가까운 발음이다.

ガ	ギ	グ	ゲ	ゴ
ga	gi	gu	ge	go
ガラス (유리)	ギリシャ (그리스)	グラム (그램)	ゲーム (게임)	ゴリラ (고릴라)

ザ행 우리말의 '자・지・즈・제・조'에 가까운 발음이다.

ザ	ジ	ズ	ゼ	ゾ
za	zi	zu	ze	zo
アドバイザー (어드바이저)	ジム (헬스클럽)	ズボン (바지)	ゼミ (세미나)	ゾーン (존, 지역)

ダ행 우리말의 '다・지・즈・데・도'에 가까운 발음이다.

ダ	ヂ	ヅ	デ	ド
da	ji	zu	de	do
ダンス(댄스)	×	×	デート(데이트)	ドア(문)

バ행 우리말의 '바・비・부・베・보'에 가까운 발음이다.

バ	ビ	ブ	ベ	ボ
ba	bi	bu	be	bo
バナナ (바나나)	ビル (빌딩)	ブランド (브랜드)	ベランダ (베란다)	ボート (보트)

③ 반탁음(半濁音;はんだくおん)

반탁음은「パ행」에서만 적용되고 반탁음 부호인「°」를 글자의 오른쪽 상단에 찍어서 발음한다.

 우리말의 '파·피·푸·페·포'로 표기하지만 발음할 때는 '빠·삐·뿌·뻬·뽀'에 가깝다.

パ	ピ	プ	ペ	ポ
pa	pi	pu	pe	po
パーティー (파티)	ピアノ (피아노)	プール (풀, 수영장)	ペン (펜)	ポイント (포인트)

④ 요음(拗音;ようおん)

요음은「イ단」의 음에「ヤ·ユ·ヨ」를 작게 오른쪽 밑에 붙여 써서 한 음절로 발음하는 것을 말한다. 요음도 청음과 탁음, 반탁음으로 구분해서 발음된다.

요음의 청음

キャ	キュ	キョ
kya	kyu	kyo
キャベツ(양배추)	キュート(큐트, 귀여움)	×

シャ	シュ	ショ
sya	syu	syo
シャツ(셔츠)	シュート(슛)	ショック(쇼크)

チャ	チュ	チョ
cha	chu	cho
チャンス(찬스)	チューブ(튜브)	チョイス(초이스)

ニャ	ニュ	ニョ
nya	nyu	nyo
カタルーニャ(카타루냐)	ニュース(뉴스)	エルニーニョ(엘리뇨)

ヒャ	ヒュ	ヒョ
hya	hyu	hyo
×	ヒューマン(휴먼)	×

ミャ	ミュ	ミョ
mya	myu	myo
ミャンマー(미얀마)	ミュージック(뮤직)	×

リャ	リュ	リョ
rya	ryu	ryo
×	リューマチス(류머티즘)	×

요음의 탁음

ギャ	ギュ	ギョ
gya	gyu	gyo
ギャグ(개그)	×	ギョーザ(중국식 만두)

ジャ	ジュ	ジョ
zya	zyu	zyo
レジャー(레저)	ジュース(주스)	ジョーク(조크)

ビャ	ビュ	ビョ
bya	byu	byo
×	ビューティー(뷰티)	×

요음의 반탁음

ピャ	ピュ	ピョ
pya	pyu	pyo
×	コンピューター(컴퓨터)	ピョンヤン(평양)

일본어의 품사

일본어 품사의 수는 일반적으로 10품사(명사·형용사·형용동사·동사·부사·접속사·감동사·연체사·조사·조동사)로 나뉘는데, 명사에 속한 대명사를 세분화하면 11품사가 된다.

1 명사(名詞;めいし)

명사는 자립어로 주어가 되며, 구체적으로 보통명사, 고유명사, 지시대명사, 인칭대명사 등으로 세분화되어 활용된다.

　　　がくせい　　　　　　　　　　　　　　　こ ばやし
　　　学生 학생〈보통명사〉　　　　　　　小林 고바야시〈고유명사(인명)〉
　　　とうきょう
　　　東京 도쿄〈고유명사(지명)〉　　　　ここ 여기〈지시대명사〉
　　　わたし
　　　私 나, 저〈인칭대명사〉

2 형용사(形容詞;けいようし)

형용사는 자립어로 활용을 할 수 있으며 술어가 된다. 기본형의 어미가「い」로 끝나기 때문에「い형용사」라고도 한다.

　　　　　　　　　　　　　　　やさ　　　　　　　　　　　うれ
　　　おもしろい 재미있다　　　易しい 쉽다　　　　嬉しい 기쁘다

3 형용동사(形容動詞;けいようどうし)

형용동사는 자립어로 활용을 할 수 있으며 술어가 된다. 기본형은 어미가「だ」로 끝나며「な형용사」라고도 한다.

　　　かんたん　　　　　　　　　　しんせつ　　　　　　　　　　べん り
　　　簡単だ 간단하다　　　　親切だ 친절하다　　　　便利だ 편리하다

4 동사(動詞; どうし)

동사는 자립어로 활용을 할 수 있으며 술어가 된다. 기본형은 어미가 오십음도 표의 「う단」으로 끝나며, 5단동사, 상1단동사, 하1단동사, 변격동사 등으로 구분해서 활용된다. 그 밖에 자동사, 타동사, 사역동사, 가능동사 등의 구분도 있다.

遊^{あそ}ぶ 놀다〈5단동사〉　　　起^おきる 일어나다〈상1단동사〉

寝^ねる 자다〈하1단동사〉　　　来^くる 오다〈カ행 변격동사〉

する 하다〈サ행 변격동사〉

5 부사(副詞; ふくし)

부사는 자립어로 용언을 수식하며, 활용을 할 수 없다.

ぜんぜん 전혀　　　とても 매우, 아주　　　きっと 꼭, 반드시

6 접속사(接続詞; せつぞくし)

접속사는 자립어로 활용을 할 수 없으며, 문절과 문을 이어주는 역할을 한다.

けれども 하지만　　　そして 그리고　　　だから 때문에, 그러니까

7 감동사(感動詞; かんどうし)

감동사는 자립어로 활용을 할 수 없으며, 감정표현이나 응답을 나타내는 역할을 한다.

あら 어머나　　　おい 어이, 이봐　　　ええ 응, 네

8 연체사(連体詞; れんたいし)

연체사는 자립어로 활용을 할 수 없으며, 체언을 수식하는 역할을 한다.

この 이　　　その 그　　　あの 저

9 조사(助詞; じょし)

조사는 부속어로 활용을 할 수 없으며, 격조사, 접속조사, 부조사, 계조사, 종조사 등으로 세분화된다.

が 이, 가〈격조사〉　　　と 와, 과〈접속조사〉　　　ね ~군요〈종조사〉

10 조동사(助動詞; じょどうし)

조동사는 부속어로 활용을 할 수 있으며, 동사와 함께 활용한다.

させる 시키다 – 行(い)かせる 가게 하다

たい ~하고 싶다 – 行(い)きたい 가고 싶다

ない 없다 – 行(い)かない 가지 않겠다

11 기타 문법 용어

① 자립어(自立語; じりつご)

자립어란 하나의 단어 자체만으로도 의미를 갖고 있으며, 그 단어만으로 문절이 되는 것을 말한다.

② 체언(体言; たいげん)

명사나 수사와 같이 활용이 없는 자립어를 말한다.

③ 용언(用言; ようげん)

형용사(い형용사), 형용동사(な형용사), 동사와 같이 활용을 하는 자립어를 말한다.

④ 부속어(付属語; ふぞくご)

부속어란 하나의 단어 자체만으로는 의미를 갖거나 문절을 만들지 못하는 것을 말한다. 조사, 조동사가 부속어에 속한다.

⑤ 단어(単語; たんご)

문절과 문장을 구성하는 요소로, 자립어와 부속어로 나누어진다.

⑥ 문(文; ぶん)

여러 개의 단어로 주어와 술어가 나열되어 구성된 글을 말한다.

⑦ 문절(文節; ぶんせつ)

주어와 술어의 순서로 나열된 문의 한 마디 한 마디를 의미한다.

⑧ 문장(文章; ぶんしょう)

쉼표와 구두점 등을 사용하여 문절이 정상적으로 나열된 글을 말한다.

⑨ 독점(読点; とうてん)

긴 문장 속에서 쉬어야 할 부분에서 쉼표를 찍는 것을 말한다. 일본어 문장에서 쉼표는 「、」로 한다.

⑩ 구독점(句読点; くとうてん)

일본어의 구독점은 구두점의 의미이며, 긴 문장을 마무리하면서 찍는 부호「。」를 말한다.

➥ 일본어 문장은 띄어쓰기를 하지 않고 쉼표와 구두점으로 구분하여 문장을 매끄럽게 만든다.

✪ 한 눈으로 보는 품사 분류표

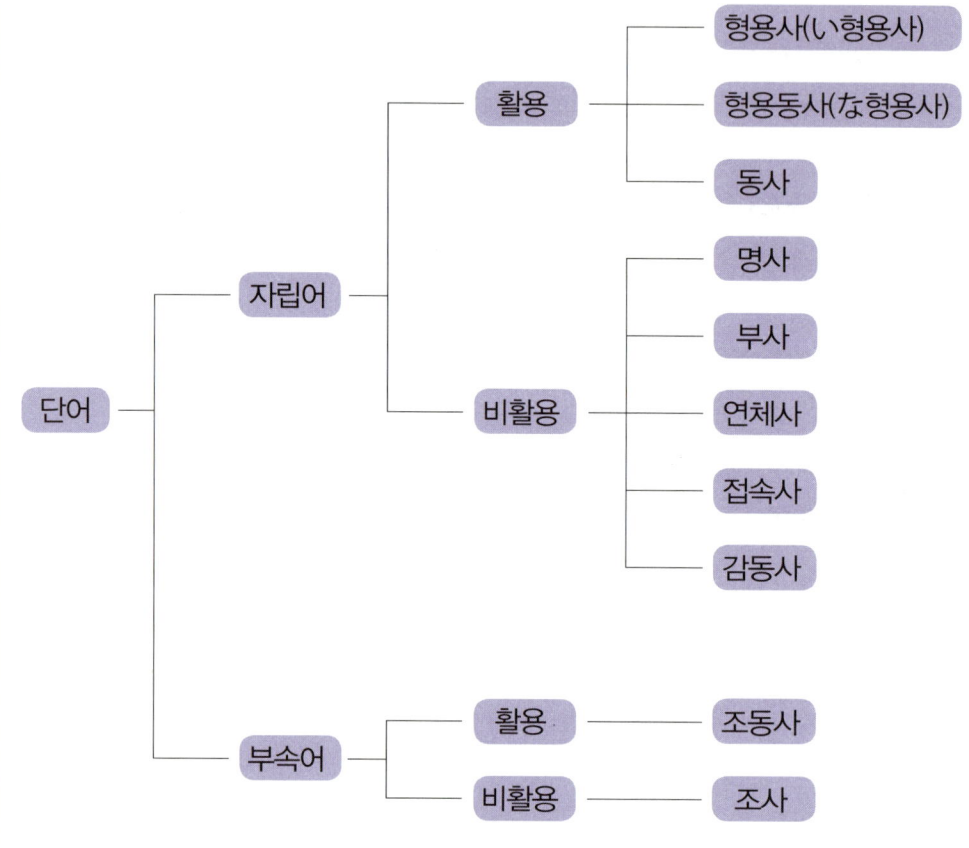

02

명사^{名詞} 따라잡기

- 사물의 명칭이나 이름을 나타내는 자립어이다.
- 주어와 목적어에 해당하는 품사로, 체언이라고도 한다.
- 활용하지 않는다.
- 다른 조동사(「だ」나 「です」 등)의 도움을 받아 활용한다.

명사의 종류

001 명사에는 보통명사, 고유명사, 대명사, 전성명사, 복합명사, 형식명사, 수사 등이 있다.

1 보통명사

구체적인 사물이나 추상적인 것 등을 나타낸다.

　新聞 신문　　　机 책상　　　本 책
　朝 아침　　　想像 상상　　　昼 낮

2 고유명사

인명, 지명, 국명, 건물 등과 같이 고유한 사물의 이름을 나타낸다.

　小林 고바야시　　　渡辺 와타나베　　　東京 도쿄
　ソウル 서울　　　アメリカ 미국　　　日本 일본

3 전성명사

동사나 형용사가 명사의 형태로 변한 것이다.

① い형용사에서 나온 명사

　　甘み 단맛　　　美しさ 아름다움　　　楽しみ 즐거움

② な형용사에서 나온 명사

　　親切さ 친절함　　　誠実さ 성실함　　　便利さ 편리함

③ 동사에서 나온 명사

遊^{あそ}び 놀이　　歩^{あゆ}み 발걸음, 발자취　　走^{はし}り 달리기

4 복합명사

둘 이상의 품사가 합쳐져서 하나의 단어를 이루는 명사이다.

① 명사 + 명사

足音^{あしおと} 발소리　　筆箱^{ふでばこ} 필통　　山道^{やまみち} 산길

② い형용사 + 명사

甘味^{あまみ} 단맛　　辛味^{からみ} 매운맛　　高値^{たかね} 고가

③ な형용사 + 명사

親切気^{しんせつぎ} 친절한 마음씨　　有名人^{ゆうめいじん} 유명인

④ 동사 + 명사

帰り道^{かえ みち} 귀갓길　　鳴き声^{な ごえ} 울음소리　　やり方^{かた} 하는 방법

⑤ 첩어 : 한 단어를 반복적으로 결합한 복합어

国々^{くにぐに} 나라들　　人々^{ひとびと} 사람들　　日々^{ひび} 날들

⑥ 동사 + 동사

行き来^{い き} 왕래　　組み立て^{く た} 조립　　走り読み^{はし よ} 대강 읽음

5 형식명사

명사지만 실질적인 의미를 가지고 있지 않은 명사로, 단독으로 쓰일 수 없다.

➥ 형식명사에 관해서는 10장 기타 문법(p. 238)에서 다시 다루기로 한다.

こと 것 　　　せい 탓, 원인 　　　ところ ~한 바

はず ~리, ~터 　　ほう ~쪽, 방향 　　もの 것, 물건

6 수사

수나 순서를 나타내는 명사.

一(ひと)つ 하나 　　一(いっぽん)本 한 자루, 한 개 　　一(いちだい)台 한 대

➥ 자세한 사항은 p. 49~55 참조.

7 대명사

명사를 대신하는 것으로, 사물, 사람, 장소, 방향 등을 가리킨다.

① 지시대명사

　　これ 이것 　　　そこ 거기 　　　あちら 저쪽

② 인칭대명사

　　わたし 나 　　　あなた 당신 　　　きみ 자네

　　おまえ 너

➥ 자세한 사항은 p. 46~48 참조.

002 명사의 기본 문형

일본어의 명사는 문장에서 주어나 목적어에 해당되는 역할을 하지만, 이때도 조사의 도움을 받아야 한다. 또한 술어의 역할을 할 때도 그 자체로 활용할 수 없어, 「~だ」나 「~です」 등 조동사의 도움을 받는다.

1 긍정과 부정

기본이 되는 긍정문·부정문 만들기와 그에 맞는 답변을 할 수 있으면 절반 이상의 문형을 이해했다고 볼 수 있다.

① 긍정

보통체 : ~は~だ ~은(는) ~이다

- 私は韓国人だ。 나는 한국인이다.
- 私は学生だ。 나는 학생이다.

정중체 : ~は~です ~은(는) ~입니다

- 私は韓国人です。 나는 한국인입니다.
- 私は学生です。 나는 학생입니다.

② 부정문

보통체 : ~は~では[じゃ]ない ~은(는) ~이 아니다

- 私は韓国人では[じゃ]ない。 나는 한국인이 아니다.

> **Tip**
> 「じゃ」는 「では」의 줄임말로 회화체에서 많이 사용된다.

정중체 : ~は~では[じゃ]ありません ~은(는) ~이 아닙니다

- 私は韓国人では[じゃ]ありません。 나는 한국인이 아닙니다.
- 私は学生では[じゃ]ありません。 나는 학생이 아닙니다.

2 과거와 과거 부정

① 과거

보통체 : 〜は〜だった ~은(는) ~이었다

- 今日(きょう)は日曜日(にちようび)だ。 오늘은 일요일이다.
  → 昨日(きのう)は日曜日(にちようび)だった。 어제는 일요일이었다.

정중체 : 〜は〜でした ~은(는) ~이었습니다

- 今日(きょう)は日曜日(にちようび)です。 오늘은 일요일입니다.
  → 昨日(きのう)は日曜日(にちようび)でした。 어제는 일요일이었습니다.

② 과거 부정

보통체 : 〜は〜では[じゃ]なかった ~은(는) ~이 아니었다

- 昨日(きのう)は日曜日(にちようび)では[じゃ]なかった。 어제는 일요일이 아니었다.
- 彼(かれ)は会社員(かいしゃいん)では[じゃ]なかった。 그는 회사원이 아니었다.

정중체 : 〜は〜では[じゃ]ありませんでした ~은(는) ~이 아니었습니다

- 昨日(きのう)は日曜日(にちようび)では[じゃ]ありませんでした。 어제는 일요일이 아니었습니다.
- 彼(かれ)は会社員(かいしゃいん)では[じゃ]ありませんでした。 그는 회사원이 아니었습니다.

명사의 수식 활용 : 조사 の의 용법

「の」는 조사로, 나중에 나올 〈6장 조사 따라잡기〉에서 다시 다루겠지만, 일본어에서는 명사 다음에 명사가 바로 올 때 조사 「の」가 들어가므로 그에 해당하는 내용을 우선 살펴보고 넘어가도록 하겠다. 명사와 명사를 연결하는 조사 「の」는 '~의'라는 의미 외에도 문장의 흐름에 따라 다양한 의미로 쓰이며, 때로는 해석을 하지 않기도 한다.

1 명사 + の + 명사 : 해석하지 않는다

何の本 무슨 책

日本語の本 일본어 책

2 소유 · 소속 : ~의

小林さんの本 고바야시 씨의 책

私の本 나의 책

ソニーの田中 소니의 다나카

3 소유의 주체 : ~의 것

あのかばんは中村さんのです。 그 가방은 나카무라 씨의 것입니다.

この車は父親のです。 이 차는 아버지 것입니다.

4 제품 : ~제(품)

どこのかばん 어디(제품의) 가방

フランスのかばん 프랑스제 가방

5 동격 : ～인

私の友達の小林です。 제 친구인 고바야시입니다.

私の先生の小林さんです。 제 선생님인 고바야시 씨입니다.

지시대명사

004

지시대명사는 사물, 장소, 방향 등을 가리킬 때 사용하는 것으로, 지시하는 대상의 위치에 따라 나와 가까운 곳이면 「こ」, 상대에 가까운 곳이면 「そ」, 나와 상대방 모두에게 떨어진 곳이면 「あ」를 쓴다.

1 こ・そ・あ・ど

분류	こ	そ	あ	ど
사물	これ(이것)	それ(그것)	あれ(저것)	どれ(어느 것)
장소	ここ(여기)	そこ(거기)	あそこ(저기)	どこ(어디)
방향	こちら(이쪽)	そちら(그쪽)	あちら(저쪽)	どちら(어느 쪽)
명사 수식	この(이)	その(그)	あの(저)	どの(어느)

① 사물을 가리키는 지시대명사

- これが小林さんのです。 이것이 고바야시 씨의 것입니다.
- それは車の本です。 그것은 자동차(관련) 책입니다.
- あれは誰のですか。 저것은 누구의 것입니까?

② 장소를 가리키는 지시대명사

- トイレはどこですか。 화장실은 어디입니까(어디에 있습니까)?
- トイレはあそこです。 화장실은 저기입니다.
- そこは女子(じょし)トイレです。 거기는 여자 화장실입니다.

③ 방향을 가리키는 지시대명사

- 非常口(ひじょうぐち)はこちらですか。 비상구는 이쪽입니까?
- はい、そちらです。 네, 그쪽입니다.
- 入(い)り口(ぐち)はあちらです。 입구는 저쪽입니다.

④ 지시대명사 이외의 지시어 연체사

연체사는 명사 앞에 와서 뒤에 오는 명사를 수식하는 역할을 한다.

- この車(くるま)は中古(ちゅうこ)ですか。 이 차는 중고입니까?
- その車(くるま)は新車(しんしゃ)です。 그 차는 새 차입니다.
- あんな人(ひと)が好(す)きです。 저런 사람을 좋아합니다.

↳ 연체사 관련 내용은 10장 기타 문법 따라잡기 (2) 연체사(p. 236~237) 참조.

인칭대명사

인칭대명사는 사람을 가리키는 대명사로, 상대방의 지위, 연령, 초면, 관계, 성별 등을 고려하여 그에 걸맞게 사용해야 한다. 예를 들어 '당신'이라는 의미의「あなた」의 경우, 처음 만나는 사람에게 쓰면 분위기가 다소 어색해질 수 있다. 이때는「あなた」보다 상대방의 이름에「~さん」을 붙여서 불러주는 것이 자연스럽다.

1 인칭대명사

1인칭	2인칭	3인칭			
		근칭	중칭	원칭	부정칭
僕(ぼく) 나	君(きみ) 너	この人(ひと) 이 사람	その人(ひと) 그 사람	あの人(ひと) 저 사람	どの人(ひと)(=誰(だれ)) 어느 사람(= 누구)
私(わたし) 저/나	あなた 당신	この方(かた) 이 분	その方(かた) 그 분	あの方(かた) 저 분	どの方(かた)(=どなた) 어느 분

- 私(わたくし)は田中(たなか)と申(もう)します。 저는 다나카라고 합니다.
- 木村(きむら)は僕(ぼく)の友達(ともだち)だ。 기무라는 내 친구다.
- 俺(おれ)の本(ほん)だ。 내 책이다.
- 今回(こんかい)の事故(じこ)は君(きみ)の責任(せきにん)だ。 이번 사고는 네 책임이다.
- 全(すべ)てはお前(まえ)のせいだ。 모든 것은 네 탓이다.
- この人(ひと)は誰(だれ)ですか。 이 사람은 누구입니까?

Tip

「僕(ぼく)」와「俺(おれ)」,「君(きみ)」와「お前(まえ)」는 모두 남성어로, 서로 나이가 비슷할 때나 손아랫사람에게 쓴다.

수사

006 수사는 수량과 순서를 나타내는 명사로, '한자어 수사'와 일본 고유의 수 읽기 방식으로 읽는 '고유 수사'가 있다.

1 수세기

일본어로 숫자를 읽는 방법에는 두 가지가 있다. 하나는 한자어로 읽는 방법으로, 우리말 '일, 이, 삼…'에 해당하는 「いち、に、さん…」과 같이 읽는 것이고, 또 하나는 일본 고유의 수읽기 방식으로, 우리말 '하나, 둘, 셋…'에 해당하는 「ひとつ、ふたつ、みっつ…」로 읽는 방식이다.

숫자	고유 수사	한자어 수사				
1	ひとつ(하나)	いち	11	じゅういち	100	ひゃく
2	ふたつ(둘)	に	20	にじゅう	200	にひゃく
3	みっつ(셋)	さん	30	さんじゅう	300	さんびゃく
4	よっつ(넷)	し/よん	40	よんじゅう	400	よんひゃく
5	いつつ(다섯)	ご	50	ごじゅう	500	ごひゃく
6	むっつ(여섯)	ろく	60	ろくじゅう	600	ろっぴゃく
7	ななつ(일곱)	しち/なな	70	ななじゅう	700	ななひゃく
8	やっつ(여덟)	はち	80	はちじゅう	800	はっぴゃく
9	ここのつ(아홉)	きゅう/く	90	きゅうじゅう	900	きゅうひゃく
10	とお(열)	じゅう	100	ひゃく	1,000	せん

한자어 수사									
1,000	せん	2,000	にせん	3,000	さんぜん	4,000	よんせん		
5,000	ごせん	6,000	ろくせん	7,000	ななせん	8,000	はっせん		
9,000	きゅうせん	10,000	いちまん	100,000	じゅうまん	1,000,000	ひゃくまん		
10,000,000		せんまん		100,000,000		いちおく			

① 시간 · 날짜

시간 읽기

초(びょう)(秒)

1秒	2秒	3秒	4秒	5秒	6秒
いちびょう	にびょう	さんびょう	よんびょう	ごびょう	ろくびょう
7秒	8秒	9秒	10秒	何秒	
ななびょう	はちびょう	きゅうびょう	じゅうびょう	なんびょう : 몇 초	

분(ふん)(分)

1分	2分	3分	4分	5分	6分
いっぷん	にふん	さんぷん	よんぷん	ごふん	ろっぷん
7分	8分	9分	10分	半	何分
ななふん	はっぷん	きゅうふん	じっぷん/じゅっぷん	はん	なんぷん (몇 분)

시(じ)(時)

1時	2時	3時	4時	5時	6時
いちじ	にじ	さんじ	よじ	ごじ	ろくじ
7時	8時	9時	10時	何時	
しちじ	はちじ	くじ	じゅうじ	なんじ(몇 시)	

- 今(いま)、何時(なんじ)ですか。 지금 몇 시입니까?
- 午後(ごご)4時半(よじはん)です。 오후 4시 반입니다.
- 学校(がっこう)は何時(なんじ)からですか。 학교는 몇 시부터입니까?
- 朝(あさ)、9時(くじ)からです。 아침 9시부터입니다.

날짜 읽기

월(月) : 何月 몇 월

1月	2月	3月	4月	5月	6月
いちがつ	にがつ	さんがつ	しがつ	ごがつ	ろくがつ
7月	8月	9月	10月	11月	12月
しちがつ	はちがつ	くがつ	じゅうがつ	じゅういちがつ	じゅうにがつ

일(日) : 何日 며칠

1日	2日	3日	4日	5日	6日	7日
ついたち	ふつか	みっか	よっか	いつか	むいか	なのか
8日	9日	10日	11日	12日	13日	14日
ようか	ここのか	とおか	じゅういちにち	じゅうににち	じゅうさんにち	じゅうよっか
15日	16日	17日	18日	19日	20日	21日
じゅうごにち	じゅうろくにち	じゅうしちにち	じゅうはちにち	じゅうくにち	はつか	にじゅういちにち
22日	23日	24日	25日	26日	27日	28日
にじゅうににち	にじゅうさんにち	にじゅうよっか	にじゅうごにち	にじゅうろくにち	にじゅうしちにち	にじゅうはちにち
29日	30日	31日				
にじゅうくにち	さんじゅうにち	さんじゅういちにち				

- 夏休みは何月から何月までですか。 여름 방학은 몇 월부터 몇 월까지입니까?
- 私の誕生日は5月20日です。 내 생일은 5월 20일입니다.

② 요일과 시제

요일

요일(曜日)

月曜日	火曜日	水曜日	木曜日	金曜日	土曜日	日曜日
げつようび	かようび	すいようび	もくようび	きんようび	どようび	にちようび
월요일	화요일	수요일	목요일	금요일	토요일	일요일

시제

일(日)

一昨日	昨日	今日	明日	明後日	明明後日
おととい	きのう	きょう	あした	あさって	しあさって
그저께	어제	오늘	내일	모레	글피

주(週)

先々週	先週	今週	来週	再来週
せんせんしゅう	せんしゅう	こんしゅう	らいしゅう	さらいしゅう
지지난 주	지난 주	이번 주	다음 주	다다음 주

월(月)

先先月	先月	今月	来月	再来月
せんせんげつ	せんげつ	こんげつ	らいげつ	さらいげつ
지지난 달	지난 달	이번 달	다음 달	다다음 달

연(年)

一昨年	去年/昨年	今年	来年	再来年
おととし	きょねん/さくねん	ことし/こんねん	らいねん	さらいねん
재작년	작년	금년	내년	내후년

A : もう今年も来週で終わりですね。 이제 올해도 다음 주로 끝이네요.

B : ええ、そうですね。 네, 그러게요.

A : 今日は何曜日ですか。 오늘은 무슨 요일입니까?

B : 今日は月曜日です。 오늘은 월요일입니다.

2 조수사

수에 붙어 단위를 나타낸다.

단위	～枚 ～장	～歳 ～세/살	～本 ～자루	～台 ～대	～杯 ～잔
종류	종이, 사진 등	나이	연필,담배, 술병 등	TV, 자동차 등	술, 음료 등
1	いちまい	いっさい	いっぽん	いちだい	いっぱい
2	にまい	にさい	にほん	にだい	にはい
3	さんまい	さんさい	さんぼん	さんだい	さんばい
4	よんまい	よんさい	よんほん	よんだい	よんはい
5	ごまい	ごさい	ごほん	ごだい	ごはい
6	ろくまい	ろくさい	ろっぽん	ろくだい	ろっぱい
7	なな(しち)まい	ななさい	ななほん	ななだい	ななはい
8	はちまい	はっさい	はっぽん	はちだい	はっぱい
9	きゅうまい	きゅうさい	きゅうほん	きゅうだい	きゅうはい
10	じゅうまい	じゅっさい	じゅっぽん	じゅうだい	じゅっぱい
몇	何枚 なんまい	何歳 なんさい	何本 なんぼん	何台 なんだい	何杯 なんばい

단위	~個 ~개	~冊 ~권	~回 ~회	~人 ~사람
종류	낱으로 된 물건	책, 노트 등	횟수	사람, 인원 수
1	いっこ	いっさつ	いっかい	ひとり
2	にこ	にさつ	にかい	ふたり
3	さんこ	さんさつ	さんかい	さんにん
4	よんこ	よんさつ	よんかい	よにん
5	ごこ	ごさつ	ごかい	ごにん
6	ろっこ	ろくさつ	ろっかい	ろくにん
7	ななこ	ななさつ	ななかい	しちにん
8	はっこ	はっさつ	はちかい	はちにん
9	きゅうこ	きゅうさつ	きゅうかい	きゅうにん
10	じゅっこ	じゅっさつ	じゅっかい	じゅうにん
몇	何個	何冊	何回	何人

단위	~匹 ~마리	~番目 ~번째	~階 ~층	~足 ~켤레	~頭 ~두/마리
종류	생선, 동물 등	순서	계단, 층	양말, 신발 등	소, 코끼리 등 큰 동물
1	いっぴき	いちばんめ	いっかい	いっそく	いっとう
2	にひき	にばんめ	にかい	にそく	にとう
3	さんびき	さんばんめ	さんがい	さんぞく	さんとう
4	よんひき	よんばんめ	よんかい	よんそく	よんとう
5	ごひき	ごばんめ	ごかい	ごそく	ごとう
6	ろっぴき	ろくばんめ	ろっかい	ろくそく	ろくとう
7	ななひき	ななばんめ	ななかい	ななそく	ななとう
8	はっぴき	はちばんめ	はっかい	はっそく	はっとう
9	きゅうひき	きゅうばんめ	きゅうかい	きゅうそく	きゅうとう
10	じゅっぴき	じゅうばんめ	じゅっかい	じゅっそく	じゅっとう
몇	何匹	何番目	何階	何足	何頭

단위	~度 ~번/~도	~軒 ~채	~倍 ~배	~羽 ~마리
종류	횟수, 온도 등	집	배수를 말할 때	닭, 새 등의 조류
1	いちど	いっけん	いちばい	いちわ
2	にど	にけん	にばい	にわ
3	さんど	さんげん	さんばい	さんわ
4	よんど	よんけん	よんばい	よんわ
5	ごど	ごけん	ごばい	ごわ
6	ろくど	ろっけん	ろくばい	ろくわ
7	なяど	ななけん	ななばい	ななわ
8	はちど	はっけん	はちばい	はちわ
9	きゅうど	きゅうけん	きゅうばい	きゅうわ
10	じゅうど	じゅっけん	じゅうばい	じゅうわ
몇	何度	何軒	何倍	何羽

위치 명사

어떤 사물이 놓여있는 위치를 나타내는 것으로, 물건을 찾을 때나 길을 안내할 때 많이 쓰인다.

1 위치 명사

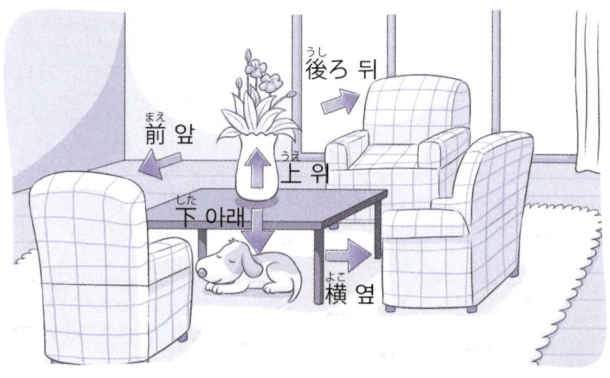

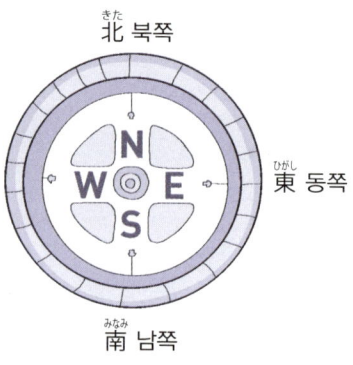

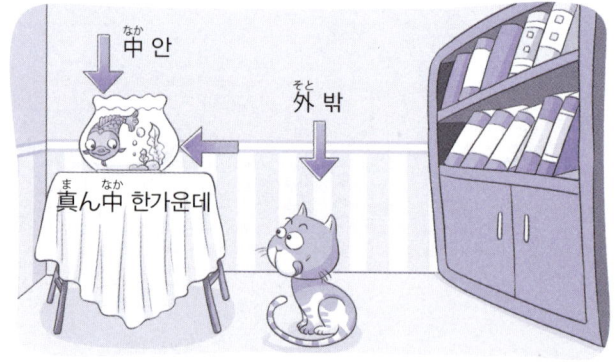

- 携帯電話は机の上にあります。 휴대전화는 책상 위에 있습니다.
- 財布は引き出しの中にあります。 지갑은 서랍 안에 있습니다.
- 銀行は交番の横にあります。 은행은 파출소 옆에 있습니다.

가족 호칭법

일본어의 가족 호칭은 나의 가족과 상대방의 가족을 부를 때 각각 다르다. 하지만 다르다고 해봤자 거의 똑같은 형태에 존경의 접두어 「ご」나 「お」, 접미어인 「さん」을 붙이는 정도여서 외우기는 쉽다. 내 가족을 다른 사람에게 소개할 때는 자기 가족을 낮추어서 부르고 상대방의 가족을 부를 때는 반대로 높여서 부른다.

1 가족 호칭법

나의 가족	가족 호칭	상대의 가족
祖父(そふ)	할아버지	おじいさん
祖母(そぼ)	할머니	おばあさん
両親(りょうしん)	부모님	ご両親(りょうしん)
父(ちち)	아버지	お父(とう)さん
母(はは)	어머니	お母(かあ)さん
おじ	아저씨/삼촌	おじさん
おば	아주머니/이모/고모	おばさん
兄(あに)	형/오빠	お兄(にい)さん
姉(あね)	언니/누나	お姉(ねえ)さん
兄弟(きょうだい)	형제	ご兄弟(きょうだい)
弟(おとうと)	남동생	弟(おとうと)さん
妹(いもうと)	여동생	妹(いもうと)さん
姪(めい)	여자 조카	めいごさん
甥(おい)	남자 조카	おいごさん
息子(むすこ)	아들	息子(むすこ)さん
娘(むすめ)	딸	娘(むすめ)さん
子供(こども)	아이	お子(こ)さん

나의 가족	가족 호칭	상대의 가족
孫(まご)	손자/손녀	孫(まご)さん
曽孫(ひまご)	증손자/증손녀	曽孫(ひまご)さん
主人(しゅじん)	남편	ご主人(しゅじん)
家内(かない)	아내	奥(おく)さん
家族(かぞく)	가족	ご家族(かぞく)
親戚(しんせき)	친척	ご親戚(しんせき)

- お父(とう)さんはお元気(げんき)ですか。 아버님은 안녕하십니까?
- お陰様(かげさま)で、父(ちち)は元気(げんき)です。 덕분에 아버지는 잘 지냅니다.

명사의 기타 문형

명사는 그 자체로 활용하지 않고 조동사와 접속하여 활용한다. 여기서는 명사의 다양한 활용에 대해 알아본다.

1 ～は～です ～은(는) ～입니다

명사 다음에「です」를 붙이면 '～입니다'라는 정중한 표현이 된다.「～は(～은, ～는)」는 주격을 나타내며, 조사로 쓰일 때는 'wa'로 발음한다.

- 私(わたし)は大学生(だいがくせい)です。 나는 대학생입니다.
- 小林(こばやし)さんは社長(しゃちょう)です。 고바야시 씨는 사장님입니다.
- ここは図書館(としょかん)です。 여기는 도서관입니다.

2 ～は～ですか ～은(는) ～입니까?

명사 다음에 「ですか」를 붙이면 '～입니까'라는 정중한 의문문이 된다. 단, 일본어에서는 원칙적으로는 의문문이라도 「～か」 다음에 '?'를 붙이지 않는다.

- 小林(こばやし)さんは大学生(だいがくせい)ですか。 고바야시 씨는 대학생입니까?
- ここは図書館(としょかん)ですか。 여기는 도서관입니까?

3 ～は～では[じゃ]ありません ～은(는) ～이 아닙니다

명사 다음에 「では[じゃ]ありません」을 붙이면 '～이 아닙니다'라는 정중한 부정 표현이 된다. 「じゃ」는 「では」의 회화체 표현이다.

- 小林(こばやし)さんは大学生(だいがくせい)では[じゃ]ありません。 고바야시 씨는 대학생이 아닙니다.
- ここは図書館(としょかん)では[じゃ]ありません。 여기는 도서관이 아닙니다.

4 ～は～でした ～은(는) ～이었습니다

명사 다음에 「でした」를 붙이면 '～이었습니다'라는 정중한 과거 표현이 된다.

- 小林(こばやし)さんは社長(しゃちょう)でした。 고바야시 씨는 사장님이었습니다.
- ここは図書館(としょかん)でした。 여기는 도서관이었습니다.

5 ～は～でしたか ～은(는) ～이었습니까?

명사 다음에 「でしたか」를 붙이면 '～이었습니까'라는 정중한 과거 의문 표현이 된다.

- 小林(こばやし)さんは社長(しゃちょう)でしたか。 고바야시 씨는 사장님이었습니까?
- ここは図書館(としょかん)でしたか。 여기는 도서관이었습니까?

6　～は～では[じゃ]ありませんでした　～은(는) ～이 아니었습니다

명사 다음에 「では[じゃ]ありませんでした」를 붙이면 '～이 아니었습니다'라는 정중한 과거 부정 표현이 된다.

- 小林さんは社長では[じゃ]ありませんでした。 고바야시 씨는 사장님이 아니었습니다.
- ここは図書館では[じゃ]ありませんでした。 여기는 도서관이 아니었습니다.

7　～は～の～です　～은(는) ～의 ～입니다

여러 가지 용법을 가진 조사 「の」는 명사와 명사를 이어주는 역할을 한다. 우리말과 달리 일본어는 반드시 명사와 명사 사이에 조사 「の」를 써야 하며, 대표적인 뜻은 소유를 나타내는 '～의'이다. 한편, 「の」를 우리말로 해석할 때 따로 번역하지 않는 편이 자연스러울 때도 있다.

- 小林さんはうちの社長です。 고바야시 씨는 우리 사장님입니다.
- ここは学校の食堂です。 여기는 학교 식당입니다.
- これは私の本です。 이것은 내 책입니다.

8　～で、～です　～이고, ～이다

「で」는 명사와 명사를 연결하고, 문장과 문장을 잇는 조사로, '～이고' 정도로 해석한다.

- 私は韓国人です。 나는 한국인입니다.
  私は留学生です。 나는 유학생입니다.
  → 私は韓国人で、留学生です。 나는 한국인이고, 유학생입니다.
- 彼女は大学生で、専攻は日本語です。 그녀는 대학생이고, 전공은 일본어입니다.
- これは日本語の雑誌で、それは車の雑誌です。
  이것은 일본어 잡지이고, 그것은 자동차 잡지입니다.

9　〜だろう・〜でしょう　〜일 것이다, 〜겠지・〜일 것입니다, 〜겠지요

「〜だろう」와「〜でしょう」는 추량이나 의문 또는 상대방에게 동의나 확인을 구할 때 쓴다. 「〜でしょう」는 「〜だろう」의 정중한 표현이다.

- あれは学校(がっこう)だろう。 저것은 학교일 것이다(학교겠지).
- あれは学校(がっこう)でしょう。 저것은 학교일 것입니다(학교겠지요).

10　〜になる　〜이(가) 되다

「〜になる」는 어떤 일에 대한 변화를 나타낸다.

- 先生(せんせい)になる。 선생님이 되다.
- 政治家(せいじか)になる。 정치가가 되다.
- 春(はる)になる。 봄이 되다.

11　명사 + する　〜하다

동작성이 가미된 명사는 '〜하다'라는 뜻인 「する」를 접속하여 동사처럼 활용할 수 있다. 단, 단순한 사물을 나타내는 명사에는 「する」를 붙일 수 없다.

- 勉強(べんきょう)する 공부하다
- 運動(うんどう)する 운동하다
- 雨(あめ)する(×)
- 本(ほん)する(×)

12　〜に行く・〜に来る　〜하러 가다・〜하러 오다

명사에 「〜に行く・〜に来る」를 붙이면 동작의 목적을 나타내는 문장이 된다. 「に」는 목적을 나타내는 조사로, '〜하러'라는 뜻으로 쓰이고, 앞에는 동작성이 가미된 명사가 와야 한다.

- 旅行(りょこう)に行(い)く。 여행 가다 / 旅行(りょこう)に来(く)る。 여행 오다
- 食事(しょくじ)に行(い)く。 식사하러 가다 / 食事(しょくじ)に来(く)る。 식사하러 오다

Jump Up

⭐ なん과 なに

「なん」과 「なに」는 한자로 쓰면 똑같이 「何」이지만, 다음과 같은 차이가 있다.

① 「なん」으로 읽는 경우

「なん」 다음에 오는 단어의 첫 음이 「で / と / の」이거나 다음에 조수사가 올 때.

- なん時 몇 시   なん歳 몇 살   なん回 몇 회   なん人 몇 명
- なんですか。 무엇입니까?
- なんと言いますか。 무엇이라고 합니까?
- なんの本ですか。 무슨 책입니까?

② 「なに」로 읽는 경우

「なに」 다음에 오는 단어의 첫 음이 「か / が / を」 등일 때.

- なにか食べますか。 뭔가 먹겠습니까?
- なにがありますか。 무엇이 있습니까?
- なにをしますか。 무엇을 합니까?

⭐ どなた와 どちらさま

「どなた」와 「どちらさま」는 '누구', '어느 분'이라는 의미인데, 「どなた」는 말하는 사람이 제삼자를 가리킬 때 쓰고, 「どちらさま」는 서로 대화를 주고받는 상황에서 쓰인다.

① どなた

- あの方はどなたですか。 저 분은 누구십니까?

> **Tip**
> 「どなた」를 사용하는 문장 앞에서는 「方」를 사용해야 격에 맞는 화법이 된다.

② どちらさま

- 失礼ですが、どちら様ですか。 실례합니다만, 누구십니까?
- 小林さんはどちら様ですか。 고바야시 씨는 어느 분이십니까?

> **Tip**
> 「どちらさま」는 상대에 대한 존칭으로 전화상에서 주로 쓴다. 일반적으로 사람의 이름 뒤에 「どちらさま」가 오면 '어느 분'으로 해석한다.

⊙ どこ와 どちら

「どこ」는 장소를, 「どちら」는 방향이나 위치를 묻는 대명사이다.

① どこ

- A : お手洗いはどこですか。 화장실은 어디입니까?
- B : あそこです。 저기입니다.

② どちら

- A : 非常口はどちらですか。 비상구는 어느 쪽입니까?
- B : こちらです。 이쪽입니다.
- A : 大学はどちらですか。 대학은 어느 쪽입니까?(어느 대학에 다닙니까?)
- B : 東京大学です。 도쿄 대학입니다.

> **Tip**
> 「どちら」가 기관이나 조직의 소속을 물을 때는 방향이나 위치가 아닌 '어디에 다니고 있습니까?'라는 의미가 된다.

이것만 알면 통한다

일본어 문법

형용사 形容詞 따라잡기

- 사물의 상태와 성질을 나타낸다.
- 자립어로 활용이 가능하다.
- 단독으로 술어가 되고 수식어도 된다.
- 어미가 「い」로 끝나는 い형용사와 「だ」로 끝나는 な형용사가 있다.

い형용사

い형용사는 어미가 「い」로 끝나는 형용사로, 단독으로 술어가 될 수 있고 활용도 가능한 자립어이다.

1 い형용사의 긍정과 부정

① い형용사의 긍정

기본형 그대로 문장을 만들 수 있으며, 기본형에 「~です(~입니다)」를 접속하면 정중한 표현이 된다.

- 今日(きょう)は天気(てんき)がいい。 오늘은 날씨가 좋다.
- 毎日(まいにち)の生活(せいかつ)が楽(たの)しいです。 매일의 생활이 즐겁습니다.
- 日本(にほん)の物価(ぶっか)は高(たか)いです。 일본의 물가는 비쌉니다.

② い형용사의 부정

어미 「い」를 「~くない(~이지 않다)」로 바꾸면 부정의 의미가 된다. 「~くないです(~이지 않습니다)」로 쓰거나 「~くありません」이 되면 정중한 표현이 된다.

- 今日(きょう)は天気(てんき)がよくない。 오늘은 날씨가 좋지 않다.
- 今日(きょう)は天気(てんき)がよくないです。 오늘은 날씨가 좋지 않습니다.
- 今日(きょう)は天気(てんき)がよくありません。 오늘은 날씨가 좋지 않습니다.
- 日本(にほん)の物価(ぶっか)は高(たか)くない。 일본의 물가는 비싸지 않다.
- 日本(にほん)の物価(ぶっか)は高(たか)くないです。 일본의 물가는 비싸지 않습니다.
- 日本(にほん)の物価(ぶっか)は高(たか)くありません。 일본의 물가는 비싸지 않습니다.

> **Tip**
> 「いい(좋다)」는 긍정문에서만 쓰고, 다른 활용에는 「よい」의 형태로 쓴다.
> - 今日は天気がいいです。 오늘은 날씨가 좋습니다.
> - 今日は天気がよくないです。 오늘은 날씨가 좋지 않습니다.

2 い형용사의 과거와 과거 부정

① い형용사의 과거

い형용사의 과거형은 어미 「い」를 「かった」로 바꾸어 만들 수 있다. 이 표현 역시 정중하게 하려면 뒤에 「~です」를 붙여 준다.

> 面白い 재미있다 → 面白かった 재미있었다
> 悪い 나쁘다 → 悪かった 나빴다
> 近い 가깝다 → 近かった 가까웠다

- 昨日は天気がよかったです。 어제는 날씨가 좋았습니다.
- 毎日の生活が楽しかったです。 매일 생활이 즐거웠습니다.

② い형용사의 과거 부정

い형용사의 부정형 「~くない」를 「~くなかった」로 바꾸면 과거 부정형이 된다. 「~くなかった」 뒤에 「~です」를 붙이거나 정중한 부정인 「~くありません」 뒤에 「でした」를 붙여 「~くありませんでした(~이지 않았습니다)」가 되면 정중한 표현이 된다.

> 面白くない 재미없다 → 面白くなかった 재미없었다
> 悪くない 나쁘지 않다 → 悪くなかった 나쁘지 않았다
> 近くない 가깝지 않다 → 近くなかった 가깝지 않았다

- 昨日は天気がよくなかったです。
  = 昨日は天気がよくありませんでした。 어제는 날씨가 좋지 않습니다.

- 毎日の生活が楽しくなかったです。
  = 毎日の生活が楽しくありませんでした。 하루하루의 생활이 즐겁지 않습니다.

3 い형용사의 연결형

두 개의 い형용사를 하나로 연결할 때는 앞에 오는 형용사의 어미「い」를「くて」로 바꾸기만 하면 된다. 이 때「~くて」는 단순하게 두 문장의 상태를 나열하기도 하고 '원인, 이유' 등을 나타내기도 한다.

- 日本語は面白い。 일본어는 재미있다.
  日本語は易しいです。 일본어는 쉽습니다.
  → 日本語は面白くて、易しいです。 일본어는 재미있고 쉽습니다. 〈나열〉

- 頭が痛い。 머리가 아프다.
  顔色が悪いです。 안색이 좋지 않습니다.
  → 頭が痛くて、顔色が悪いです。 머리가 아파서 안색이 좋지 않습니다. 〈원인, 이유〉

4 い형용사의 명사 수식

い형용사가 명사를 수식할 때는 기본형의 형태로 쓴다.

> 面白い 재미있다 + 本 책 = 面白い本 재미있는 책
> 悪い 나쁘다 + 人 사람 = 悪い人 나쁜 사람
> いい 좋다 + 成績 성적 = いい成績 좋은 성적

- これは面白い本です。 이것은 재미있는 책입니다.

- 秋はいい季節です。 가을은 좋은 계절입니다.
- おいしいのは何でもいいです。 맛있는 것은 무엇이든 좋습니다.

> **Tip**
> い형용사 뒤에 형식명사 「の」가 오면, '~인 것'의 뜻으로 쓰인다.

5 い형용사의 가정형

い형용사의 어미 「い」를 「～ければ」로 바꾸면 일반적인 가정 표현을 만들 수 있다.

暑い 덥다 → 暑ければ 덥다면
寒い 춥다 → 寒ければ 춥다면
よい 좋다 → よければ 좋다면

- 暑ければ上着を脱いでください。 더우면 상의를 벗으세요.
- 寒ければ中に入ってください。 추우면 안으로 들어가세요.
- よければ一緒に行ってください。 좋다면 함께 가세요.

> **Tip**
> い형용사의 어미 「い」를 「～かったら」로 바꾸면 '가정 조건' 표현이 된다. 「～ければ」가 일반적 또는 자연적인 가정의 표현을 나타내는 데 비해, 「～かったら」는 앞의 내용이 일어나지 않았지만 일어날 수 있다는 상황을 전제하에 가정하는 것이다. 또한 「～ければ」는 な형용사에는 접속할 수 없다.
> - 痛かったら病院へ行きます。 아프면 병원에 가겠습니다.
> - 遅かったら連絡してください。 늦으면 연락 주세요.
> - 部屋が広かったら借ります。 방이 넓다면, 빌리겠습니다.

6 い형용사의 추측형

い형용사의 추측형은 어미인「い」를「～かろ」로 바꾸고 추량의 조동사「う」를 연결하면 된다. 또 기본형에「～だろう」를 붙여 추측이나 반문을 나타낼 수도 있다. い형용사에「～でしょう(～이겠지요)」를 붙이면 정중한 추측 표현이 된다.

暑い 덥다 → 暑かろう 더울 것이다 / 暑いだろう 더울 것이다 /
　　　　　　 暑いでしょう 더울 것입니다

寒い 춥다 → 寒かろう 추울 것이다 / 寒いだろう 추울 것이다 /
　　　　　　 寒いでしょう 추울 것입니다

よい 좋다 → よかろう 좋을 것이다 / よいだろう 좋을 것이다 /
　　　　　　 よいでしょう 좋을 것입니다

- 天気がよかろうが悪かろうが行きます。 날씨가 좋든 나쁘든 가겠습니다.
- 沖縄は10月にも暑いだろう。 오키나와는 10월에도 더울 것이다.
- 札幌は寒波で寒いでしょう。 삿포로는 한파로 춥겠지요?

7 い형용사의 기타 활용

① い형용사의 명사화

어미「い」→「さ」

厚い 두껍다 → 厚さ 두께　　　高い 높다 → 高さ 높이

長い 길다 → 長さ 길이　　　重い 무겁다 → 重さ 무게

어미「い」→「み」: 주로 눈으로 확인할 수 없는 추상적인 느낌을 준다.

甘い 달다 → 甘み 단맛　　　悲しい 슬프다 → 悲しみ 슬픔

苦しい 괴롭다 → 苦しみ 괴로움　　　楽しい 즐겁다 → 楽しみ 즐거움

어미 「い」→ 「け」: 느낌이나 기분 등을 나타낸다.

眠(ねむ)い 졸리다 → 眠(ねむ)け 졸음 　　寒(さむ)い 춥다 → 寒(さむ)け 오한

어미 「い」를 삭제 : 주로 색을 나타내는 형용사들에 쓰인다.

青(あお)い 파랗다 → 青(あお) 파랑 　　赤(あか)い 빨갛다 → 赤(あか) 빨강

② い형용사의 동사화

~がる(~해 하다) : い형용사 어간에 접속하여 제삼자의 희망을 나타낸다.

寂(さび)しい 쓸쓸하다 → 寂(さび)しがる 쓸쓸해 하다

~すぎる(너무 ~하다) : 형용사 어간에 접속하여 정도가 지나침을 나타낸다.

高(たか)い 비싸다 → 高(たか)すぎる 너무 비싸다

近(ちか)い 가깝다 → 近(ちか)すぎる 너무 가깝다

③ い형용사의 부사화

형용사의 어미 「い」를 「く」로 바꾸면 쉽게 부사로 만들 수 있다.

いい 좋다 → よく 좋게

おいしい 맛있다 → おいしく 맛있게

楽(たの)しい 즐겁다 → 楽(たの)しく 즐겁게

형용사의 어간을 두 번 겹쳐져 만들기도 한다.

軽(かる)い 가볍다 → 軽々(かるがる) 가볍게, 쉽게, 거뜬히

寒(さむ)い 춥다 → 寒々(さむざむ) 아주 추운 모양

近(ちか)い 가깝다 → 近々(ちかぢか) 일간, 머지않아

な형용사

な형용사는 기본형의 어미가 「だ」로 끝나는 형용사로, '형용동사'라고도 한다.
또한 단독으로 술어가 될 수 있고 자립어로 활용할 수 있다.

1 な형용사의 긍정과 부정

① な형용사의 긍정

な형용사는 어미에 「～だ」를 접속한 형태가 기본형이 되며, 「～だ」 대신 「です」를 붙이면 정중한 표현이 된다.

- 日本人は親切だ。 일본인은 친절하다.
- 彼は真面目です。 그 사람은 성실합니다.
- 父と母は元気です。 아버지와 어머니는 건강합니다(잘 지냅니다).

② な형용사의 부정

な형용사의 어미 「～だ」 대신 「～ではない(~지 않다, ~이 아니다)」를 붙이면 부정의 의미가 된다. 여기에 「です」를 붙이거나 「～ではない」를 「～ではありません」으로 바꾸면 정중한 표현이 된다.

- 日本人は親切です。 일본인은 친절합니다.
- 日本人は親切ではない。 일본인은 친절하지 않다.
- 日本人は親切ではありません。 일본인은 친절하지 않습니다.
- 彼は真面目です。 그 사람은 성실합니다.
- 彼は真面目ではない。 그 사람은 성실하지 않다.
- 彼は真面目ではありません。 그 사람은 성실하지 않습니다.

2 な형용사의 과거와 과거 부정

① な형용사의 과거

な형용사의 어미 「〜だ」 대신 「だった」를 붙이면 과거형이 된다. 정중한 표현으로 쓸 때는 명사의 과거형처럼 「です」를 「でした」로 바꾸거나 「だった」 뒤에 「です」를 붙여 준다.

安全だ 안전하다	→	安全だった 안전했다
親切だ 친절하다	→	親切だった 친절했다
元気だ 건강하다	→	元気だった 건강했다

• 日本人は親切だったです。
  = 日本人は親切でした。 일본인은 친절했습니다.

• 彼は真面目だったです。
  = 彼は真面目でした。 그 사람은 성실했습니다.

② な형용사의 과거 부정

な형용사의 과거 부정형은 부정형인 「〜ではない」를 「〜ではなかった」로 바꾸면 된다. 이 외에 부정형인 「〜ではありません」을 「〜ではありませんでした」로 만들면 정중한 표현이 된다. な형용사는 활용면에서 명사문의 활용과 많이 유사하다.

安全ではない 안전하지 않다	→	安全ではなかった 안전하지 않았다
親切ではない 친절하지 않다	→	親切ではなかった 친절하지 않았다
元気ではない 건강하지 않다	→	元気ではなかった 건강하지 않았다

• 日本人は親切ではなかった。 일본인은 친절하지 않았다.

• 日本人は親切ではありませんでした。 일본인은 친절하지 않았습니다.

- 彼は真面目ではなかった。 그 사람은 성실하지 않았다.
- 彼は真面目ではありませんでした。 그 사람은 성실하지 않았습니다.

3 な형용사의 연결형

두 개의 な형용사 문장을 하나의 문장으로 연결할 때는 앞에 오는 な형용사의 어미 「～だ」 대신 「～で」를 접속한다. 이때 쓰는 연결의 조사 「～で」에는 단순한 나열의 뜻 외에 '원인·이유'의 뜻도 있다.

- 彼氏は親切です。 남자 친구는 친절합니다.
  彼氏は優しいです。 남자 친구는 상냥합니다.
  → 彼氏は親切で、優しいです。 남자 친구는 친절하고, 상냥합니다. 〈나열〉

- 彼は有名です。 그는 유명합니다.
  彼は忙しいです。 그는 바쁩니다.
  → 彼は有名で、忙しいです。 그는 유명해서 바쁩니다. 〈원인·이유〉

4 な형용사의 명사 수식

な형용사 뒤에 명사가 오면, 어미 「だ」를 「な」로 바꾸어 수식한다.

親切だ 친절하다 + 人 사람 → 親切な人 친절한 사람
健康だ 건강하다 + 男 남자 → 健康な男 건강한 남자

- 彼女はきれいな女です。 그녀는 예쁜 여자입니다.
- 友達は幸せな人です。 친구는 행복한 사람입니다.
- 彼は親切な人ではありません。 그는 친절한 사람이 아닙니다.

5 な형용사의 가정형

な형용사의 가정형은 형용사 어간에 「なら(ば)」를 붙여서 만든다. 회화에서는 보통 「ば」를 생략하고 「なら」만 쓴다.

安全だ 안전하다 → 安全なら(ば) 안전하다면
好きだ 좋아하다 → 好きなら(ば) 좋아한다면
便利だ 편리하다 → 便利なら(ば) 편리하다면

- 安全ならばやってみます。 안전하다면 해 보겠습니다.
- 好きなら告白してください。 좋아한다면 고백하세요.
- 便利なら使ってみます。 편리하다면 사용해 보겠습니다.

6 な형용사의 추측형

な형용사의 추측형은 어미 「だ」를 「だろ」로 바꾸고 추량의 조동사 「う」를 연결하여 「だろう(~일 것이다, ~겠지)」의 형태로 만든다. 정중한 추측 표현이 되게 하려면, な형용사 어간에 「でしょう」를 붙이 된다.

幸福だ 행복하다 → 幸福だろう 행복하겠지 / 幸福でしょう 행복하겠지요
親切だ 친절하다 → 親切だろう 친절하겠지 / 親切でしょう 친절하겠지요
便利だ 편리하다 → 便利だろう 편리하겠지 / 便利でしょう 편리하겠지요

- あの二人は幸福だろう。 저 두 사람은 행복하겠지.
- 日本人は親切だろう。 일본인은 친절하겠지.
- 日本の電車は便利でしょう。 일본 전철은 편리하겠지요.

7　な형용사의 기타 활용

① な형용사의 명사화

어미 「だ」를 빼고 그냥 쓰거나 어간에 「さ」를 붙여서 만든다.

幸（しあわ）せだ 행복하다　→　幸（しあわ）せ 행복

迷惑（めいわく）だ 곤란하다　→　迷惑（めいわく） 곤란

元気（げんき）だ 건강하다　→　元気（げんき）さ 건강함

親切（しんせつ）だ 친절하다　→　親切（しんせつ）さ 친절함

朗（ほが）らかだ 명랑하다　→　朗（ほが）らかさ 명랑함

便利（べんり）だ 편리하다　→　便利（べんり）さ 편리함

② な형용사의 동사화

~がる(~해 하다) : な형용사의 어간에 접속하여 제삼자의 희망을 나타낸다.

いやだ 싫다　→　いやがる 싫어하다

~すぎる(너무 ~하다) : 어간에 접속하여 지나친 정도를 나타낸다.

真面目（まじめ）だ 성실하다　→　真面目（まじめ）すぎる 너무 성실하다

③ な형용사의 부사화

な형용사의 어간에 「~に」를 붙이면 '~하게'의 의미가 되며, 뒤에 동사가 이어져 부사처럼 쓰인다.

きれいだ 깨끗하다　→　きれいに 깨끗하게

元気（げんき）だ 건강하다　→　元気（げんき）に 건강하게

好（す）きだ 좋아하다　→　好（す）きに 좋아하게

Jump Up

⭐ 연체사

い형용사 중에는 연체사로 변화되는 것이 있다. 형태상 「~な」로 끝나기 때문에 な형용사로 오해할 수도 있지만 뒤에 나오는 명사를 수식하는 역할만 하며, な형용사처럼 활용하지는 못한다. 뜻은 비슷하지만 い형용사는 객관적인 느낌을 주며, 연체사는 주관적인 느낌이 강하다.

大きい →	大きな 큰	小さい → 小さな 작은
細かい →	細かな 자세한	真っ白い → 真っ白な 새하얀

- この事件に関して細かな調査が必要だ。 이 사건에 관해 자세한 조사가 필요하다.
- 大きな声で話してください。 큰 소리로 이야기해 주세요.
- 小さな変化が人生を変える。 작은 변화가 인생을 바꾼다.

⭐ ~くなる와 ~になる

「~くなる」와 「~になる」는 '~해지다, ~가 되다'라는 상태의 변화를 나타낸다. 「~くなる」는 い형용사, 「~になる」는 な형용사와 결합한다.

暑い 덥다 →	暑くなる 더워지다
寒い 춥다 →	寒くなる 추워지다
健康だ 건강하다 →	健康になる 건강해지다
便利だ 편리하다 →	便利になる 편리해지다

- 日々に天気が寒くなる。 나날이 날씨가 추워진다.
- 年々生活が便利になる。 매년 생활이 편리해진다.

03_형용사 따라잡기 77

Jump Up

⭐ 조사「が」를 쓰는 형용사

「好きだ(좋아하다)」,「嫌いだ(싫어하다)」,「得意だ(자신있다)」,「苦手だ(서툴다)」,「上手だ(능숙하다)」,「下手だ(서툴다)」처럼 '기호나 능력'을 나타내는 な형용사의 목적어에는 조사를「を」가 아닌「が」로 써야 한다.

- 私はキムチが好きです。 나는 김치를 좋아합니다.
- 私は納豆が嫌いです。 나는 낫토를 싫어합니다.
- 私は英語が苦手です。 나는 영어를 잘 못합니다.

⭐ 주요 형용사 모음표

い형용사	뜻	な형용사	뜻
赤い	빨갛다	嫌だ	싫다
青い	파랗다	色々だ	여러가지이다
浅い	얕다	同じだ	같다
暖かい	따뜻하다	勝手だ	멋대로다
暑い	덥다	気軽だ	선선하다, 가볍게 행동하다
甘い	달다	気の毒だ	불쌍하다
美しい	아름답다	嫌いだ	싫어하다
いい・よい	좋다	きれいだ	예쁘다, 깨끗하다
嬉しい	기쁘다	下品だ	추잡하다, 저급하다
おいしい	맛있다	元気だ	건강하다
多い	많다	盛んだ	한창이다
大きい	크다	残念だ	유감이다

い형용사	뜻	な형용사	뜻
遅い	늦다	静かだ	조용하다
重い	무겁다	上手だ	잘하다, 능숙하다
面白い	재미있다	上品だ	고상하다
悲しい	슬프다	丈夫だ	튼튼하다
辛い	맵다	親切だ	친절하다
軽い	가볍다	好きだ	좋아하다
黄色い	노랗다	素敵だ	멋지다
黒い	검다	素直だ	순진하다
恐い	무섭다	粗末だ	변변치 못하다
寒い	춥다	大切だ	중요하다
白い	하얗다	退屈だ	지루하다
少ない	적다	大変だ	힘들다, 큰일이다
酸っぱい	시다	確かだ	확실하다
涼しい	시원하다	駄目だ	못하다, 소용없다
高い	높다, 비싸다	賑やかだ	번화하다
小さい	작다	のどかだ	화창하다
近い	가깝다	のんきだ	태평하다
強い	강하다	派手だ	화려하다
遠い	멀다	貧乏だ	가난하다
長い	길다	不思議だ	이상하다
苦い	쓰다	不自由だ	부자유스럽다, 불편하다

Jump Up

い형용사	뜻	な형용사	뜻
眠い	졸리다	不便だ	불편하다
速い	빠르다〈속도〉	平気だ	태연하다, 아무렇지도 않다
早い	이르다, 빠르다	平和だ	평화롭다
深い	깊다	下手だ	못하다, 서툴다
まずい	맛없다	便利だ	편리하다
短い	짧다	朗らかだ	명랑하다
難しい	어렵다	真面目だ	성실하다
優しい	상냥하다	無駄だ	소용없다
易しい	쉽다	夢中だ	몰두하다, 열중하다
安い	싸다	面倒だ	귀찮다
細い	가늘다	有名だ	유명하다
弱い	약하다	豊かだ	풍부하다
悪い	나쁘다	立派だ	훌륭하다

04

동사^{動詞} 따라잡기

- 사람이나 사물의 동작·존재·상태·작용 등을 나타낸다.
- 단독으로 술어가 될 수 있는 자립어이다.
- 모든 동사의 어미는 「う단」으로 끝나며 활용한다.

동사의 종류

일본어 동사는 활용에 따라 다음 세 가지로 분류할 수 있다.
① 1그룹 동사(5단 동사)
② 2그룹 동사(상하1단 동사)
③ 3그룹 동사(변격동사)

1 1그룹 동사 (5단 동사)

① 동사의 어미가 「る」 이외의 음(う·く·ぐ·す·つ·ぬ·ぶ·む)으로 끝나는 동사.

洗（あら）う 씻다　　書（か）く 쓰다　　話（はな）す 말하다
立（た）つ 서다　　遊（あそ）ぶ 놀다　　飲（の）む 마시다

② 동사의 어미가 「る」로 끝나는 동사 중에서도 「る」 앞 음이 「あ·う·お단」인 동사.

ある 있다　　塗（ぬ）る 바르다　　登（のぼ）る 오르다

2 2그룹 동사 (상하1단 동사)

상하1단 동사는 동사의 어미가 「る」로 끝나는 동사 중에서 「る」 앞 음이 「い·え단」인 동사이다.

落（お）ちる 떨어지다　　生（い）きる 살다　　足（た）りる 충분하다
掛（か）ける 걸다　　閉（し）める 닫다　　食（た）べる 먹다

> **Tip**
> 아래 동사들은 형태는 상하1단 동사이나 예외적으로 쓰이는 5단 동사이다.
>
> 要（い）る 필요하다　　帰（かえ）る 돌아가(오)다　　切（き）る 자르다　　蹴（け）る 차다
> 知（し）る 알다　　滑（すべ）る 미끄러지다　　照（て）る 빛나다, 비치다　　入（はい）る 들어가(오)다
> 走（はし）る 달리다　　減（へ）る 줄어들다　　参（まい）る 가다(오다)

3 3그룹 동사 (변격 동사)

변격 동사에는 カ행 변격 동사(来る)와 サ행 변격 동사(する) 두 가지뿐이다.

カ행 변격 동사	サ행 변격 동사
来る 오다	する 하다

Tip
변격 동사에는 来る, する 두 가지밖에 없지만, 불규칙적으로 활용되기 때문에 별도로 암기해야 한다.

동사의 ます형

동사의 활용을 들어가면서 처음 학습하게 되는 것이 「ます형」이다. 「ます형」은 동사에 「〜ます(〜합니다)」를 접속한 활용 형태로, 현재와 미래의 뜻이 있다. 용언에 접속하는 형태라 하여, 연용형(連用形)이라고도 한다.

1 5단 동사의 ます형

동사의 어미를 「い단」으로 바꾸고 「〜ます」를 붙인다.

乗る 타다 → 乗ります 탑니다 / 타겠습니다

呼ぶ 부르다 → 呼びます 부릅니다 / 부르겠습니다

読む 읽다 → 読みます 읽습니다 / 읽겠습니다

- <ruby>電車<rt>でんしゃ</rt></ruby>に<ruby>乗<rt>の</rt></ruby>ります。 전철을 탑니다(타겠습니다).
- <ruby>人<rt>ひと</rt></ruby>を<ruby>呼<rt>よ</rt></ruby>びます。 사람을 부릅니다(부르겠습니다).
- <ruby>新聞<rt>しんぶん</rt></ruby>を<ruby>読<rt>よ</rt></ruby>みます。 신문을 읽습니다(읽겠습니다).

2 상하1단 동사의 ます형

동사의 어미 「る」 대신 「ます」를 붙인다.

<ruby>起<rt>お</rt></ruby>きる 일어나다	→	<ruby>起<rt>お</rt></ruby>きます 일어납니다 / 일어나겠습니다
<ruby>教<rt>おし</rt></ruby>える 가르치다	→	<ruby>教<rt>おし</rt></ruby>えます 가르칩니다 / 가르치겠습니다
<ruby>寝<rt>ね</rt></ruby>る 자다	→	<ruby>寝<rt>ね</rt></ruby>ます 잡니다 / 자겠습니다

- <ruby>朝早<rt>あさはや</rt></ruby>く<ruby>起<rt>お</rt></ruby>きます。 아침 일찍 일어납니다(일어나겠습니다).
- <ruby>大学<rt>だいがく</rt></ruby>で<ruby>英語<rt>えいご</rt></ruby>を<ruby>教<rt>おし</rt></ruby>えます。 대학에서 영어를 가르칩니다.
- <ruby>毎晩<rt>まいばん</rt></ruby>、<ruby>何時<rt>なんじ</rt></ruby>に<ruby>寝<rt>ね</rt></ruby>ますか。 매일 밤 몇 시에 잡니까?

3 변격 동사의 ます형

① カ행 변격 동사의 ます형

<ruby>来<rt>く</rt></ruby>る 오다	→	<ruby>来<rt>き</rt></ruby>ます 옵니다 / 오겠습니다

- まもなく<ruby>電車<rt>でんしゃ</rt></ruby>が<ruby>来<rt>き</rt></ruby>ます。 곧 전철이 옵니다.
- いつ<ruby>来<rt>き</rt></ruby>ますか。 언제 옵니까?

② サ행 변격 동사의 ます형

> する 하다 → します 합니다 / 하겠습니다

- 毎日、アルバイトをしますか。 매일 아르바이트를 합니까?
- 毎日、運動をします。 매일 운동을 합니다.

Tip

「ます형」에는 현재와 미래의 뜻이 내포되어 있기 때문에 문장의 흐름에 따라서 해석을 달리 해야 한다.

- いつも朝ご飯を食べます。
  → 늘 아침밥을 먹습니다. 〈현재〉
  → 늘 아침밥을 먹겠습니다. 〈미래〉

4 동사의 ます형 활용 표현

① ~ません ~하지 않습니다

「~ます」 대신 「~ません」을 접속하면 정중한 부정 표현이 된다.

読む 읽다 → 読みません 읽지 않습니다 〈5단 동사〉
閉じる 닫다 → 閉じません 닫지 않습니다 〈상1단 동사〉
来る 오다 → 来ません 오지 않습니다 〈カ행 변격 동사〉
する 하다 → しません 하지 않습니다 〈サ행 변격 동사〉

- 映画は見ますが、本は読みません。 영화는 보지만, 책은 읽지 않습니다.
- いつも窓を閉じません。 항상 창문을 닫지 않습니다.
- 今日、田中君は学校へ来ません。 오늘 다나카는 학교에 오지 않습니다.
- 部屋の掃除はしません。 방 청소는 하지 않습니다.

② ~ました ~했습니다

「~ます」 대신 「~ました」를 접속하면 정중한 과거 표현이 된다.

泳ぐ 헤엄치다	→	泳ぎました 헤엄쳤습니다 〈5단 동사〉
開ける 열다	→	開けました 열었습니다 〈상하단 동사〉
来る 오다	→	来ました 왔습니다 〈カ행 변격 동사〉
する 하다	→	しました 했습니다 〈サ행 변격 동사〉

- 友達とプールで泳ぎました。 친구와 수영장에서 수영했습니다.
- 朝早く窓を開けました。 아침 일찍 창문을 열었습니다.
- いつ日本から来ましたか。 언제 일본에서 왔습니까?
- 両親は恋愛結婚をしました。 부모님은 연애결혼을 했습니다.

③ ~ませんでした ~하지 않았습니다

「~ます」 대신 「~ませんでした」를 접속하면 정중한 과거 부정 표현이 된다.

会う 만나다	→	会いませんでした 만나지 않았습니다 〈5단 동사〉
起きる 일어나다	→	起きませんでした 일어나지 않았습니다 〈상하단 동사〉
来る 오다	→	来ませんでした 오지 않았습니다 〈カ행 변격 동사〉
する 하다	→	しませんでした 하지 않았습니다 〈サ행 변격 동사〉

- 最近、彼女に会いませんでした。 최근에 그녀를 만나지 않았습니다.
- 今日は早く起きませんでした。 오늘은 일찍 일어나지 않았습니다.
- 彼は教室に来ませんでした。 그는 교실에 오지 않았습니다.
- 今日は何にもしませんでした。 오늘은 아무것도 하지 않았습니다.

④ ~ましょう(か) ~합시다(할까요?)

「~ます」 대신 「~ましょう(か)」를 접속하면, 어떤 일을 재촉하고 권유하는 표현이 된다.

> 行く 가다 → 行きましょう(か) 갑시다 / 갈까요? 〈5단 동사〉
> 見る 보다 → 見ましょう(か) 봅시다 / 볼까요? 〈상해1단 동사〉
> 来る 오다 → 来ましょう(か) 옵시다 / 올까요? 〈カ행 변격 동사〉
> する 하다 → しましょう(か) 합시다 / 할까요? 〈サ행 변격 동사〉

- 一緒に買い物でも行きましょう(か)。 함께 쇼핑이라도 갑시다(갈까요?).
- 映画でも見ましょう(か)。 영화라도 봅시다(볼까요?).
- お酒でも買ってきましょう(か)。 술이라도 사 옵시다(올까요?).
- 何か手伝いしましょう(か)。 뭔가 도웁시다(도와드릴까요?).

⑤ ~たい ~하고 싶다

동사의 「ます형」에 「~たい」를 붙이면, 1·2인칭 화자의 희망을 나타낸다.

- 私は金持ちになりたい。 나는 부자가 되고 싶다.
- お酒が飲みたい。 술을 마시고 싶다.

Tip

「~たい」가 타동사 다음에 오면, 대상이 되는 조사는 「を」가 아니라 「が」가 된다. 단, 「~に会う(~을 만나다)」, 「~に乗る(~을 타다)」처럼 예외적인 경우도 있다.

- コーヒーが飲みたい。 커피를 마시고 싶다.
- ラーメンが食べたい。 라면이 먹고 싶다.
- 友達に会いたい。 친구를 만나고 싶다.
- 電車に乗りたい。 전철을 타고 싶다.

⑥ ~たがる ~하고 싶어하다

동사의 ます형에 「~たがる」를 붙이면, 제삼자의 희망을 나타낸다. 현재의 희망을 나타낼 때는 「~たがっている」의 형태로 쓴다. 조사는 「が」가 아니라 「を」를 쓰며, 5단 동사 활용을 한다.

- 彼は沖縄へ行きたがっています。 그는 오키나와에 가고 싶어 합니다.
- 子供がアイスクリームを食べたがっています。 아이가 아이스크림을 먹고 싶어 합니다.

⑦ ~やすい ~하기 쉽다, ~하기 편하다

동사의 ます형에 「~やすい」를 붙이면 '~하기 쉽다'는 뜻이 된다.

- この酒は薄味で飲みやすいです。 이 술은 순한 맛이어서 마시기 편합니다.
- 画像がきれいで見やすいです。 화상이 깨끗해서 보기 편합니다.

⑧ ~にくい ~하기 어렵다, ~하기 힘들다

동사의 ます형에 「にくい」를 붙이면, '~하기 어렵다'는 뜻이 된다.

- 説明が難しくて分かりにくいです。 설명이 어려워서 이해하기 어렵습니다.
- 少し辛いので食べにくいです。 좀 매워서 먹기 힘듭니다.
- テレビの画面が揺れますので見にくいです。 TV 화면이 흔들려서 보기 힘듭니다.

⑨ ~に行く・~に来る ~하러 가다・~하러 오다

「동사의 ます형 + に」의 형태로 동작의 목적을 나타낸다. 뒤에는 「行く」, 「来る」 외에도 이동을 나타내는 동사가 온다.

飲む 마시다 → 飲みに 마시러
見る 보다 → 見に 보러

- 私の家に遊びに来てください。 저의 집에 놀러 오세요.
- 一緒に食事に行きませんか。 같이 식사하러 가지 않겠습니까?
- 一緒に映画でも見に行きませんか。 같이 영화라도 보러 가지 않겠습니까?

> **Tip**
>
> 동작의 뜻을 내포하고 있는 명사인 「買い物(쇼핑)」, 「食事(식사)」, 「勉強(공부)」 등은 「する(하다)」를 붙이지 않고 바로 조사 「に」를 붙여서 동사의 뜻을 나타낼 수 있다.
>
> 買い物に 쇼핑하러   食事に 식사하러   勉強に 공부하러

⑩ ~ながら ~하면서

동사의 ます형에 「~ながら」를 붙이면, '~하면서'라는 동시 동작의 뜻이 된다.

- 本を読みながら音楽を聞きます。 책을 읽으면서 음악을 듣습니다.
- テレビを見ながら掃除をします。 텔레비전을 보면서 청소를 합니다.

 003 동사의 て형(음편형)

동사에 「て」를 접속한 형태로, '~하고, ~해서' 라는 의미로 쓰이며 '진행, 상태, 원인, 이유, 나열' 등을 나타낸다. 상하1단 동사는 어간에 「て」를 붙이면 되지만, 5단 동사의 경우는 촉음편(促音便), 발음편(撥音便), い음편(い音便) 등의 음편 현상이 일어나므로 동사의 て형을 '음편형(音便形)'이라 부르기도 한다.

1 5단 동사의 て형

① 촉음편(促音便)

동사의 어미가 「う・つ・る」로 끝날 때는 어미를 「って」로 바꾸어 준다.

会う 만나다   → 会って 만나고, 만나서
待つ 기다리다 → 待って 기다리고, 기다려서
終わる 끝나다 → 終わって 끝나고, 끝나서

- 彼女に会っていません。 그녀를 만나지 않았습니다.
- ちょっと待ってください。 잠시 기다려 주세요.

② 발음편(撥音便)

동사의 어미가 「ぬ・ぶ・む」로 끝날 때는 어미를 「んで」로 바꾸어 준다.

死ぬ 죽다 → 死んで 죽고, 죽어서
呼ぶ 부르다 → 呼んで 부르고, 불러서
飲む 마시다 → 飲んで 마시고, 마셔서

- 遠慮なく、飲んでください。 사양하지 말고 드세요.
- 救急車を呼んでください。 구급차를 불러 주세요.

③ い음편(い音便)

동사의 어미가 「く」로 끝날 때는 어미를 「いて」, 「ぐ」로 끝날 때는 「いで」, 「す」로 끝날 때는 어미를 「して」로 바꾸어 준다.

書く 쓰다 → 書いて 쓰고, 써서
嗅ぐ (냄새를) 맡다 → 嗅いで (냄새를) 맡고, 맡아서
刺す 찌르다 → 刺して 찌르고, 찔러서

- ここに書いてください。 여기에 써 주세요.
- ゆっくり話してください。 천천히 말해 주세요.

> **Tip**
>
> 「行く」는 어미가 「く」로 끝나기 때문에 「い음편」을 해서 「行いて」가 될 것 같지만, 「行って」와 같이 촉음편을 하는 예외적인 단어이다.
>
> - 私が一緒に行ってもいいですか。 제가 같이 가도 될까요?

2 상하1단 동사의 て형

동사의 어미「る」대신「て」를 붙인다.

起きる 일어나다 → 起きて 일어나고, 일어나서

数える 세다 → 数えて 세고, 세서

始める 시작하다 → 始めて 시작하고, 시작해서

- 早く起きてください。 빨리 일어나세요.
- 数を数えています。 수를 세고 있습니다.
- 現場を初めて行ってきました。 현장을 처음 갔다 왔습니다.

3 변격 동사의 て형

来る 오다 → 来て 오고, 와서

する 하다 → して 하고, 해서

- 電車が来ています。 전철이 오고 있습니다.
- 図書館で勉強をしています。 도서관에서 공부를 하고 있습니다.

4 동사의 て형 활용 표현

① ～てください ～해 주세요

상대방에게 부탁하거나 권유할 때 쓰는 표현이다.

教える 가르치다 → 教えてください 가르쳐 주세요

食べる 먹다 → 食べてください 드세요

- この字の読み方を教えてください。 이 글자 읽는 법을 가르쳐 주세요.
- ごゆっくり食べてください。 천천히 드세요.

② ～てもいい・～てもかまわない   ～해도 좋다・～해도 상관없다

허가를 나타내는 표현이다.

> たばこを吸う。 담배를 피우다.
> → たばこを吸ってもいいです。 담배를 피워도 됩니다.

- A : ここで写真を撮ってもいいですか。 여기에서 사진을 찍어도 됩니까?
  B : はい、撮ってもいいです。 네, 찍어도 됩니다.
  A : 撮ってもかまいません。 찍어도 상관없습니다.

- A : ここで写真を撮ってもいいですか。 여기에서 사진을 찍어도 됩니까?
  B : いいえ、撮ってはいけません。
    ＝ いいえ、撮ってはだめです。 아니오, 찍으면 안 됩니다.

Tip

「～てはいけません」, 「～てはだめです」는 모두 '~해서는 안 됩니다'라는 금지의 뜻을 나타낸다. 「～てはだめです」 쪽이 더 부드러운 느낌이며, 회화체에서 많이 쓰인다.

③ ～ておく   ~해 두다(놓다)

「～ておく」는 앞으로 일어날 일에 대해 미리 조치를 취하고 준비를 할 때 쓰는 표현이다. 회화문에서는 「～とく」와 같이 줄여 말하기도 한다.

- 果物を買っておきます。 과일을 사 두겠습니다.
- 後でやっておきます。
  ＝ 後でやっときます。 나중에 해 놓겠습니다.

④ ~てしまう ~해 버리다, ~하고 말다

자신의 의지와는 상관없이 어떤 일이 완전히 끝나 버린 상황을 나타낼 때 쓴다. 끝나 버려 유감스럽다는 뉘앙스가 있다. 회화체에서는 「~ちゃう」, 「~じゃう」의 형태로도 쓴다.

- 約束を忘れてしまいました。
  = 約束を忘れちゃいました。 약속을 잊어버렸습니다.
- 本は全部読んでしまいました。
  = 本は全部読んじゃいました。 책은 전부 읽어 버렸습니다.

⑤ ~てみる ~해 보다

어떤 일을 시험 삼아 해 본다는 표현이다.

- ちょっと食べてみます。 좀 먹어 보겠습니다.
- ノートに漢字を書いてみた。 노트에 한자를 써 보았다.

⑥ ~てくる · ~ていく ~해 지다, ~해 오다 · ~해 가다

어떤 '상태의 변화'를 나타내는 표현으로, 화자의 시점으로 다가오는 변화는 「~てくる」이고 시점에서 멀어지는 변화는 「~ていく」이다.

- ちょっと見てきます。 잠깐 보고 오겠습니다.
- このごろ米を食べない人が増えてきました。 요즘 쌀을 먹지 않는 사람이 늘어났습니다.
- 秋になると木の葉の色が変わっていく。 가을이 되면 나뭇잎의 색이 변해 간다.

⑦ ~てほしい ~를 원하다, ~해 주었으면 하다

상대방에게 자신이 원하는 것을 요구하는 표현이다.

- はっきり言ってほしい。 확실히 말해 주었으면 한다.
- 私の絵を見てほしいです。 내 그림을 봐 주었으면 합니다.

동사의 ない형

동사의 어미 「う단」을 「あ단」으로 바꾸고 「~ない」를 접속한 형태로, '~하지 않다'라는 부정의 의미로 쓰인다. 미연형(未然形)이라고도 한다.

1 5단 동사의 ない형

동사의 어미를 「あ단」으로 바꾸어 주고 「ない」를 붙인다. 단, 어미가 「う」로 끝나는 동사의 경우, 「あ」가 아닌 「わ」로 바꾼 후 「ない」를 붙인다.

遊ぶ 놀다 → 遊ばない 놀지 않다, 놀지 않겠다
行く 가다 → 行かない 가지 않다, 가지 않겠다
会う 만나다 → 会わない 만나지 않다, 만나지 않겠다

- 面白くない人と遊ばないです。 재미없는 사람과 놀지 않겠습니다.
- 一人では行かないです。 혼자서는 가지 않겠습니다.

2 상하1단 동사의 ない형

동사의 어미인 「る」 대신 「ない」를 붙인다.

いる 있다 → いない 없다
掛ける 걸다 → 掛けない 걸지 않다, 걸지 않겠다
見る 보다 → 見ない 보지 않다, 보지 않겠다

- 教室に誰もいないです。 교실에 아무도 없습니다.

- 帽子は壁にかけないです。 모자는 벽에 걸지 않습니다.
- 朝、テレビを見ないです。 아침에 TV를 보지 않습니다.

3 변격 동사의 ない형

来る 오다	→	来ない 오지 않다, 오지 않겠다
する 하다	→	しない 하지 않다, 하지 않겠다

- バスが来ないです。 버스가 오지 않습니다.
- 私は家で掃除をしないです。 나는 집에서 청소를 하지 않습니다.

> **Tip**
>
> 동사의 ない형을 과거형으로 만들려면, い형용사의 과거형 만들기에서처럼 「~ない」를 「~なかった」로 바꾸면 된다. 「~ない」는 い형용사처럼 활용한다.
>
> | | | |
> |---|---|---|
> | 行く 가다 | → | 行かなかった 가지 않았다 〈5단 동사〉 |
> | 調べる 조사하다 | → | 調べなかった 조사하지 않았다 〈상하1단 동사〉 |
> | 来る 오다 | → | 来なかった 오지 않았다 〈カ행 변격 동사〉 |
> | する 하다 | → | しなかった 하지 않았다 〈サ행 변격 동사〉 |
>
> - 昨日は会社へ行かなかった。 어제는 회사에 가지 않았다.
> - 緻密に調べなかった。 치밀하게 조사하지 않았다.
> - 誰も学校に来なかった。 아무도 학교에 오지 않았다.
> - 家で何にもしなかった。 집에서 아무것도 하지 않았다.

4 동사의 ない형 활용 표현

① ～なくてもいい・～なくてもかまわない ～하지 않아도 좋다・～하지 않아도 상관없다

'～하지 않아도 좋다'는 허가를 나타내는 표현이다.

- 今日は会社へ行かなくてもいい。 오늘은 회사에 가지 않아도 좋다.
- 今日は会社へ行かなくてもかまわない。 오늘은 회사에 가지 않아도 상관없다.
- 今日は早く家へ帰らなくてもいいです。 오늘은 일찍 집에 가지 않아도 됩니다.
- 明日は祭日ですから、会社へ行かなくてもかまわないです。
  내일은 국경일이라서 회사에 가지 않아도 상관없습니다.

② ～ないでください ～하지 말아 주세요

간곡한 금지를 나타내는 표현이다.

- 手で触らないでください。 손으로 만지지 마세요.
- ここでたばこを吸わないでください。 여기서 담배를 피우지 말아 주세요.

③ ～なければならない・～なければいけない・～なくてはいけない
  ～하지 않으면 안 된다, ～해야 한다

이중으로 부정하여 당연히 해야 한다는 의무를 나타낸다. 회화체에서는 「～なければ」, 「～なくては」를 「～なきゃ」로 줄여서 말한다. 어떤 동작 행위를 일정한 기간 안에 해야만 하는 상황에서 쓰며, 「ならない」는 「なりません」으로 「いけない」는 「いけません」으로 바꾸어 쓰면 정중한 표현이 된다.

- 今日は早く家へ帰らなければならないです。 오늘은 일찍 집에 돌아가지 않으면 안 됩니다.
- 日曜日は掃除をしなければいけないです。 일요일에는 청소를 하지 않으면 안 됩니다.
- 明日までに本を返さなければなりません。 내일까지 책을 돌려주지 않으면 안 됩니다.
- 事故について正直に話さなくてはいけません。
  사고에 대해 정직하게 말해야 합니다.

④ ~ざるを得ない ~할 수밖에 없다, ~하지 않을 수 없다

도저히 피할 수 없는 어떤 이유 때문에 '어쩔 수 없이 ~하다'라고 할 때 쓴다. 「ざる」는 고어에서 온 말로 「ない」의 뜻이다.

- 税金は支払わざるを得ません。 세금은 낼 수밖에 없습니다.
- 彼女と別れざるを得ません。 그녀와 헤어질 수밖에 없습니다.

> **Tip**
> 「~なくて」는 '허가와 필연, 이유'를 나타낼 때 사용하는 반면, 「~ないで」는 '금지'를 나타낼 때 쓴다.
> - 今日は学校へ行かなくてもいいです。 오늘은 학교에 가지 않아도 됩니다. 〈허가〉
> - 薬を飲まなくてはいけません。 약을 먹지 않으면 안 됩니다(먹어야 합니다). 〈필연〉
> - 学校へ行かなくて心配です。 학교에 가지 않아서 걱정입니다. 〈이유〉
> - 今日は学校へ行かないでください。 오늘은 학교에 가지 말아 주세요(가지 마세요). 〈금지〉

동사의 た형

동사에 과거를 나타내는 조동사 「~た」를 접속한 형태로, '과거나 완료'의 의미를 나타낸다. 「て형」과 마찬가지로 음편 현상이 일어난다.

1 5단 동사의 た형

5단 동사의 た형은 다섯 가지 규칙으로 활용된다.

① 동사의 어미가「う・つ・る」로 끝날 때 → った

　　言う 말하다　→　言った 말했다
　　立つ 서다　→　立った 섰다
　　乗る 타다　→　乗った 탔다

・岩の上に立った。 바위 위에 섰다.
・私が言ったことは責任を取ります。 내가 말한 것은 책임을 지겠습니다.

② 동사의 어미가「ぬ・ぶ・む」로 끝날 때 → んだ

　　死ぬ 죽다　→　死んだ 죽었다
　　叫ぶ 외치다　→　叫んだ 외쳤다
　　飲む 마시다　→　飲んだ 마셨다

・死んだふりをします。 죽은 척합니다.
・日本の酒を飲んだことがあります。 일본 술을 마셔본 적이 있습니다.
➡「동사의 た형 + ことがある」는 '~을 해 본 적이 있다'는 과거의 경험을 나타낸다.

③ 동사의 어미가「く」로 끝날 때 → いた

　　書く 쓰다　→　書いた 썼다

・手紙を書いた方がいいです。 편지를 쓰는 게 낫습니다.
➡「동사의 た형 + 方がいい」는 '~하는 편이 좋다'는 뜻을 나타낸다.

> **Tip**
> 「行く(가다)」는 어미가 「く」로 끝나지만 「いた」가 아닌, 「った」의 형태로 활용하는 예외 동사이다.
> 行く 가다 → 行った 갔다

④ 동사의 어미가 「ぐ」로 끝날 때 → いだ

脱ぐ 벗다 → 脱いだ 벗었다

- 人の前で服を脱いだことがないです。 사람 앞에서 옷을 벗은 적이 없습니다.

⑤ 동사의 어미가 「す」로 끝날 때 → した

話す 말하다 → 話した 말했다

- 日本人と話したことはあります。 일본인과 이야기한 적이 있습니다.

2 상하1단 동사의 た형

동사의 어미 「る」 대신 「た」를 붙인다.

借りる 빌리다 → 借りた 빌렸다
答える 대답하다 → 答えた 대답했다

- 借りたお金は返さなければなりません。 빌린 돈은 갚아야 합니다.
- 今、答えたのが正解です。 지금 답한 것이 정답입니다.

04_동사 따라잡기 99

3 변격 동사의 た형

来る 오다 → 来た 왔다

する 하다 → した 했다

- 春が来た。 봄이 왔다.
- 昨日は友達と買い物をした。 어제는 친구와 쇼핑을 했다.
- 日本語を勉強したことがあります。 일본어를 공부한 적이 있습니다.

4 동사의 た형 활용 표현

① ～たことがある・～たことがない　～한 적이 있다・～한 적이 없다

과거 경험의 유무를 나타낸다.

- 芸能人に会ったことがあります。 연예인을 만난 적이 있습니다.
- 中国語を教えたことがあります。 중국어를 가르친 적이 있습니다.
- 富士山には登ったことがありません。 후지산에는 올라간 적이 없습니다.

② ～たり～たりする　～하기도 하고 ～하기도 하다

여러 동작 중에서 몇 가지만 대표적으로 나열을 할 때 쓴다.

- 本を読んだり、音楽を聞いたりします。 책을 읽거나 음악을 듣거나 합니다.
- 日曜日には家で掃除をしたり、買い物をしたりします。
  일요일에는 집에서 청소를 하거나 쇼핑을 하거나 합니다.

③ ～た後で　～한 뒤에

'어떤 동작이 이미 완료된 다음에 어떠하다'라는 표현이다.

- 勉強が終わった後で友達と遊びに行きました。 공부가 끝난 다음에 친구와 놀러 갔습니다.
- ご飯を食べた後で歯を磨きます。 밥을 먹은 후에 이를 닦습니다.

④ ~たところだ 막 ~한 참이다

어떤 동작 행위가 이제 막 끝났음을 나타낸다.

- 今、家に帰ったところです。 지금 막 집에 돌아온 참입니다.
- 電話をかけたところでした。 막 전화를 건 참이었습니다.

⑤ ~たところ ~했더니

'~한 결과, 다음과 같이 되었다'라고 말할 때 쓴다.

- 急いで家へ帰ったところ、誰もいませんでした。
  서둘러서 집으로 돌아갔더니, 아무도 없었습니다.
- 一生懸命に試験勉強をしたところ、成績が上がりました。
  열심히 시험공부를 했더니, 성적이 올랐습니다.

⑥ ~たまま ~한 채

물리적이든 인위적이든 '어떤 동작 행위가 이루진 채로 계속될 때' 쓴다.

- 田舎へ帰ったままに連絡がありません。 시골로 돌아간 채 연락이 없습니다.
- 熱が上がったまま全然下がりません。 열이 오른 채 전혀 내려가지 않습니다.

⑦ ~たばかり ~한지 얼마 안 된, 막 ~한 참

어떤 행동이 끝나고 얼마 되지 않았음을 나타낸다.

- 今、仕事が終わったばかりです。 지금 막 일이 끝난 참입니다.
- 先月引っ越してきたばかりです。 지난 달에 막 이사왔습니다.

⑧ ~た方がいい ~하는 편이 좋다

상대방에게 가벼운 충고나 조언으로 자신의 생각을 말할 때 사용한다. 동사의 た형 및 현재형에 모두 접속할 수 있다.

- 早く病院へ行った方がいいです。 빨리 병원에 가는 편이 좋습니다.
- ここからは歩いた方がいいです。 여기부터는 걷는 편이 좋습니다.
- 人に言わない方がいいです。 다른 사람에게 말하지 않는 게 좋습니다.

동사의 원형

일본어 동사의 원형은 모두 「う단」의 음으로 끝나며 사전에 나와 있는 형태라고 해서 '사전형'이라고도 부른다.

1 동사의 원형

- 山に登る。 산에 오르다.
- 外国で働く。 외국에서 일하다.
- 足を踏む。 발을 밟다.

2 동사의 원형 활용 표현

① ~つもりだ・~予定だ ~할 생각(작정, 예정)이다

「~つもりだ」는 말하는 사람 자신의 막연한 계획이나 예정, 의지를 나타낸다. 정해진 계획이나 예정에는 「~予定だ」를 쓴다.

- 来年、日本へ留学をするつもりです。 내년에 일본으로 유학을 갈 생각입니다.
- 今日からはお酒を飲まないつもりです。 오늘부터는 술을 마시지 않을 생각입니다.
- 午後3時の飛行機で帰国する予定です。 오후 3시 비행기로 귀국할 예정입니다.
- 新婚旅行はハワイに行く予定です。 신혼여행은 하와이로 갈 예정입니다.

② ~ことができます ~할 수 있다

'~할 수 있다'는 가능을 나타내는 표현이다. 동사의 가능형(p. 110~111 참조)보다 격식을 차린 말투로, 문장체에서 주로 쓴다.

- 私は中国語を話すことができます。 나는 중국어를 할 수 있습니다.

- 家内は日本料理を作ることができます。 아내는 일본 요리를 만들 수 있습니다.

③ ~ことにする ~하기로 하다

자신의 의지로 조건이나 상황의 변화를 결정할 때 쓴다.

- ここで友達に会うことにしました。 여기에서 친구를 만나기로 했습니다.
- 今年の運動会はやらないことにしました。 올해 운동회는 하지 않기로 했습니다.

④ ~ことになる ~하게 되다

다른 사람에 의해 정해진 규칙이나 예정을 나타낸다.

- 工事で明日から授業は休講することになりました。
  공사로 내일부터 수업은 휴강하게 되었습니다.
- 大阪へ出張することになりました。 오사카로 출장을 가게 되었습니다.

⑤ ~ことがある ~하는 경우가 있다

가끔 어떤 동작이나 상태가 발생함을 나타낸다.

- たまに会社を休むことがあります。 가끔 회사를 쉴 때가 있습니다.
- ときどきピアノをひくことがあります。 때때로 피아노를 칠 때가 있습니다.

동사의 명사 수식형

동사가 뒤에 나오는 명사를 수식하는 것으로, 명사를 수식한다는 의미에서 '연체형(連体形)'이라고도 한다.

1 명사 수식형

歌う 노래하다 + 人 사람	→	歌う人 노래하는 사람
売る 팔다 + 商品 상품	→	売る商品 파는 상품
教える 가르치다 + 先生 선생님	→	教える先生 가르치는 선생님

- カラオケで歌う人が多いです。 노래방에서 노래하는 사람이 많습니다.
- 倉庫に売る商品があります。 창고에 팔 상품이 있습니다.
- 日本語を教える先生です。 일본어를 가르치는 선생님입니다.

2 동사의 명사 수식형 활용 표현

① ~はずだ・~はずがない ~일(할) 것이다・~일(할) 리가 없다

확실한 근거가 있는 추측을 나타낸다. 「~はずがない」가 되면 어떠한 가능성에 대해 부정하는 표현이 된다.

- 彼女は韓国にいるはずです。 그녀는 한국에 있을 겁니다.
- 彼女が韓国にいるはずがないです。 그녀가 한국에 있을 리가 없습니다.
- 彼は家にいるはずがないです。 그는 집에 있을 리가 없습니다.
- 彼女は日本語が分かるはずがありません。 그녀는 일본어를 알 리가 없습니다.

② ~前に ~하기 전에

어떤 동작 행위가 이루어지기 전의 일에 대해서 쓴다.

- ご飯を食べる前に、手を洗います。 밥을 먹기 전에 손을 씻습니다.
- 水泳をする前に、準備体操をします。 수영을 하기 전에 준비체조를 합니다.

③ ~時 ~때

어떤 일에 대한 시점을 말한다. 「~時」 앞에 현재형이 오면 동시 진행, 과거형이 오면 이미 완료된 상태를 나타낸다.

- 卒業式をするとき、雪が降りました。 졸업식을 할 때, 눈이 내렸습니다.
- 友達に電話をかけたとき、友達は留守でした。
  친구에게 전화를 걸었을 때, 친구는 부재중이었습니다.

 동사의 가정형

동사의 가정형은 '~하면'이라는 조건을 나타내는 표현으로, 동사의 어미를 「え단」으로 바꾸고 「ば」를 붙이면 된다.

1 5단 동사의 가정형

行く 가다 → 行けば 가면
買う 사다 → 買えば 사면
飲む 마시다 → 飲めば 마시면

- 病院はこの道をまっすぐ行けばあります。 병원은 이 길을 곧장 가면 있습니다.
- 薬を飲めばすぐ治ります。 약을 먹으면 금방 낫습니다.

2 상하1단 동사의 가정형

いる 있다 → いれば 있으면
寝る 잠자다 → 寝れば 자면
見る 보다 → 見れば 보면

- こんな時(とき)は誰(だれ)かいれば助(たす)かります。 이럴 때는 누군가 있으면 도움이 됩니다.
- 寝(ね)れば寝(ね)るほど眠(ねむ)いです。 자면 잘수록 졸립니다.
- 行(い)ってみれば分(わ)かります。 가 보면 알 수 있습니다.

3 변격 동사의 가정형

来る 오다 → 来れば 오면

する 하다 → すれば 하면

- 早(はや)く来(く)ればいいです。 빨리 오면 좋겠습니다.
- 勉強(べんきょう)はすればするほど難(むずか)しくなります。 공부는 하면 할수록 어려워집니다.

4 동사의 가정형 활용 표현

① ～ば～ほど ～하면 ～할수록

어떤 일에 대해서 그 결과를 말할 때, 앞의 내용보다 뒷내용의 정도가 심해지는 것을 나타낸다.

- 考(かんが)えれば考(かんが)えるほど分(わ)からなくなります。 생각하면 생각할수록 알 수 없게 됩니다.
- 中国語(ちゅうごくご)の勉強(べんきょう)はすればするほど面白(おもしろ)いです。 중국어 공부는 하면 할수록 재미있습니다.

② ～さえ～ば ～만 ～하다면

가정 조건을 나타내는 표현으로, 어떤 조건만 충족되면 다른 것은 상관없다는 뜻을 나타낸다.

- お金(かね)さえあれば何(なん)でもできる世(よ)の中(なか)だ。 돈만 있으면 무엇이든 할 수 있는 세상이다.
- 彼(かれ)はお酒(さけ)さえ飲(の)めばおしゃべり屋(や)になってしまう。
  그는 술만 마시면 수다쟁이가 되어 버린다.

동사의 명령형

009 동사의 명령형은 친한 친구사이나 자신보다 손아래에 있는 상대방에게 어떤 행동을 강요할 때 사용할 수 있다.

1 5단 동사의 명령형

동사의 어미를 「え단」으로 바꾸면 된다.

言う 말하다 → 言え 말해라

急ぐ 서두르다 → 急げ 서둘러라

笑う 웃다 → 笑え 웃어라

- 早く言え。 어서 말해!
- もっと急げ。 좀 더 서둘러!

2 상하1단 동사의 명령형

동사의 어미인 「る」 대신 「ろ」 또는 「よ」를 붙인다.

答える 대답하다 → 答えろ / 答えよ 대답해라

食べる 먹다 → 食べろ / 食べよ 먹어라

寝る 자다 → 寝ろ / 寝よ 자라

- 早く食べろ。 빨리 먹어!
- 早く寝ろ。 빨리 자!

3 변격 동사의 명령형

来る 오다 → 来い 와라

する 하다 → しろ / せよ 해라

- こっちに来い。 이리 와!
- 早くしろ。 빨리 해!

010 동사의 의지형

의지형이란 자신의 의지를 나타내거나 상대방에게 나의 의지나 생각에 대한 동의를 구하는 표현이다.

1 5단 동사의 의지형

동사의 어미를 「お단」으로 바꾸고 「う」를 붙인다.

会う 만나다 → 会おう 만나자

乗る 타다 → 乗ろう 타자

読む 읽다 → 読もう 읽자

- 今度、会おう。 다음에 만나자.
- 週末は本を読もうとしています。 주말에는 책을 읽으려고 하고 있습니다.

108

2 상하1단 동사의 의지형

동사의 어미「る」대신「よう」를 붙인다.

借りる 빌리다 → 借りよう 빌리자
食べる 먹다 → 食べよう 먹자
寝る 자다 → 寝よう 자자

- 図書館で本を借りよう。 도서관에서 책을 빌리자.
- もう寝よう。 이제 자자.

3 변격 동사의 의지형

来る 오다 → 来よう 오자
する 하다 → しよう 하자

- 彼は私の家に来ようとしていません。 그는 내 집에 오려고 하지 않습니다.
- 明日から運動しよう。 내일부터 운동하자.

4 동사의 의지형 활용 표현

① ～(よ)うと思う ～하려고 생각하다

가장 일반적인 의지 표현으로, 그것의 실행 여부는 알 수 없다.

- 来月から日本語の勉強をしようと思っています。
  다음 달부터 일본어 공부를 하려고 생각하고 있습니다.
- 来年、アメリカへ留学しようと思っています。
  내년에 미국으로 유학가려고 생각하고 있습니다.

② ～(よ)うとする　～하려고 하다

「～(よ)うと思う」와 비슷하나, 미래에 대한 의지보다는 지금 현재 상황에 대한 의지를 나타낸다.

- 子供が全然勉強しようとしないです。 아이가 전혀 공부하려고 하지 않습니다.
- これからお茶を飲もうとしています。 이제부터 차를 마시려고 합니다.

동사의 가능형

'～할 수 있다'는 가능의 의미를 나타낼 때, 앞서 배운 '동사의 기본형 + ことができる' 표현도 쓸 수 있지만, 동사 자체를 가능형으로 만들어서 나타낼 수도 있다.

1 5단 동사의 가능형

동사의 어미를 「え단」으로 바꾸고 「る」를 붙인다.

行く 가다	→	行ける 갈 수 있다
帰る 돌아가(오)다	→	帰れる 돌아갈(올) 수 있다
待つ 기다리다	→	待てる 기다릴 수 있다

- うちの子は夜一人でトイレに行けない。 우리 아이는 밤에 혼자서 화장실에 못 간다.
- いつまでも君を待てる。 언제까지라도 널 기다릴 수 있어.

2 　상하1단 동사의 가능형

동사의 어미「る」대신「られる」를 붙인다.

起（お）きる 일어나다　→　起（お）きられる 일어날 수 있다

食（た）べる 먹다　→　食（た）べられる 먹을 수 있다

寝（ね）る 자다　→　寝（ね）られる 잘 수 있다

- 明日（あした）の朝（あさ）、早（はや）く起（お）きられますか。 내일 아침 일찍 일어날 수 있습니까?
- 日本（にほん）の食（た）べ物（もの）は何（なん）でも食（た）べられます。 일본 음식은 무엇이든 먹을 수 있습니다.

3 　변격 동사의 가능형

来（く）る 오다　→　来（こ）られる 올 수 있다

する 하다　→　できる 할 수 있다

- 明日（あした）の結婚式（けっこんしき）に来（こ）られますか。 내일 결혼식에 올 수 있습니까?
- できるだけ頑張（がんば）ります。 가능한 한 분발하겠습니다.

Tip

교과서에서 배우는 문법과 실생활에서 활용되는 것이 다른 대표적인 예가「ら抜（ぬ）き言葉（ことば）」이다. 상하1단 동사의 가능형은 동사의 어간에「られる」를 붙이지만, 실생활에서는「ら」를 빼고「れる」만을 붙여서 쓰기도 한다. 변격 동사인「来（く）る」의 가능형인「来（こ）られる」의 경우도「ら」를 빼고「来（こ）れる」라고 쓴다.

寝（ね）る 자다　→　寝（ね）られる　→　寝（ね）れる 잘 수 있다

来（く）る 오다　→　来（こ）られる　→　来（こ）れる 올 수 있다

- そんなところで寝（ね）(ら)れますか。 그런 곳에서 잘 수 있습니까?
- あした来（こ）(ら)れますか。 내일 올 수 있습니까?

존재 동사 「ある」와 「いる」

우리말로 무엇이 '있다'고 할 때는 그 대상이 생물이건 무생물이건 모두 '있다'이다. 그러나 일본어에서는 생물과 무생물을 구분하여 무생물의 존재에는 「ある」, 생물의 존재에는 「いる」를 쓴다.

1 ある

움직임이 없는 사물 또는 식물의 존재를 나타낸다.

- 部屋にベットがあります。 방에 침대가 있습니다.
- 机の上に日本語の本があります。 책상 위에 일본어 책이 있습니다.
- 時間がありません。 시간이 없습니다.

> **Tip**
> 「ある」의 부정형은 「ない(없다)」이며, 정중한 표현은 「ありません」이다.

2 いる

사람이나 동물처럼 움직임이 있는 존재를 나타낸다.

- 庭に犬と猫がいます。 정원에 개와 고양이가 있습니다.
- 木の上に雀がいます。 나무 위에 참새가 있습니다.
- 部屋に父と母がいません。 방에 아버지와 어머니가 없습니다.

> **Tip**
> 「いる」의 부정형은 「いない(없다)」이며, 정중한 표현은 「いません」이다.

자동사와 타동사

013

일본어 동사에는 목적어를 필요로 하는 타동사와 목적어가 필요 없는 자동사가 있다. 이 둘은 조사 사용에 있어 주의를 기울여야 한다.

1 자동사

자동사는 목적어를 취하지 않는 동사로, 타의가 아닌 자의에 의해 행위가 이루어지는 동사를 가리킨다. 자동사 앞에는 일반적으로 조사 「が」가 온다.

集^{あつ}まる 모이다	変^かわる 바뀌다, 변하다	止^とまる 멈추다
売^うれる 팔리다	消^きえる 사라지다	焼^やける 타다

- お酒を飲むと顔色が変わります。 술을 마시면 얼굴색이 변합니다.
- 突然エンジンが止まって、事故になった。 갑자기 엔진이 멈춰서 사고가 났다.
- 最近、ワンピースがよく売れている。 최근 원피스가 잘 팔리고 있다.

2 타동사

타동사는 목적어를 필요로 하는 동사로, 타의에 의해서 행위가 이루어지는 동사를 가리킨다. 타동사 앞에는 일반적으로 조사 「を」가 온다.

集める 모으다	変える 바꾸다	止める 세우다
起こす 일으키다	落とす 떨어뜨리다	消す 끄다

- 最近、バナナダイエットが注目を集めているそうだ。
  요즘 바나나 다이어트가 주목을 끌고 있다고 한다.

- あの旅行が僕の運命を変えた。 그 여행이 내 운명을 바꿨다.
- トラックと接続事故を起こした。 트럭과 접촉 사고를 일으켰다.

한 눈에 알아보는 자동사 · 타동사 비교표

자동사	뜻	타동사	뜻
開く	열리다	開ける	열다
集まる	모이다	集める	모으다
売れる	팔리다	売る	팔다
起きる	일어나다	起こす	일으키다
落ちる	떨어지다	落す	떨어뜨리다
折れる	꺾이다	折る	꺾다
変わる	바뀌다, 변하다	変える	바꾸다
消える	꺼지다, 사라지다	消す	끄다
決まる	정해지다	決める	정하다
切れる	베이다, 끊어지다	切る	베다, 자르다
付く	(불이) 켜지다	付ける	켜다
出る	나오다	出す	내다
飛ぶ	날다	飛ばす	날리다
止まる	멈추다	止める	세우다
治る	(병이) 낫다	治す	(병을) 고치다
残る	남다	残す	남기다
伸びる	자라다	伸ばす	늘리다
始まる	시작되다	始める	시작하다
見える	보이다	見る	보다
冷える	식다, 차가워지다	冷やす	식히다, 차게 하다
増える	늘다	増やす	늘리다
減る	줄다	減らす	줄이다
焼ける	타다	焼く	태우다
割れる	깨지다	割る	깨다

예외는 있지만, 간단하고 손쉽게 자동사와 타동사를 구별하는 방법이 있다.

① 기본형의 어미가 「～す」로 끝나는 동사는 타동사이다.

帰_{かえ}す 돌려보내다　　出_だす 꺼내다

落_おとす 떨어뜨리다　　隠_{かく}す 숨기다

② 대체로 5단 동사는 자동사, 상하1단 동사는 타동사인 경우가 많다.

자동사	뜻	타동사	뜻
開_あく	열리다	開_あける	열다
上_あがる	오르다	上_あげる	올리다
集_{あつ}まる	모이다	集_{あつ}める	모으다

③ 자동사·타동사의 모양이 똑같은 동사도 있다.

引_ひく 빠지다, 당기다　　張_はる 뻗어나다, 뻗다

増_{の ば}す 늘다, 늘리다　　笑_{わら}う 웃다, 비웃다

吹_ふく (바람 등이) 불다, (바람 등을) 불다, 날리다

진행과 상태의「ている」와「てある」

「～ている」,「～てある」는 '～하고 있다', '～해 있다'는 뜻으로, 앞에 오는 자동사, 타동사에 따라 동작의 진행이나 상태 등을 나타낸다.

1 ～ている

'～하고 있다', '～해 있다'는 동작의 진행 및 상태를 나타낸다.「ている」앞에 자동사가 오느냐 타동사가 오느냐에 따라 뜻이 달라지니 주의하자.

① 자동사 + ている

자연적인 현상이나 동작의 계속 진행 및 상태를 나타낸다.

- 雨が降っています。 비가 내리고 있습니다. 〈자연적 현상〉
- 道を歩いています。 길을 걷고 있습니다. 〈진행〉
- 自動車が止まっています。 자동차가 멈춰 있습니다. 〈상태〉
- 窓が開いています。 창문이 열려 있습니다. 〈상태〉

② 타동사 + ている

행위의 주체가 사람인 어떤 동작이 계속 진행됨을 나타낸다. 또, 습관이나 반복, 이미 완료된 동작 등도 나타낸다.

- 私は日本語を勉強しています。 나는 일본어를 공부하고 있습니다. 〈반복적인 행동〉
- 窓を開けています。 창문을 열고 있습니다. 〈진행〉
- 先生は手紙を書いています。 선생님은 편지를 쓰고 있습니다. 〈진행〉
- 上田さんは眼鏡をかけています。 우에다 씨는 안경을 쓰고 있습니다. 〈계속〉

> **Tip**
> 「ている」 앞에 「行く(가다)」, 「来る(오다)」, 「帰る(돌아가다)」 같은 이동을 나타내는 동사가 오면 동작의 완료를 나타낸다.
>
> - 田中さんはすでに来ていた。 다나카 씨는 이미 와 있었다.

2 타동사 + てある

인위적인 행위에 의해 이루어진 동작의 결과가 쭉 계속됨을 나타낸다. 타동사이지만 동사 앞에는 조사가 「が」가 된다는 점에 주의해야 한다.

- 窓が開けてあります。 창문이 열려 있습니다.
- 壁に絵がかけてあります。 벽에 그림이 걸려 있습니다.

수수표현(授受表現)

015

수수표현이란 어떤 물건이나 상황을 주고받는 것을 말한다. 수수표현에서는 말하고 있는 사람이 누구인지, 그리고 말하는 사람이 손윗사람인지 손아랫사람인지에 따라 구별해서 사용한다.

1 やる・あげる・さしあげる 주다・드리다

나 또는 나와 가까운 사람이 남에게 무언가를 줄 때 사용하는 표현이다. 「やる」는 손윗사람이 아랫사람에게 줄 때나 친한 친구 사이에서 그리고 받는 대상이 식물이나 동물일 경우에 쓴다. 「あげる」는 「やる」보다 공손한 표현으로 손아랫사람이 손윗사람에게 줄 때나 동등한 사이에서 쓴다. 「さしあげる」는 가장 공손한 표현으로 손아랫사람이 손윗사람에게 '드리다, 바치다'의 뜻으로 쓴다.

- 花に水をやります。 꽃에 물을 줍니다.
- 私は妹にノートをやりました。 나는 여동생에게 노트를 주었습니다.
- 私は彼氏に本をあげました。 나는 남자 친구에게 책을 주었습니다.
- 先生に花をさしあげました。 선생님께 꽃을 드렸습니다.
- 社長にネクタイをさしあげました。 사장님에게 넥타이를 드렸습니다.

2 くれる・くださる 주다・주시다

남이 나 또는 나와 가까운 누군가에게 무언가를 줄 때 사용한다. 동등한 관계나 친한 사이, 손아랫사람에게 주는 경우에는 「くれる」를 쓰고, 손윗사람이 손아랫사람에게 줄 때는 「くださる」를 쓴다.

- 母が私に本をくれました。 엄마가 나에게 책을 주었습니다.
- 彼女が私にハンカチをくれました。 여자 친구가 나에게 손수건을 주었습니다.
- 社長は私にネクタイをくださいました。 사장님은 나에게 넥타이를 주셨습니다.

> **Tip**
> 「くださる」는 형태상 5단 동사처럼 보이지만 특수하게 활용하는 동사로, 「〜ます」를 붙이면 「くださいます」가 된다.

3 もらう・いただく 받다・받다(겸양표현)

「もらう」는 상대방으로부터 무언가를 받을 때 사용하는 표현으로, 동등하거나 친한 사이, 손아랫사람으로부터 받을 때 쓴다. 「いただく」는 「もらう」의 겸양표현으로 주는 사람이 손윗사람일 경우에 쓴다.

- 私は彼女からプレゼントをもらいました。 나는 여자 친구로부터 선물을 받았습니다.
- 母に花束をもらいました。 엄마에게서 꽃다발을 받았습니다.
- 先生から手紙をいただきました。 선생님한테서 편지를 받았습니다.

> **Tip**
> '〜에게 받다'에서 '〜에게'에 해당하는 조사로는 「から」와 「に」를 모두 쓸 수 있다.

4 보조동사로 쓰일 때의 수수표현

① 〜てやる・〜てあげる・〜てさしあげる 〜해 주다・〜해 드리다

나 또는 나와 가까운 사람이 남에게 어떤 행동을 해 줄 때 쓰는 표현이다. 친한 사이나 동·식물, 손아랫사람에게는 「〜てやる」를, 손윗사람에게는 「〜てさしあげる」를 쓴다.

- 私は弟に本を読んでやりました。 나는 동생에게 책을 읽어 주었습니다.
- 私は日本人に韓国語を教えてあげました。 나는 일본인에게 한국어를 가르쳐 주었습니다.
- お客さんに道を案内して差し上げました。 손님께 길을 안내해 드렸습니다.

② ～てくれる・～てくださる　～해 주다・～해 주시다

남이 나 또는 나와 가까운 사람에게 어떤 행동을 해 줄 때 쓰는 표현이다. 일반적으로는「～てくれる」를 쓰고, 제삼자가 손윗사람일 때는「～てくださる」를 쓴다.

- 友_{ともだち}達が私_{わたし}の仕_{しごと}事を手_{てつだ}伝ってくれました。 친구가 내 일을 도와주었습니다.
- 先_{せんせい}生が私_{わたし}たちに旅_{りょこう}行の話_{はなし}をしてくださいました。
  선생님께서 우리들에게 여행 이야기를 해 주셨습니다.

③ ～てもらう・～ていただく　～해 받다, (상대방이) ～해 주다・(상대방이) ～해 주시다

상대방으로부터 어떤 행위나 도움을 받을 때 쓰는 표현으로, 도움을 받는 쪽이 주어가 된다. 상대방의 도움을 내 쪽에서 받는 것과 같은 표현으로 도움을 준 상대방에 대한 고마움을 나타낸다. 도움을 주는 사람이 손윗사람일 때는「～ていただく」를 쓴다.

- 友_{ともだち}達にプレゼントを買_かってもらいました。 친구가 선물을 사 주었습니다.
- 先_{せんせい}生にお金_{かね}を貸_かしていただきました。 선생님이 돈을 빌려주셨습니다.

> **Tip**
>
> 수수표현인「～てあげる」,「～てくれる」,「～てもらう」는 서로 바꾸어 쓸 수 있다. 단, 조사 사용에는 주의가 필요하다.
>
> - 私_{わたし}は友_{ともだち}達に本_{ほん}を貸_かしてあげました。 나는 친구에게 책을 빌려주었습니다.
>   → 友_{ともだち}達が私_{わたし}に本_{ほん}を貸_かしてくれました。 친구가 나에게 책을 빌려주었습니다.
>   → (私_{わたし}は)友_{ともだち}達に本_{ほん}を貸_かしてもらいました。 친구가 (나에게) 책을 빌려주었습니다.

016 동사의 명사화(전성 명사)

말 그대로 동사가 명사로 바뀌어 명사의 역할을 하는 것이다.
일반적으로 동사의 ます형이 명사가 된다.

1 5단 동사의 명사형

遊ぶ 놀다 → 遊び 놀이
集まる 모이다 → 集まり 모임
思う 생각하다 → 思い 생각
書く 쓰다 → 書き 쓰기

- それは何の集まりですか。 그것은 무슨 모임입니까?
- 日本語の読み書きができますか。 일본어의 읽기 쓰기가 가능합니까?

2 상하1단 동사의 명사형

生まれる 태어나다 → 生まれ 태생
覚える 기억하다 → 覚え 기억
教える 가르치다 → 教え 가르침
考える 생각하다 → 考え 생각
調べる 조사하다 → 調べ 조사

- 生まれはどこですか。 어디 태생입니까?
- 何の覚えもありません。 아무 기억도 없습니다.

3　～方・～物　～하는 방법[요령]・～하는 것

「동사의 ます형」에 접미어인 「方」나 「物」를 붙이면, '～하는 방법[요령]', '～하는 것'의 뜻이 된다.

教える 가르치다	→	教え方 가르치는 방법(요령)
書く 쓰다	→	書き方 쓰는 방법(요령)
やる 하다	→	やり方 하는 방법(요령)
読む 읽다	→	読み方 읽는 방법(요령)
生きる 살다	→	生き物 살아있는 것, 생물
食べる 먹다	→	食べ物 먹을 것, 음식
飲む 마시다	→	飲み物 마실 것, 음료수
乗る 타다	→	乗り物 탈것

- このゲームのやり方がわかりません。 이 게임을 하는 방법을 모르겠습니다.
- お名前の読み方を教えてください。 이름의 읽는 법을 알려 주세요.
- 国際電話のかけ方を教えてください。 국제전화 거는 법을 알려 주세요.
- お飲み物は何になさいますか。 음료는 무엇으로 하시겠습니까?

복합동사

복합동사란 여러 가지 품사와 동사가 결합하여 하나의 동사처럼 사용되는 것을 말한다. 결합의 형태도 다양하고 많이 쓰이므로 주의해서 학습하자.

1 동사 + 동사

飛ぶ 날다 + 立つ 일어서다 = 飛び立つ 날아오르다
書く 쓰다 + 取る 받다 = 書き取る 받아쓰다, 베껴쓰다
追う 쫓다 + 出す 나가다 = 追い出す 내쫓다, 몰아내다

- 飛行機が空へ飛び立っています。 비행기가 하늘로 날아오르고 있습니다.
- 書き取りの試験で満点を取りました。 받아쓰기 시험에서 만점을 받았습니다.

2 명사 + 동사

あくび 하품 + する 하다 = あくびする 하품하다
勉強 공부 + する 하다 = 勉強する 공부하다
運動 운동 + する 하다 = 運動する 운동하다

- 勉強するのが大変です。 공부하는 것이 힘듭니다.
- 毎日、運動するのは体にいいです。 매일 운동하는 것은 몸에 좋습니다.

3 형용사 + 동사

近い + つく = 近づく 접근하다, 가까워지다
長い + 引く = 長引く 오래 끌다

- 帰国日が近づいてきます。 귀국일이 가까워지고 있습니다.
- あまり時間を長引かないでください。 너무 시간을 오래 끌지 마세요.

4 동사의 ます형 + 접미어

① ～合う 서로 ~하다

知り合う 서로 알다　　話し合う 서로 말하다
競い合う 서로 경쟁하다　組み合う 서로 편을 짜다

- 知り合いの紹介です。 지인의 소개입니다.
- お互いに話し合ってください。 서로 이야기해 주세요.

② ～出す ~하기 시작하다

泣き出す 울기 시작하다　　降り出す (눈·비 등이) 내리기 시작하다
売り出す 팔기 시작하다　　呼び出す 부르기 시작하다

- 子供が大きな声で泣き出しました。 어린아이가 큰소리로 울기 시작했습니다.
- 朝から雪が降り出しました。 아침부터 눈이 내리기 시작했습니다.

③ ～始める ～하기 시작하다

歩き始める 걷기 시작하다　　走り始める 달리기 시작하다
咲き始める (꽃 등이) 피기 시작하다　　落ち始める 떨어지기 시작하다

- 夢に向かって歩き始めました。 꿈을 향하여 걷기 시작했습니다.
- 一斉に走り始めました。 일제히 달리기 시작했습니다.

> **Tip**
> 「～始める」는 어떤 일에 대한 말하는 사람의 의지를 표현할 때에 많이 사용하는데 반해, 「～出す」는 타의 또는 자연적인 현상에 의해 갑작스럽게 시작될 때 많이 쓴다.
> - お酒を飲み始める。 술을 마시기 시작하다.
> - 雨が降り出した。 비가 (갑자기) 내리기 시작하다.

④ ～換える 바꾸어 ～하다

入れ換える 바꾸어 넣다　　乗り換える 바꾸어 타다, 갈아타다
置き換える 바꿔 놓다　　言い換える 바꾸어 말하다

- 箱の中に入れ換えてください。 상자 안에 바꾸어 넣어 주세요.
- 次の駅で一号線に乗り換えてください。 다음 역에서 1호선으로 갈아타세요.

⑤ ～過ぎる 지나치게 ～하다, 너무 ～하다

食べ過ぎる 너무 먹다, 과식하다　　飲み過ぎる 너무 마시다, 과음하다
言い過ぎる 심하게 말하다　　寝過ぎる 너무 오래 자다, 늦잠 자다

- 食べ過ぎてお腹がいっぱいです。 너무 먹어서 배가 부릅니다.
- 飲み過ぎたのはあなたのせいです。 과음한 것은 당신 탓입니다.

⑥ ～続ける 계속 ～하다

| 歩き続ける 계속 걷다 | 話し続ける 계속 말하다 |
| 読み続ける 계속 읽다 | 勉強し続ける 계속 공부하다 |

- 最後まで歩き続けています。 마지막까지 계속 걷고 있습니다.
- 休まないで話し続けています。 쉬지 않고 계속 말하고 있습니다.

⑦ ～直す 다시 ～하다

| 書き直す 다시 쓰다 | やり直す 다시 하다 |
| 見直す 다시 보다, 재점검하다 | 聞き直す 다시 듣다 |

- 間違ったところを書き直してください。 잘못된 곳을 다시 써 주세요.
- やり直さなくてもいいです。 다시 하지 않아도 괜찮습니다.

⑧ ～得る・得る ～할 수 있다

| あり得る 있을 수 있다 | 考え得る 생각할 수 있다 |
| 納得し得る 납득할 수 있다 | |

- それはあり得ることです。 그것은 있을 수 있는 일입니다.
- 納得し得るように説明してください。 납득할 수 있도록 설명해 주세요.

⑨ ～終わる 다 ～하다

書き終わる 다 쓰다	食べ終わる 다 먹다
読み終わる 다 읽다	飲み終わる 다 마시다

- やっとレポートを書き終わりました。 겨우 리포트를 다 썼습니다.
- ご飯を食べ終わってから運動をします。 밥을 다 먹고 나서 운동을 합니다.

⑩ ～きる 다 ～해내다, 그만 ～하다

読みきる 모두 읽다, 독파하다	思いきる 단념하다
使いきる 다 써 버리다	売りきる 다 팔다

- 一晩で一冊の小説を読みきりました。 하룻밤에 한 권의 소설을 독파했습니다.
- 小遣いを使いきりました。 용돈을 다 써 버렸습니다.

> **Tip**
>
> 「～終わる」는 어떤 동작의 행위가 시작하여 종료되었을 때, 「～切る」는 정해져 있는 범위에서 완료나 종료의 뜻을 나타낼 때 쓴다.
>
> - ご飯を食べ終わった。 밥을 다 먹었다.
> - 新聞を読み終わった。 신문을 다 읽었다.
> - 品物を売り切った。 물건을 다 팔았다.
> - 最後まで走り切った。 끝까지 다 뛰었다.

5 기타

① 접두어 + 동사

> うち寄せる 밀어닥치다

- いきなり人々がうち寄せてきました。 갑자기 사람들이 밀어닥쳤습니다.

② 명사 + 접미어

> 春めく 봄다워지다　　　汗ばむ 땀이 배다

- 体中に汗ばんでいます。 온몸에 땀이 배어 있습니다.
- 日差しがずいぶん春めいてきた。 햇볕이 제법 봄다워졌다.

③ 형용사 + 접미어

> いやがる 싫어하다　　　ほしがる 원하다

- 辛いのを嫌がります。 매운 것을 싫어합니다.
- みんなが欲しがっています。 모두가 원하고 있습니다.

Jump Up

✪ 分かる와 知る

分かる와 知る는 모두 '알다'란 뜻으로 쓰이지만, 다음과 같은 차이가 있다.

① 分かる

자동사인 分かる(알다)는 어떤 일에 대해서 '이해하고 생각해서 알게 되는 경우'에 사용한다. 앞에는 조사「が」가 오며, 어떤 일에 대해서 이미 알고 있어 더 이상의 설명이 불필요할 경우에도 쓴다.

- 殺人事件の真相が分かりました。 살인사건의 진상이 밝혀졌습니다.
- 私は日本語が分かります。 저는 일본어를 압니다.
- もう、そのことは分かっています。 이미 그 일은 알고 있습니다.

② 知る

타동사인 知る(알다)는 '어떤 경험이나 정보에 의해서 알게 된 사실이나 지식'을 나타내며, 어떤 일에 대해서 알고 있는 현재의 상태를 나타낼 때도 쓴다.

- 彼は酒の味を知っています。 그는 술 맛을 알고 있습니다.
- 彼女は山本さんを知っています。 그녀는 야마모토 씨를 알고 있습니다.
- この機械の使い方を知りません。 이 기계의 사용법을 모릅니다.

✪ ～ましょう와 ～でしょう

「～ましょう」와「～でしょう」는 접속 방법과 의미에서 다음과 같은 차이가 있다.「～ましょう(～합시다)」는 동사의 ます형에 접속하며, 상대에게 제안하거나 그 제안에 대한 강한 긍정의 답변을 요구할 때 쓴다. 반면에「～でしょう(～이지요, ～겠지요)」는 명사・동사의 기본형・い형용사의 기본형・な형용사의 어간에 접속하며, 상대방에게 답변을 요구하거나 객관적인 근거를 가지고 추측할 때 사용한다.

- 急いで行きましょう。 서둘러 갑시다.
- 次の駅で降りましょう。 다음 역에서 내립시다.
- 小林さんは学生でしょう。 고바야시 씨는 학생이지요?
- お酒は飲むでしょう。 술은 마시겠지요?
- 先生は元気でしょう。 선생님은 건강하시겠죠?

> **Tip**
>
> 「~だろう(~이지, ~이겠지)」도 주관적 판단에 의한 추측을 나타내며, 상대방에게 동의를 구하는 표현이다. 「~だろう」가 남성들이 많이 쓰는 표현인데 반해, 「~でしょう」는 좀 더 공손한 표현으로 여성들이 많이 쓴다. 「~だろう」도 「~でしょう」와 마찬가지로 「명사·동사의 기본형·い형용사의 기본형·な형용사의 어간 + だろう」의 형태로 쓴다.
>
> - 小林さんは学生だろう。 고바야시 씨는 학생이겠지.
> - お酒は飲むだろう。 술은 마시겠지.
> - 先生は元気だろう。 선생님은 건강하시겠지.

⭐ 思う와 考える

「思う」는 어떤 일을 감성적으로 마음먹고 있거나 이미지로써 느끼고 생각하는 것을 나타내는데 반해, 「考える」는 구체적으로 어떤 일에 대한 내용을 논리적으로 궁리하고 짜내어 생각하는 것을 나타낸다.

- 明日から日本語の勉強をしようと思っています。
  내일부터 일본어 공부를 하려고 마음먹고 있습니다(생각하고 있습니다).
- 東京大学に合格するのは難しいと思います。 도쿄대학에 합격하기는 어렵다고 생각합니다.
- 皆さんの考えをまとめてください。 여러분의 생각을 정리해 주세요.
- もう少し具体的に考えてください。 좀 더 구체적으로 생각해 주세요.

Jump Up

⭐ 結婚した와 結婚している

「結婚した(결혼했다)」는 단순히 일반적인 과거의 의미로 전달되는 뉘앙스가 있고,「結婚している(결혼하고 있다)」는 이미 결혼한 상태의 지속을 나타낼 때 사용한다. 따라서 현재 결혼한 상태를 말할 때는「結婚している」를 써야 한다.

- A : 結婚しましたか。 결혼했습니까?

    B : もう 結婚しています。 이미 결혼했습니다.

⭐ する와 やる

「する」와「やる」는 모두 우리말로 '~하다'로 해석되지만 쓰임새에서 미묘한 차이가 있다. 일반적으로 회화체에서 '~하다'의 뜻으로 사용할 때는「する」보다는「やる」가 많이 쓰인다.

또한「する」는 비교적 심리적인 작용을 할 때 쓰이고,「やる」는 동작 행위를 묘사할 때 쓰이는데,「する」는「やる」의 쓰임으로도 사용할 수 있다.

① する만 사용할 수 있는 경우

> 緊張する 긴장하다   心配する 걱정하다
> 審判する 심판하다   注意する 주의하다

② する와 やる를 바꿔 쓸 수 있는 경우

> 運動する 운동하다 → 運動をやる 운동을 하다
> 研究する 연구하다 → 研究をやる 연구를 하다

조동사 助動詞 따라잡기

- 부속어로 쓰이며 활용할 수 있다.
- 동사뿐만 아니라, 형용사, 명사, 조사 등에 붙어 다양한 의미의 전달을 돕는다.
- 사역, 수동, 사역수동, 가능, 자발, 희망, 추량, 단정, 비유, 예시, 전문, 양태 등의 용법을 가진 조동사들이 있다.

사역의 조동사 せる・させる

사역(使役)이란 상대방의 의지와는 상관없이 자신이나 제삼자가 남에게 어떤 일을 하게 만드는 것으로, '～시키다, ～하게 하다'로 해석된다.

1 5단 동사의 사역형

동사의 어미 「う단」을 「あ단」으로 바꾸고 「せる」를 연결한다.

遊ぶ 놀다 → 遊ばせる 놀게 하다
動く 움직이다 → 動かせる 움직이게 하다
踊る 춤추다 → 踊らせる 춤추게 하다

- 学生に本を読ませてください。 학생에게 책을 읽혀 주세요.
- 私に一言言わせて欲しいです。 제가 한마디 하게 해 주세요.
- 先に帰らせていただきます。 먼저 돌아가겠습니다.

Tip

어미가 「う」로 끝나는 동사는 「あ」가 아니라, 「わ」로 바꾼 후 「せる」를 붙인다.

言う 말하다 → 言わせる 말하게 하다

2 상하1단 동사의 사역형

동사의 기본형 어미인「る」대신「させる」를 연결한다.

> 集める 모으다 → 集めさせる 모으게 하다
> 得る 얻다 → 得させる 얻게 하다
> 降りる 내리다 → 降りさせる 내리게 하다

- 子供にご飯を食べさせています。 아이에게 밥을 먹이고 있습니다.
- 先生は学生に試験を受けさせました。 선생님은 학생에게 시험을 보게 했습니다.

3 변격 동사의 사역형

불규칙적인 활용을 하기 때문에 암기하여야 한다.

> 来る 오다 → 来させる 오게 하다
> する 하다 → させる 시키다

- あまり難しい問題をさせないでください。 너무 어려운 문제를 시키지 마세요.
- 社長は会社の人を家に来させました。 사장님은 회사 사람을 집으로 오게 했습니다.

> **Tip**
>
> 다음에 소개하는 동사는 형태상 동사에 사역 조동사가 붙은 것처럼 보이지만, 단어 그 자체로 사역의 의미가 있는 동사들이다.
>
> | 合わせる 합치다 | 着せる 입히다 | 知らせる 알리다 |
> | 乗せる 싣다, 태우다 | 任せる 맡기다 | 見せる 보여주다 |
> | やせる 여위다 | | |

수동의 조동사 れる・られる

수동(受動)은 주어의 의지로 어떤 상황이나 행동이 이루어지는 것이 아니라, 상대방에 의해 이루어지는 표현이다. 본인보다는 타인을 의식하는 일본 문화권에서는 이런 수동 표현이 많이 쓰이고 있다. '～함을 당하다'의 의미지만, 우리말로는 ～하게 되다'로 해석하는 것이 자연스럽다.

1 5단 동사의 수동형

동사의 어미「う단」을「あ단」으로 바꾸고「れる」를 연결한다.

踏む 밟다 → 踏まれる 밟히다
書く 쓰다 → 書かれる 쓰이다(남이 쓰다)
呼ぶ 부르다 → 呼ばれる 불리다

- 隣の人に足を踏まれました。 옆 사람에게 발을 밟혔습니다.
- 急に警察に呼ばれてびっくりした。 갑자기 경찰이 불러 깜짝 놀랐다.
- 友達に悪口を言われて、腹が立った。 친구에게 욕을 들어서 화가 났다.

2 상하1단 동사의 수동형

동사의 어간에「られる」를 붙인다.

見る 보다 → 見られる 보여지다
建てる 세우다 → 建てられる 세워지다
ほめる 칭찬하다 → ほめられる 칭찬받다

- この建物は1900年に建てられました。 이 건물은 1900년에 세워졌습니다.
- 実績が伸びたので部長にほめられました。 실적이 올라서 부장님께 칭찬받았습니다.

3 변격 동사의 수동형

불규칙적인 활용을 하기 때문에 암기하여야 한다.

来る 오다 → 来られる 오게 되다, (상대방이) 오다

する 하다 → される 당하다, 받다, 되다

- 先生に愛される学生が羨ましいです。 선생님에게 사랑받는 학생이 부럽습니다.
- 病気の時、友達に来られて嬉しかったです。 아플 때 친구가 와서 기뻤습니다.

Tip

① 능동형과 수동형의 비교

- 私が彼を叩いた。 내가 그를 때렸다.
  → 彼が私に叩かれた。 그가 나에게 맞았다.
- 先生は学生に日本語を教える。 선생님은 학생에게 일본어를 가르친다.
  → 学生は先生に日本語を教えられる。 학생은 선생님에게 일본어를 배운다.

② 일반적으로 상대방이나 사물에게 직접적인 영향을 받는 수동을 '직접 수동'이라고 하고, 비를 맞거나, 누가 죽거나 하는 등 간접적으로 피해를 입는 것을 '간접 수동'이라고 한다. 간접 수동의 경우 우리말 해석이 상황에 따라 달라지므로 주의하자.

- 母に死なれてもう3年になりました。 어머니를 여읜 지 벌써 3년이 되었습니다.
- 雨に降られて風邪にひいてしまった。 비를 맞아 감기에 걸리고 말았다.

4 れる·られる의 다양한 쓰임

조동사「れる·られる」는 수동의 의미 외에도 가능, 존경, 자발(自発)의 의미로 쓰인다. 문장에서 어떤 용법으로 쓰였는지는 앞뒤 상황에서 판단해야 한다.

① 가능

「れる·られる」의 형태로 '~할 수 있다'는 가능의 의미를 나타낸다. 이때 목적이 되는 대상에 붙는 조사는「を」가 아니라「が」이다.

➥「~ことができる」와 연계해서 이해

- 私は韓国のキムチが作れません。 저는 한국 김치를 만들 줄 모릅니다.
- このクラスで日本語が教えられる学生は多くないです。
  이 반에서 일본어를 가르칠 수 있는 학생은 많지 않습니다.

> **Tip**
>
> 「동사의 기본형+ことができる」의 구조로도 가능을 나타낼 수 있으며, 강조의 느낌을 표현한다.「동사의 ます형 + 得る」로도 가능 표현을 나타낼 수 있는데, 부정의 표현에서는 발음이「得ない」가 된다.
>
> - 日本語を話すことができます。 일본어를 말 할 수 있습니다.
> - 日本の歌を歌うことができます。 일본 노래를 부를 수 있습니다.
> - それはあり得ることです。 그것은 있을 수 있는 일입니다.
> - それはあり得ないことです。 그것은 있을 수 없는 일입니다.

② 존경

수동의 형태 그대로 존경의 의미를 나타낸다. '~하시다'정도로 해석한다.

- 会社に来られる前に電話してください。 회사에 오시기 전에 전화해 주세요.
- ホット・コーヒーを飲まれますか。 뜨거운 커피를 드시겠습니까?

③ 자발

자발(自発)이란, 어떤 동작이 말하는 사람의 의지대로 이루어지는 것이 아니라 자연스럽게 그렇게 되어 가는 것을 말한다.

- 彼女に会って昔のことが思い出されました。 그녀를 만나니 옛날 일이 떠올랐습니다.
- 一人で住んでいる父のことが案じられます。 혼자 살고 있는 아버지가 걱정됩니다.

사역수동의 조동사 せられる・させられる

003

사역수동은 말 그대로 '사역 + 수동'의 형태를 취하는 조동사를 말한다. 자신이 한 행위가 자신의 의지가 아닌 다른 사람의 강요로 이루어져 '마지못해 ~했다, 어쩔 수 없이 ~했다'는 뜻을 나타낸다. 사역수동의 문장은 내 의지가 아니라 나보다 윗사람, 어쩔 수 없이 내 행동을 제약하는 사람에 의해 강요된 행동이므로 다소 불쾌하고 좋지 않은 감정이 드러난다.

1 접속 형태

聞く 듣다 → 聞かせる 듣게 하다 → 聞かせられる (억지로) 듣다

食べる 먹다 → 食べさせる 먹이다 → 食べさせられる (억지로) 먹다

来る 오다 → 来させる 오게 하다 → 来させられる (억지로) 오다

する 하다 → させる 시키다 → させられる (억지로) 하다

- 聞きたくない音楽を聞かされました。 듣고 싶지 않은 음악을 (억지로) 들었습니다.
- 食べたくない料理を食べさせられました。 먹고 싶지 않은 요리를 (억지로) 먹었습니다.
- 来たくないところに来させられました。 오고 싶지 않은 곳에 (억지로) 왔습니다.
- したくないことをさせられました。 하고 싶지 않은 일을 (억지로) 했습니다.

> **Tip**
>
> 5단 동사의 사역수동형의 경우는 어미가 「す」로 끝나는 동사를 제외하고 「〜せられる」의 「せら」를 「さ」로 줄여서 나타내기도 한다.
>
> 聞く 듣다 → 聞かせられる (억지로) 듣다 → 聞かされる
> 飲む 마시다 → 飲ませられる (억지로) 마시다 → 飲まされる

004 단정의 조동사 だ・です・ます

「〜だ」, 「〜です」, 「〜ます」는 단정을 나타내는 조동사로, 「〜だ」, 「〜です」는 명사・형용사・동사의 기본형에 접속하고 「〜ます」는 동사의 ます형에 접속한다. 「〜だ」가 '〜이다' 정도의 뜻으로 보통체에 쓰이는 반면, 「〜です」, 「〜ます」는 '〜입니다', '〜합니다'라는 정중한 표현이다.

1 접속 형태

- 彼女は大学生だ。 그녀는 대학생이다.
- 私は英語が好きだ。 나는 영어를 좋아한다.
- 大学の主人は学生だ。 대학의 주인은 학생이다.
- 私は日本人です。 나는 일본인입니다.
- バラの花はきれいです。 장미꽃은 예쁩니다.
- 8時に朝ご飯を食べます。 8시에 아침밥을 먹습니다.

> **Tip**
>
> 「いらっしゃる・おっしゃる・くださる・なさる」 등의 동사에 「〜ます」를 접속할 때는, 어미 「る」를 「い」로 바꾼 뒤 연결한다.

いらっしゃる	가시다, 오시다, 계시다	→	いらっしゃいます
おっしゃる	말씀하시다	→	おっしゃいます
くださる	주시다	→	くださいます
なさる	하시다	→	なさいます

005 부정의 조동사 ない·ぬ·ん

「ない·ぬ·ん」은 '~(하)지 않다'는 부정을 나타내는 조동사이다. 다만 「ぬ·ん」은 주로 문어체에서 활용한다.

1 접속 형태

「ない」는 단독으로 쓸 때 '없다'란 의미의 형용사지만, 「동사의 ない형」에 연결될 때는 '~지 않다'는 부정의 의미를 나타내는 조동사가 되며, い형용사처럼 활용한다.

会う 만나다	→ 会わない·会わぬ·会わん	만나지 않다
知る 알다	→ 知らない·知らぬ·知らん	모르다
帰る 돌아가다	→ 帰らない·帰らぬ·帰らん	돌아오지 않다
来る 오다	→ 来ない·来ぬ	오지 않다
やる 하다	→ やらない·やらぬ·やらん	하지 않다

- テレビはあまり見ないです。 텔레비전은 별로 보지 않습니다.
- 忙しいときにはご飯も食べないです。 바쁠 때는 밥도 먹지 않습니다.

- 待っている人が来ないです。 기다리는 사람이 오지 않습니다.
- 知らん振りしないでください。 모른 체 하지 마세요.
- 笑わぬ人には福が入ってきません。 웃지 않는 사람에게는 복이 들어오지 않습니다.
- 忙しくてご飯も食べずに仕事をしました。 바빠서 밥도 먹지 않고 일을 했습니다.

> **Tip**
> 「~ずに」는 「~ないで(~하지 않고)」의 문어체 표현이다.

006 과거·완료의 조동사 た

「た」는 과거 또는 완료를 나타내는 조동사이다.

1 과거

어떤 동작이나 사건 등이 이미 지나간 과거의 일임을 나타낸다.

- 友達と一緒に映画を見た。 친구와 함께 영화를 봤다.
- 日本語の試験は難しかった。 일본어 시험은 어려웠다.
- 韓国の学生は真面目だった。 한국 학생은 성실했다.
- 試験勉強をした。 시험공부를 했다.

2 완료

어떤 동작이나 사실이 지금 막 끝나서 현실화 되었음을 나타낸다.

- 思ったより易しかった。 생각한 것보다 쉬웠다.
- 今着いたばかりです。 지금 막 도착했습니다.
- 元気だった人が急になくなった。 건강했던 사람이 갑자기 죽었다.
- 悩んでいたことがうまく解決できた。 고민하고 있던 일이 잘 해결되었다.

➡ 「〜たばかり」는 '막 〜했다'는 뜻으로 쓰인다.

007 희망의 조동사 たい・たがる

「たい」는 '〜하고 싶다'의 의미로, 나 또는 상대방의 희망을 나타낸다. 「たがる」도 희망의 뜻이지만 「たい」와 달리 제삼자의 희망을 나타낸다는 차이가 있다.

1 접속 형태

모두 동사의 ます형에 접속하며, 「たい」는 い형용사, 「たがる」는 5단 동사처럼 활용한다.

会う 만나다 → 会いたい 만나고 싶다 → 会いたがる 만나고 싶어하다
行く 가다 → 行きたい 가고 싶다 → 行きたがる 가고 싶어하다
する 하다 → したい 하고 싶다   → したがる 하고 싶어하다

- 早く結婚したいです。 빨리 결혼하고 싶습니다.
- 夏休みに、日本へ行きたいです。 여름방학 때 일본에 가고 싶습니다.
- 今日はあまり飲みたくないです。 오늘은 별로 마시고 싶지 않습니다.
- みんな早く家へ帰りたがります。 모두들 일찍 집으로 돌아가고 싶어합니다.

・天気が暖かくて出かけたがっている人が多いです。
날씨가 따뜻해서 외출하고 싶어하는 사람이 많습니다.

> **Tip**
>
> 「〜がほしい/〜をほしがる/〜たい」는 모두 희망을 나타내는데, 「〜がほしい」는 자기 자신이 갖고 싶은 것을 말할 때 활용하고, 「〜をほしがる」는 다른 사람이 갖고 싶어 하거나 원한다는 의미를 나타낼 때 사용한다. 「〜たい」는 동사의 ます형과 연결하여 활용하는 희망조동사이다. 「〜たい」 앞에 오는 목적어의 조사는 「を」가 아닌 「が」를 써서 '을/를'로 해석해야 하는 것에 주의하자.
>
> ・車が欲しい。 자동차를 갖고 싶다.
> ・恋人が欲しい。 애인이 있으면 좋겠다.
> ・彼は車を欲しがっている。 그는 자동차를 갖고 싶어한다.
> ・彼は恋人を欲しがっている。 그는 애인이 생겼으면 하고 있다.
> ・彼女とコーヒーが飲みたいです。 그녀와 커피를 마시고 싶습니다.
> ・彼はデートがしたいです。 그는 데이트를 하고 싶습니다.

전문의 조동사 そうだ

008

전문(伝聞)의 조동사 「～そうだ」는 제삼자 또는 신문이나 텔레비전 등의 전달 매체를 통해 들은 정보를 전할 때 쓰는 표현으로 '～라고 하다'의 뜻이다. 「기본형 + そうだ」의 형태로 연결되며, 남에게 들은 이야기를 전하는 것인 만큼 「～によると(～에 의하면)」, 「～の話では(～의 이야기로는)」 등과 함께 쓰기도 한다. 전문의 용법으로 쓰이는 「そうだ」는 다른 조동사들과 달리 과거형이나 부정형이 없다. 과거문이나 부정문을 만들려면, 「そうだ」 앞에 나오는 단어를 과거나 부정으로 만든다.

1 동사 + そうだ

帰る 돌아가다 → 帰るそうだ 돌아간다고 한다
帰らない 돌아가지 않다 → 帰らないそうだ 돌아가지 않는다고 한다
帰った 돌아갔다 → 帰ったそうだ 돌아갔다고 한다

寝る 자다 → 寝るそうだ 잔다고 한다
寝ない 자지 않다 → 寝ないそうだ 자지 않는다고 한다
寝た 잤다 → 寝たそうだ 잤다고 한다

来る 오다 → 来るそうだ 온다고 한다
来ない 오지 않다 → 来ないそうだ 오지 않는다고 한다
来なかった 오지 않았다 → 来なかったそうだ 오지 않았다고 한다

する 하다 → するそうだ 한다고 한다
しない 하지 않다 → しないそうだ 하지 않는다고 한다
しなかった 하지 않았다 → しなかったそうだ 하지 않았다고 한다

- 今日は雪が降るそうです。 오늘은 눈이 온다고 합니다.
- 彼は日本への留学を諦めたそうです。 그는 일본 유학을 포기했답니다.
- 経済学者によると、来年の景気は良くなるそうです。
  경제학자에 따르면, 내년 경기는 좋아진다고 합니다.

2　い형용사・な형용사 + そうだ

高い 비싸다　　　　　　　→　高いそうだ 비싸다고 한다

高くない 비싸지 않다　　　→　高くないそうだ 비싸지 않다고 한다

簡単だ 간단하다　　　　　→　簡単だそうだ 간단하다고 한다

簡単ではない 간단하지 않다 →　簡単ではないそうだ 간단하지 않다고 한다

- 今年の冬は寒いそうです。 올 겨울은 춥다고 합니다.
- 試験問題は易しかったそうです。 시험 문제는 쉬웠다고 합니다.

3　명사 + そうだ

学生だ 학생이다　　　　　→　学生だそうだ 학생이라고 한다

学生ではない 학생이 아니다 →　学生ではないそうだ 학생이 아니라고 한다

- 明日から雨だそうです。 내일부터 비가 온답니다.
- 彼はアメリカ人だそうです。 그 사람은 미국인이라고 합니다.

009 양태의 조동사 そうだ

어떤 사물이나 물건을 본 상태 그대로 나타내거나 어떤 일을 추측할 때 쓴다.
'~인 것 같다' 정도로 해석하며 형용사의 어간, 동사의 ます형에 접속한다.

1 동사의 ます형 + そうだ

降る (눈·비가) 내리다 → 降りそうだ 내릴 것 같다
見える 보이다 → 見えそうだ 보일 것 같다
来る 오다 → 来そうだ 올 것 같다
する 하다 → しそうだ 할 것 같다

- 今日は雪が降りそうです。 오늘은 눈이 올 것 같습니다.
- 背広のボタンが落ちそうです。 양복 단추가 떨어질 것 같습니다.
- 赤ちゃんがすぐに生まれそうです。 아기가 금방 태어날 것 같습니다.

2 형용사의 어간 + そうだ

おいしい 맛있다 → おいしそうだ 맛있을 것 같다
おもしろい 재밌다 → おもしろそうだ 재밌을 것 같다
親切だ 친절하다 → 親切そうだ 친절할 것 같다
便利だ 편리하다 → 便利そうだ 편리할 것 같다

- この料理はおいしそうです。 이 요리는 맛있을 것 같습니다.
- この漫画はおもしろそうです。 이 만화는 재미있을 것 같습니다.
- 今年の大学入試の競争率は激しそうです。 올해 대학입시 경쟁률은 치열할 것 같습니다.

> **Tip**
>
> ① '~할 것 같지(도) 않다'라고 할 때는 「~そうに(も)ない」, '~할 것 같지(도) 않습니다'는 「~そうに(も)ありません」이 된다.
>
> - 試合に勝ちそうにありません。 시합에 이길 것 같지 않습니다.
>
> ② 「ない(없다)」와 「よい(좋다)」 뒤에 양태의 조동사 「~そうだ」가 오면, 「なさそうだ(없는 것 같다)」, 「よさそうだ(좋은 것 같다)」가 된다.
>
> - 問題はなさそうです。 문제는 없는 것 같습니다.
> - 明日は天気がよさそうです。 내일은 날씨가 좋을 것 같습니다.

추정의 조동사 らしい

「らしい」는 자신이 직접 보고 느낀 것이 아니라, 남이나 어떤 정보에 의해 전해들은 객관적인 상태나 사실을 근거로 한 거의 확실한 추측에 쓰인다. '~인 것 같다, ~이라는 것 같다'라고 해석하면 된다.

1 동사의 기본형 + らしい

遊ぶ 놀다 → 遊ぶらしい 노는 것 같다, 논다는 것 같다

食べる 먹다 → 食べるらしい 먹는 것 같다, 먹는다는 것 같다

来る 오다 → 来るらしい 오는 것 같다, 온다는 것 같다

- 田中さんは塾で英語を教えているらしいです。
  다나카 씨는 학원에서 영어를 가르친다는 것 같습니다.

- もうすぐ内田先生の本が出るらしいです。 이제 곧 우치다 선생님의 책이 나온다는 것 같습니다.

2 い형용사의 기본형 · な형용사의 어간 + らしい

狭い 좁다 → 狭いらしい 좁은 것 같다, 좁다는 것 같다

いい 좋다 → いいらしい 좋은 것 같다, 좋다는 것 같다

健康だ 건강하다 → 健康らしい 건강한 것 같다, 건강하다는 것 같다

親切だ 친절하다 → 親切らしい 친절한 것 같다, 친절하다는 것 같다

- 日本人は辛いのが食べられないらしいです。 일본 사람은 매운 것을 먹지 못하는 것 같습니다.

- 彼女はバレーがおもしろいらしいです。 그녀는 발레가 재밌다는 것 같습니다.

3 명사 + らしい

学生 학생 → 学生らしい 학생인 것 같다, 학생이라는 것 같다

- 向うは崖らしいよ。 건너편은 절벽인 것 같아.

- 彼はまだ独身らしいです。 그는 아직 독신이라는 것 같습니다.

> **Tip**
>
> 조동사 「らしい」는 '~인 것 같다'의 의미지만, 명사 다음에 접미어로 쓰이면 '~답다'의 뜻도 된다.
>
> 男 남자 → 男らしい 남자답다   女 여자 → 女らしい 여자답다

비유·예시의 조동사 ようだ·みたいだ

011

「ようだ」는 말하는 사람이 직접 어떤 상황을 보고 듣고 판단해서 추측하는 표현으로, 목적·비유·불확실한 단정·예시 등의 용법으로 쓰인다. 「らしい」가 객관적 사실을 바탕으로 한 추측이라면 「ようだ」는 주관적인 판단에 의한 추측이다. 회화체에서는 「ようだ」 대신 「みたいだ」를 쓴다.

1 동사의 기본형 + ようだ

遊ぶ 놀다 → 遊ぶようだ[みたいだ] 노는 것 같다

食べる 먹다 → 食べるようだ[みたいだ] 먹는 것 같다

来る 오다 → 来るようだ[みたいだ] 오는 것 같다

- まだ入院しているようです。 아직 입원하고 있을 것 같습니다. 〈불확실한 추측〉
- 彼は家へ帰ったみたいです。 그는 집으로 돌아간 것 같습니다. 〈추측〉
- 毎日ビタミン剤を飲むよう(に)気をつけています。
  매일 비타민제를 먹도록 주의하고 있습니다. 〈목적〉

➜ 「~ように(~하도록)」의 꼴로 쓰여 어떤 동작의 목적을 나타낼 수도 있다.

2 い형용사 기본형 + ようだ

狭い 좁다 → 狭いようだ[みたいだ] 좁은 것 같다

いい 좋다 → いいようだ[みたいだ] 좋은 것 같다

- これもおいしいようです。 이것도 맛있을 것 같습니다.
- あの番組はおもしろいようです。 그 프로그램은 재미있을 것 같습니다.

- 目が覚めて一人だと、さびしいみたいです。 눈을 떴을 때 혼자이면 외로울 것 같습니다.

3 な형용사 어간 + なようだ

健康だ 건강하다 → 健康なようだ[みたいだ] 건강한 것 같다
親切だ 친절하다 → 親切なようだ[みたいだ] 친절한 것 같다

- あの店のバイトさんは親切なようです。 그 가게의 아르바이트생은 친절한 것 같습니다.
- この辞書は便利なようです。 이 사전은 편리한 것 같습니다
- この道は事故が多いと有名みたいです。 이 길은 사고가 많기로 유명한 것 같습니다.

➡ な형용사에 「みたいだ」를 접속할 때는 어간에 바로 연결한다.

4 명사 + のようだ

辞書 사전 → 辞書のようだ[みたいだ] 사전인 것 같다
漫画 만화 → 漫画のようだ[みたいだ] 만화인 것 같다

- まるで本物のようです。 마치 진품 같습니다. 〈비유〉
- 先輩のように頑張ってください。 선배처럼 분발하세요. 〈예시〉
- 彼女はまるで人形みたいです。 그녀는 마치 인형 같습니다. 〈비유〉

➡ 명사 다음에 「みたいだ」가 올 때는 「の」 없이 바로 연결한다.

추측·권유의 조동사 (よ)う

「~(よ)う」는 권유·의지·추측을 나타내는 표현으로, 「의지형 + (よ)う」의 형태로 접속한다.

1 동사

동사의 의지형을 만드는 방법은 108~110페이지 참조.

始める 시작하다 → 始めよう 시작하자

話す 이야기하다 → 話そう 말하자

待つ 기다리다 → 待とう 기다리자

する 하다 → しよう 하자

- 図書館で一緒に勉強しよう。 도서관에서 함께 공부하자. 〈권유〉
- 日本へ留学しようと思っています。 일본으로 유학가려고 생각하고 있습니다. 〈의지〉
- 来年は昇進できよう。 내년에는 승진할 수 있겠지. 〈추측〉

2 형용사

형용사의 추측형은 「~だろう」의 형태를 많이 쓴다.

おいしい 맛있다 → おいしかろう / おいしいだろう 맛있겠지

よい 좋다 → よかろう / よいだろう 좋겠지

静かだ 조용하다 → 静かだろう 조용하겠지

便利だ 편리하다 → 便利だろう 편리하겠지

- この料理はおいしいだろう。 그 요리는 맛있겠지.
- この部屋は静かだろう。 이 방은 조용하겠지.

013 부정의 추측·의지 조동사 まい

「まい」는 '~지 않겠다, ~지 않을 것이다'의 뜻으로, 부정의 의지와 부정의 추측을 나타낸다. 5단 동사는 기본형에, 상하1단 동사는 ない형 또는 기본형에 연결된다.

1 접속 형태

会う 만나다	→	会うまい 만나지 않겠다(않을 것이다)
急ぐ 서두르다	→	急ぐまい 서두르지 않겠다(않을 것이다)
食べる 먹다	→	食べまい / 食べるまい 먹지 않겠다(않을 것이다)
起きる 일어나다	→	起きまい / 起きるまい 일어나지 않겠다(않을 것이다)
来る 오다	→	来まい / 来るまい 오지 않겠다(않을 것이다)
する 하다	→	しまい / するまい 하지 않겠다(않을 것이다)

- 今日は学校へ行くまい。 오늘은 학교에 가지 않겠다. 〈의지〉
- 彼はたぶん来るまい。 그는 아마도 오지 않을 게다. 〈추측〉
- 歌を歌うまいとしながらもよく歌っています。
  노래를 부르지 않겠다고 하면서도 잘 부르고 있습니다. 〈의지〉
- 彼はお酒をやめたのであまり飲みたがるまい。
  그는 술을 끊었기 때문에 별로 마시고 싶어 하지 않을 게다. 〈추측〉

> **Tip**
>
> 「〜まい」가 '〜(하)지 않을 것이다'라는 부정 추측의 뜻으로 쓰일 때는 「〜ないだろう」로 바꿔 쓸 수 있다.
>
> ・今日は学校へ行くまい。
> → 今日は学校へ行かないだろう。 오늘은 학교에 가지 않을 것이다.

014  가정의 조동사 たら・なら

「〜たら」는 동사・형용사의 과거형에 접속하며, 「〜なら」는 단정의 조동사 「だ」의 가정형으로 명사나 동사・형용사의 연체형(명사 수식형)에 접속한다. 모두 조건을 강조하는 표현이다.

1 접속 형태

行く 가다	→	行ったら 간다면
飲む 마시다	→	飲んだら 마신다면
見る 보다	→	見たら 본다면
寝る 자다	→	寝たら 잔다면
来る 오다	→	来たら 온다면
する 하다	→	したら 한다면

行く 가다	→	行くなら 갈 거면
飲む 마시다	→	飲むなら 마실 거면
見る 보다	→	見るなら 볼 거면
寝る 자다	→	寝るなら 잘 거면
おいしい 맛있다	→	おいしいなら 맛있으면
暇だ 한가하다	→	暇なら 한가하면
明日 내일	→	明日なら 내일이라면

- お酒を飲んだらすぐ顔が赤くなります。 술을 마시면 곧바로 얼굴이 빨개집니다.
- おいしかったら、私も買います。 맛있으면 저도 사겠습니다.
- 明日なら時間を作れます。 내일이라면 시간을 낼 수 있습니다.
- 漢字なら得意です。 한자라면 자신 있습니다.

Jump Up

⭐ 가정의 조동사 と・たら・なら

① と

「と」는 문장 속에서 앞의 내용을 받아 뒤의 내용이 연결되는 조건가정 표현이다. 습관적 사실이나 반복적인 내용을 나타내기 때문에 뒤에 권유나 희망사항 또는 의지나 명령을 표현하는 내용은 오지 않는다.

- 体が健康だと精神的にも健康です。 몸이 건강하면 정신적으로도 건강합니다.
- おいしくないと二度と足を運びません。 맛이 없으면 두 번 다시 찾지 않겠습니다.
- 冬になると雪が降ります。 겨울이 되면 눈이 내립니다.

② たら

「たら」는 가정조건이 한정적이고 특정적인 내용을 서술하는 것이 일반적이고, 문장 속에서 어떤 상황이 벌어진 후를 가정하는 경우도 있다.

- 雪が降ったら電車で行きます。 눈이 오면 전철로 가겠습니다.
- もし不便だったら、言ってください。 만약 불편하다면 말해 주세요.
- 留学生だったら、ちゃんと勉強してください。 유학생이라면 제대로 공부하세요.
- 天気が暑かったら、中で行事を行います。 날씨가 더우면 안에서 행사를 실시합니다.

③ なら

「なら」는 앞에 오는 내용은 이미 알고, 그에 대응하기 위한 내용이 뒤에 연결된다.

- あした試合なら今日はゆっくり休んでください。
  내일 시합이라면 오늘부터 푹 쉬세요.
- 値段が安いなら買ってください。 값이 싸면 사세요.
- 彼が有名なら役に立ちます。 그가 유명하다면 도움이 됩니다.
- 明日国に帰るなら今晩一杯しましょう。 내일 고국에 돌아갈 거라면 오늘밤 한잔 합시다.

06

조사(助詞) 따라잡기

- 다른 품사와 결합하는 부속어로, 활용하지 않는다.
- 단어와 단어 사이의 관계를 나타낸다.
- 격조사, 부조사, 접속조사, 종조사 등으로 나눌 수 있다.

격조사

001 격조사는 명사에 연결되어, 그 명사가 문장 안에서 어떤 역할을 하는지 나타내는 조사이다.

1 が

① 문장에서 동작·작용의 주체나 성질·상태의 주체를 나타낸다. ~이(가).

- とんぼが飛んでいます。 잠자리가 날고 있습니다.
- 私が木村です。 제가 기무라입니다.

② '할 수 있다, 할 수 없다'와 같이 가능 여부를 나타낼 때는 「~ができる / ~ができない」와 같이 쓴다. ~을(를).

- 日本語ができます。 일본어를 할 수 있습니다.
- フランス語ができません。 프랑스어를 못합니다.

③ '좋아하다 / 싫어하다'와 같이 기호를 나타낼 때는 「~が好きだ / ~が嫌いだ」와 같이 나타낸다. ~을(를).

- サッカーが好きです。 축구를 좋아합니다.
- お酒が嫌いです。 술을 싫어합니다.

④ 1·2인칭의 희망을 나타낼 때는 「~が~たい」와 같이 나타낸다. 단, 조사 앞에 장소가 올 때는 「~を~たい」도 쓸 수 있다. ~을(를), ~이(가).

- 暑いので、水が飲みたいです。 더워서 물을 마시고 싶습니다.

⑤ '~을 원하다, ~이 갖고 싶다'고 할 때는 「~がほしい」가 된다. ~을(를), ~이(가).

- あなたは何がほしいですか。 당신은 무엇을 원합니까(무엇을 갖고 싶습니까)?

- デジカメがほしいです。 디카(디지털 카메라)를 갖고 싶습니다.

⑥ '~을 알다(이해하다)'는 「~がわかる」이다. ~을(를).

- この日本語の意味がわかりますか。 이 일본어 의미를 알겠습니까?

2 から

① 출발점을 나타낸다. ~에서, ~(으)로부터.

- 会議は9時から始まります。 회의는 9시부터 시작됩니다.
- 最初からやりなおします。 처음부터 다시 하겠습니다.

② 재료를 나타낸다. ~(으)로.

- ビールは麥から作ります。 맥주는 보리로 만듭니다.

③ 원인을 나타낸다. ~에서, ~(으)로 인해, ~때문에.

- 風邪から入院しました。 감기 때문에 입원했습니다.

④ 경유 지점을 나타낸다. ~에서.

- 車から降りて歩きます。 차에서 내려 걷습니다.

3 で

① 장소를 나타낸다. ~에서.

- 図書館で勉強しています。 도서관에서 공부하고 있습니다.
- 東京タワーで事故がありました。 도쿄타워에서 사고가 있었습니다.

② 재료 · 수단 · 도구를 나타낸다. ~(으)로.

- バスで行きます。 버스로 갑니다.
- オレンジでジュースを作ります。 오렌지로 주스를 만듭니다.

③ 소요 경비나 시간을 나타낸다. ~에, ~(으)로.

- 5千円で十分です。 오천 엔으로 충분합니다.
- 全部でいくらですか。 전부 해서 얼마입니까?

④ 원인 · 이유를 나타낸다. ~(으)로, ~ 때문에.

- 年末決算で忙しいです。 연말 결산으로 바쁩니다.
- 過労で入院しました。 과로로 입원했습니다.

4 と

① 동작 행위의 대상을 나타낸다. ~와(과).

- 日本人と話したことがありません。 일본인과 말해 본 적이 없습니다.
- 田中君と映画を見に行くつもりです。 다나카 군과 영화를 보러 갈 생각입니다.

② 비교의 기준을 나타낸다. ~와(과).

- 昨日と変わりはありません。 어제와 변함은 없습니다.
- 実験の結果は以前と同じです。 실험 결과는 이전과 같습니다.

③ 동작이나 작용의 결과를 나타낸다. ~이(가), ~(으)로.

- 今年、小学生となります。 올해, 초등학생이 됩니다.

④ 비교 대상의 나열을 나타낸다. ~와(과).

- 日本と韓国との人口の差は大きいです。 일본과 한국의 인구의 차는 큽니다.

⑤ 인용의 뜻을 나타낸다. ~(라)고.

- 普段日本人は「すみません」と言います。 평소에 일본인은 '미안합니다'라고 합니다.
- 今は出張中と言っていました。 지금은 출장 중이라고 했습니다.

5 に

① 지정된 장소나 범위를 나타낸다. ~에.

- 父は部屋にいます。 아버지는 방에 있습니다.

② 동작 행위의 도착점을 나타낸다. ~에.

- 学校に来ています。 학교에 와 있습니다.

③ 방향을 나타낸다. ~에, ~(으)로.

- 食堂に行っています。 식당에 가고 있습니다.

④ 시간이나 때를 나타낸다. ~에.

- 何時に終わりますか。 몇 시에 끝납니까?

⑤ 동작 행위의 대상을 나타낸다. ~에게.

- 母にプレゼントをあげました。 어머니에게 선물을 주었습니다.

⑥ 동작 행위의 목적을 나타낸다. ~하러.

- ご飯を食べに行きます。 밥을 먹으러 갑니다.

↪ 동사의 ます형에 연결되는 점에 주의한다.

⑦ 교통수단이나 놀이 기구 등을 이용할 때 쓴다. ~을(를).

- バスに乗ります。 버스를 탑니다.

⑧ 사람을 만날 때 쓴다. ~을(를).

- 駅の前で友達に会いました。 역 앞에서 친구를 만났습니다.

↪ '~와 만나다'라는 의미에서 「~と会う」를 쓰기도 한다.

⑨ 관용적으로 「~に似ている」(~을 닮다)의 형태로 쓴다. ~을(를).

- 私は母に似ています。 나는 엄마를 닮았습니다.

6 の

① 명사와 명사를 이어주며, 소유나 소속, 소재를 나타낸다. 경우에 따라서는 해석하지 않는다. ~의.

- 日本語の本 일본어 책
- 小林さんの本 고바야시 씨의 책
- 私の本 나의 책

② 소유의 주체를 나타낸다. ~의 것.

- 中村さんのです。 나카무라 씨의 것입니다.
- あの本は私のです。 그 책은 내 것입니다.

③ 제품이나 원산지를 나타낸다. ~의, ~제의.

- これはどこのかばんですか。 이것은 어디(제품의) 가방입니까?
- それはフランスのかばんです。 그것은 프랑스제 가방입니다.

④ 재료를 나타낸다. ~로 만들어진.

- シルクのシャツ 실크로 만들어진 셔츠
- 皮の靴 가죽으로 만들어진 구두

⑤ 동격을 나타낸다. ~인.

- 私の友達の小林です。 제 친구인 고바야시입니다.
- 英語の先生のブラウンさんをご紹介します。 영어 선생님인 브라운 씨를 소개합니다.

⑥ 관계를 나타낸다. ~에 관한.

- 料理の本 요리에 관한 책
- 歴史の本 역사에 관한 책

⑦ 조사 が의 역할을 한다. ~이, ~가.

- 雪の降る日 눈이 오는 날
- あなたの好きな音楽 당신이 좋아하는 음악

➡ 주격 조사는 「~が」이지만, '주어 + 술어'로 된 문장이 뒤에 명사를 수식할 때는 조사 「が」 대신 「の」를 쓰는 것이 좋다.

7 へ

① 동작이나 작용이 향하는 방향을 나타낸다. ~(으)로.

- 彼は彼女がいる部屋へ行きました。 그는 그녀가 있는 방으로 갔습니다.
- 西の方へ少し歩けば交番があります。 서쪽으로 조금만 걸으면 파출소가 있습니다.

② 동작이나 작용이 향하는 대상을 나타낸다. ~에게.

- 高校の先生へ手紙を書きました。 고등학교 선생님께 편지를 썼습니다.
- お母さんへよろしくお伝えください。 어머님께 안부 전해 주십시오.

③ 동작이나 작용의 귀착점을 나타낸다. ~에.

- 彼らはラーメン屋へ入ってしまいました。 그들은 라면집에 들어가 버렸습니다.
- 飛行機が海へ落ちてしまいました。 비행기가 바다에 떨어져 버렸습니다.

8 や

사물을 열거하는 뜻으로 쓰인다. ~(이)랑, ~(이)나.

- 週末は洗濯や掃除をします。 주말에는 빨래랑 청소를 합니다.
- お酒やたばこは体によくない。 술이나 담배는 몸에 좋지 않다.

9 より

① 비교의 기준을 나타낸다. ~보다.

- 夏より冬が好きです。 여름보다 겨울을 좋아합니다.
- これよりあれがいいです。 이것보다 저것이 좋습니다.

② 동작이나 작용의 시간적·공간적 출발점을 나타낸다. ~에서, ~부터.

- これより会議を始めます。 지금부터 회의를 시작하겠습니다.
- 出発は駅前よりです。 출발은 역 앞에서입니다.

③ 동작이 이루어지는 장소나 경유지를 나타낸다. ~에서, ~을(를) 통해서.

- 釜山より福岡への船便は週3回あります。 부산에서 후쿠오카로 가는 선편은 주 3회 있습니다.
- 空港より市内への交通便は便利です。 공항에서 시내로의 교통편은 편리합니다.

10 を

① 동작·작용의 대상을 나타낸다. ~을(를).

- 毎日アルバイトをしています。 매일 아르바이트를 하고 있습니다.
- 母は料理を作っています。 어머니는 요리를 만들고 있습니다.

② 사역 표현에서는 동작의 주체를 나타낸다. ~을(를).

- 息子を買い物に行かせました。 아들을 장보러 보냈습니다.

- たばこを止めさせました。 담배를 끊게 했습니다.

③ 동작의 출발점을 나타낸다. ~을(를).

- インチョン空港を出発しました。 인천공항을 출발했습니다.
- 今日から試験勉強を始めることにしました。 오늘부터 시험공부를 시작하기로 했습니다.

부조사

부조사는 다른 품사와 접속하여 그 단어에 의미를 보충해 주는 조사이다.

1 か

① 불확실한 것을 말할 때 쓴다. ~인지, ~인가.

- 誰かいますか。 누군가 있습니까?
- いつかまたお会いしましょう。 언젠가 다시 만납시다.
→ 「何」,「どこ」,「だれ」 등의 의문사에 접속한다.

② 선택을 나타낸다. ~이나.

- どれかを選んでください。 어느 것이나 골라 주세요.

2 きり

① 한정을 나타낸다. ~뿐, ~만. ~밖에.

- 一回きりで終わりです。 한 번만으로 끝입니다.
- 日本へはまだ一度きり行ったことがありません。
  일본에는 아직 한 번밖에 가지 못했습니다.

② 그것을 마지막으로 더 이상 없다는 것을 나타내며, 뒤에 부정 표현이 온다. ~한 채, ~뿐으로.

- 出かけたきりで帰ってきません。 외출한 채 돌아오지 않습니다.

3 くらい (ぐらい)

① 대략의 분량이나 정도를 나타낸다. ~정도, ~쯤.

- 何時くらいがいいですか。 몇 시쯤이 좋습니까?
- バスで1時間ぐらいかかります。 버스로 한 시간 정도 걸립니다.

② 비교의 기준을 나타내며 뒤에 부정 표현이 온다. ~만큼.

- 日本語くらい易しい言葉はありません。 일본어만큼 쉬운 말은 없습니다.

③ 정도의 가벼움을 나타낸다. ~정도는.

- お酒くらい飲んだっていいよ。 술 정도는 마셔도 돼요.
- このぐらいで十分です。 이 정도로 충분합니다.

4 こそ

많은 것 중 특정한 것을 들어 단정적으로 강조할 때 쓴다. ~(이)야말로.

- こちらこそ。 저야말로.
- 今度こそ絶対に優勝して見せる。 이번에야말로 반드시 우승해 보이겠다.

5 さえ

① 강조나 첨가를 나타낸다. ~마저, ~조차.

- 小さい子供さえできることです。 어린 아이조차 할 수 있는 일입니다.

② 「~さえ~ば」의 꼴로 필요 조건을 나타낸다. ~만 ~하면.

- 車さえあれば便利です。 자동차만 있으면 편리합니다.

6 しか

한정의 뜻을 나타내며, 뒤에 부정 표현이 온다. ~밖에.

- これしかありません。 이것밖에 없습니다.
- 家は一軒しかありません。 집은 한 채밖에 없습니다.

7 ずつ

일정한 수를 나누어 주거나 반복할 때 쓴다. ~씩.

- 一つずつ数えてください。 하나씩 세어 주세요.
- それを3枚ずつ分けてください。 그것을 세 장씩 나눠 주세요.

8 すら・ですら

극단적인 것을 예로 들어 다른 것도 물론이라는 뜻을 전할 때 쓴다. ~조차, ~도.

- それは子供ですらできることだ。 그것은 어린이조차 할 수 있는 일이다.
- 人が混んでいて、立っていることすら大変だ。 사람이 붐벼서 서 있기조차 힘들다.

9　だけ

① 정도를 나타낼 때 쓴다. ～정도, ～만큼.

- やれるだけやってみます。 할 수 있는 만큼 해 보겠습니다.

② 한정의 뜻을 나타낸다. ～뿐, ～만.

- 秘密だけは守ってください。 비밀만은 지켜 주세요.
- 一つだけ質問してもいいですか。 하나만 질문해도 됩니까?

> **Tip**
>
> 「だけ」와 「しか」는 모두 어떤 정도나 범위의 한정을 나타낼 때 쓰는데, 「しか」는 뒤에 부정을 나타내는 표현이 온다는 차이가 있다.
>
> - できるだけ最後まで頑張ってください。 가능한 한 마지막까지 분발해 주세요.
> - やりたいだけ、やって見なさい。 하고 싶은 만큼 해 보세요.
> - 日本語ができる人は一人しかいません。
>   일본어를 할 수 있는 사람은 한 사람밖에 없습니다.
> - 東京大学に合格した人はたった一人だけしかいません。
>   도쿄대학에 합격한 사람은 단 한 사람밖에는 없습니다.
> ➥ 「～だけ」와 「～しか」를 결합해서 「～だけしか」가 되면 어떤 일에 대한 한정이 극대화됨을 나타낸다.

10　だって

「ても(でも)」의 문어체로, 강조의 표현이다. ～(라)도. ～일지라도

- 猿だって反省します。 원숭이라도 반성합니다.

11　～だに

정도가 심한 예를 드는 표현이다. ～조차도, ～만으로도

- 夢にだに息子の合格を祈っている。 꿈에서조차도 아들의 합격을 빌고 있다.

12 たりとも

작거나 적은 것조차 예외가 될 수 없다는 뜻으로, 뒤에 부정을 나타내는 표현이 온다. ~일지라도.

- いくら年少者たりとも例外ではない。 아무리 연소자일지라도 예외는 아니다.

13 でも

① 가벼운 기분으로 예시할 때 쓴다. ~이라도.

- お酒でも飲みましょう。 술이라도 마십시다.

② 극단적인 예를 들어 다른 경우도 마찬가지임을 나타낸다. ~라도.

- あんなことなら子供でもできます。 그런 일이라면 아이라도 할 수 있습니다.

14 とか

① 비슷한 내용이나 사물을 언급해서 설명할 때 쓴다. ~(이)라든가, ~든지.

- 水泳とかテニスとかのスポーツは人気がありません。
수영이라든가 테니스라든가 하는 스포츠는 인기가 없습니다.

② 불확실한 내용을 전달할 때 쓴다. ~라던가.

- 明日は雪だとか言っていた。 내일은 눈이 온다느니 했다.

15 など / なんか

① 「~や~など(なんか)」의 형태로 유사한 것을 나열할 때 쓴다. ~등, ~따위.

- ビールやワインなどを飲みます。 맥주나 와인 등을 마십니다.

② 경멸이나 멸시의 감정을 담아서 말할 때 쓴다. ～따위.

- 面子などは気にしません。 체면 따위는 신경 쓰지 않습니다.

16 なり

① 선택을 나타낼 때 쓴다. ～이든.

- 食べるなり捨てるなり勝手にしなさい。 먹든지 버리든지 마음대로 하세요.
- 彼は外国語が得意で英語なり中国語なり自由に話ができる。
  그는 외국어를 잘해서 영어든 중국어든 자유로이 말할 수 있다.

② 가벼운 예시를 나타내며, 「～でも」와 같은 뜻으로 쓰인다. ～(라)도.

- 誰になりできるような問題です。 누구라도 할 수 있을 듯한 문제입니다.

17 なんて

① 놀람이나 의외의 뜻을 나타낸다. ～이라니, ～하다니.

- 初戦で負けるなんて、信じられない。 첫 경기에서 지다니 믿을 수 없다.

② 경멸이나 무시의 뜻을 나타낸다. ～따위.

- 日本語の漢字なんて簡単に覚えられる。 일본어 한자 따위는 쉽게 외울 수 있다.

18 ～の～の

같은 사항을 열거할 때 쓴다. ～하느니 ～하느니.

- 彼はお酒を飲んだら死ぬの生きるのと酒癖があります。
  그는 술을 마시면 죽느니 사느니 하는 주사가 있습니다.

19 のみ

한정의 뜻을 나타내며, 관용적으로「～のみならず(～뿐만 아니라)」의 형태로 많이 쓴다. ～뿐, ～만.

- ただ過ちのみならず大きな損失を与えた。 단지 과오뿐만 아니라 큰 손실을 주었다.

20 は

① 화제를 제시할 때 쓰며, 원래 음은 'ha' 이지만, 조사로 쓰일 때는 'wa'로 발음한다. ～은(는).

- 主人は仕事で忙しいです。 남편은 일로 바쁩니다.

② 문장을 강조할 때 쓴다. ～은(는).

- 明日までレポートを書かなくてはいけません。 내일까지 리포트를 쓰지 않으면 안 됩니다.

③ 대조. ～은, ～는.

- 給料は少ないのに物価は高いです。 급료는 적은데 물가는 비쌉니다.

21 ばかり

① 사물의 정도를 나타낸다. ～정도, ～쯤.

- 10分ばかり休んで来ます。 10분 정도 쉬고 오겠습니다.

② 한정을 나타낸다. ～뿐, ～만.

- 日本語ばかり勉強しています。 일본어만 공부하고 있습니다.
- いつも本ばかり読んでいます。 항상 책만 읽고 있습니다.

22 ほど

① 분량의 정도를 나타낸다. ~정도, ~쯤.

- がっかりするほどではありません。 실망할 정도는 아닙니다.
- 三日ほど前に路上で偶然に彼女に会った。 사흘쯤 전에 길에서 우연히 그녀를 만났다.

② 사물의 비교. ~만큼.

- 日本語は英語ほど難しくないです。 일본어는 영어만큼 어렵지는 않습니다.
- 私は彼ほど英語が上手ではありません。 나는 그 사람보다 영어를 잘하지 못합니다.

③ 「~ば~ほど」의 꼴로 정도가 심해짐을 나타낸다. ~하면 ~할수록.

- この本は読めば読むほどおもしろくなります。 이 책은 읽으면 읽을수록 재밌어집니다.

23 まで

① 시간이나 장소 등을 한정한다. ~까지.

- 明日まで出してください。 내일까지 제출해 주세요.
- プサンまでバスで7時間かかります。 부산까지 버스로 7시간 걸립니다.

> **Tip**
>
> 「まで」와 「までに」 모두 '~까지'라는 뜻으로, 어떤 동작이나 시간이 끝나는 지점을 나타내고 있다. 다만 「まで」는 그 동작이 그 시점까지 계속될 때 사용하고, 「までに」는 그 동작이 그 시점에서 끝남을 나타낸다.
>
> - 食堂に3時までに行かなければなりません。 식당에 3시까지 가야 합니다.
> - 食堂は午後3時までです。 식당은 오후 3시까지입니다.

② 극단적인 상황을 강조한다. ~까지(도), ~조차(도).

- 寒いのに雨まで降り出した。 추운데 비까지 내리기 시작했다.

③ 동작이나 작용이 이르는 정도를 나타낸다. ~까지.

- この野球場は5万人まで収容できます。 이 야구장은 5만 명까지 수용할 수 있습니다.

24 も

① 같은 내용을 말할 때 쓴다. ~도.

- 小林さんも学生ですか。 고바야시 씨도 학생입니까?

② 횟수나 양 등을 강조한다. ~이나.

- ビールを3本も飲みました。 맥주를 세 병이나 마셨습니다.
- このかばんは10万円もします。 이 가방은 10만 엔이나 합니다.

③ 전혀 ~아니다. 뒤에 부정 표현이 온다. ~도.

- 誰もいません。 아무도 없습니다.
- 何もありません。 아무것도 없습니다.

④ 그 이상은 없다는 것을 나타낸다. ~도.

- お金が足りなくてお菓子を買う余裕もないです。 돈이 부족해서 과자를 살 여유도 없습니다.

⑤ 그 밖에도 있음을 나타낸다. ~도.

- 彼は日本語だけでなく、中国語も上手です。 그는 일본어뿐만 아니라 중국어도 잘합니다.

25 やら

① 의문사나 부정을 나타내는 말에 붙어 불확실함을 나타낸다. ~인지.

- どうやら気になります。 어쩐지 마음에 걸립니다.

② 두 가지 이상의 사물을 열거할 때 쓴다. ~이랑 ~이랑, ~이며 ~이며.

- かばんには本やらノートやらが入っていた。 가방에는 책이랑 노트 등이 들어 있었다.

접속조사

접속 조사는 동사나 형용사, 조동사 등에 붙어 각 문장을 서로 이어주는 역할을 한다.

1 が

① 서로 관련 있는 문장을 연결한다. ~인데.

- 彼は日本語もできるが、英語も上手です。 그는 일본어도 할 수 있는데 영어도 잘합니다.

② 서로 대비되는 사실을 말할 때 쓴다. ~(하)지만, ~하였으나.

- 熱心に勉強したが、成績が上がりません。 열심히 공부했지만 성적이 오르지 않습니다.

2 から

① 이유나 원인을 나타낸다. ~이므로, ~이니까.

- 今は忙しいですから、明日にします。 오늘은 바쁘기 때문에 내일로 하겠습니다.

② 강한 결심을 나타낸다. ~테니까.

- もう少し早く帰りますから、待ってください。 조금 더 일찍 돌아갈 테니 기다려 주세요.

172

3 くせに

문장의 주체에 대한 경멸이나 비난의 기분을 나타낸다. ~주제에, ~인데.

- 自分もできないくせに人に教えるなんておかしい。
자기도 못하는 주제에 남을 가르친다는 게 웃기다.

4 けれど(も)

① 앞 상황과 반대되는 사항을 말할 때 쓴다. ~하지만, ~이지만.

- 下手ですけれども日本語が少しできます。 서툴지만 일본어를 조금 합니다.

② 병행하는 두 문장을 연결할 때 쓴다. ~인데.

- 金ですけれど、山田さんはいらっしゃいますか。 김인데요. 야마다 씨 계십니까?

5 し

동작 행위를 병렬적으로 나열할 때 쓴다. ~하고.

- 日曜日には掃除もするし、買い物もします。 일요일에는 청소도 하고 쇼핑도 합니다.

6 たり

여러 동작 행위를 나열할 때 쓴다. ~하기도 하고.

- 友達と映画を見たりご飯を食べたりしました。 친구와 영화를 보기도 하고 밥도 먹기도 했습니다.

7 て(で)

앞의 원인에 의해 뒤에 나오는 결과로 이어짐을 나타낸다. ~하고, ~해서

- 仕事が多くて休む暇もありません。 일이 많아서 쉴 틈도 없습니다.
- 試験問題が簡単で満点を取りました。 시험문제가 간단해서 만점을 받았습니다.

8 ても(でも)

역설을 나타내는 접속조사이다. ~해도, ~하더라도.

- いくら考えても思い出さないです。 아무리 생각해도 생각나지 않습니다.
- どんなに読んでも分かりません。 아무리 읽어도 모르겠습니다.

9 と

① 연속된 동작을 나타낸다. ~(하)면.

- スイッチを押すと電気が付きます。 스위치를 누르면 불이 켜집니다.

② 경험에 의한 결과를 나타낸다. ~했더니.

- 新幹線に乗ってみると、便利で速かったです。
  신칸센을 타 보았더니 편리하고 빨랐습니다.

③ 동시 동작을 나타낸다. ~하자마자, ~하니까.

- 私の顔を見ると、わっと泣き出した。 내 얼굴을 보자마자 엉엉 울음을 터뜨렸다.

10 ながら

① 동시 동작을 나타낸다. ~하면서.

- ビールを飲みながらテレビを見ます。 맥주를 마시면서 TV를 봅니다.
- 日本語の新聞を読みながら英語で直訳できる。
  일본어 신문을 읽으면서 영어로 직역할 수 있다.

② 상반된 상황을 나타낸다. ~(이)지만, ~(이)면서도.

- 入院していながら(も)仕事をしています。 입원하고 있으면서(도) 일을 하고 있습니다.

③ 상태의 존속을 나타낸다. ~그대로, ~채로. 「生まれながら(천성적으로)」, 「涙ながら(눈물을 흘리면서)」, 「昔ながら(옛모습 그대로)」와 같이 관용적으로 많이 쓰인다.

- 昔ながらのしきたりに従います。 옛날부터 전해 오는 관습을 따릅니다.

11 なり

동시 동작을 나타낸다. ~하자마자, ~한 채로.

- 授業が終わるなり、学生たちは外へ出て行った。 수업이 끝나자마자 학생들은 밖으로 나갔다.

12 ので

원인이나 이유를 나타낸다. ~이므로, ~ 때문에.

- まだ未成年者なので、たばことお酒をしてはいけないです。
  아직 미성년자이기 때문에, 담배와 술을 해서는 안 됩니다.
- 課長は出張中ですので、今日の会議はできません。
  과장님은 출장 중이시기 때문에, 오늘 회의는 할 수 없습니다.

> **Tip**
>
> 「~から」와 「~ので」는 어떤 일에 대한 이유나 원인을 나타낼 때 사용하지만 차이가 있다. 「~から」는 이유나 원인이 앞에 오고, 뒤에는 요구나 명령을 나타내는 표현이 온다. 「~ので」는 뒤에 금지나 명령을 나타내는 표현이 오지 않고 일반적으로 어떤 일에 대한 진행 과정 또는 결과를 나타내는 표현이 온다. 회화체에서 변명이나 거절 또는 의뢰 표현을 할 때는 「~ので」 대신에 「~んで」를 사용하기도 한다.
>
> - 部屋が汚いから、掃除をしてください。 방이 지저분하니까 청소를 해주세요.
> - 冬が暖かいのは温暖化現象が現れているからです。
>   겨울이 따뜻한 것은 온난화 현상이 나타나고 있기 때문입니다.

- 体の具合が良くないので、会社を休みました。
  몸 상태가 좋지 않아서 회사를 쉬었습니다.

- 今日は時間がないので、明日にします。 오늘은 시간이 없어서 내일로 하겠습니다.

13 のに

예상과는 다른 결과를 나타낸다. ~인데도, ~임에도 불구하고.

- 冬なのに桜の花が咲きました。 겨울인데 벚꽃이 피었습니다.
- 二人は結婚したのに、別々に住んでいます。 두 사람은 결혼했는데, 따로따로 살고 있습니다.

14 ば

동사의 가정형에 접속하며, 조건의 의미로 쓰인다. ~하면.

- もし明日雨が降れば競技は中止にします。 만약 내일 비가 오면 경기는 중지하겠습니다.

15 まま

어떤 동작이나 상태가 변하지 않고 지속됨을 나타낸다. ~(하는) 대로.

- ありのまま正直に言ってください。 있는 그대로 솔직하게 말하세요.
- 上司に言われるままにしてください。 상사에게 들은 대로 해 주세요.

종조사

문장이 끝날 때 붙는 조사로 의문, 감탄, 놀람, 권유, 힐난 등 말하는 사람의 주관적인 감정을 나타낸다.

1 い

단정의 「だ」, 의문의 「か」, 금지의 「な」, 감동의 「わ」 등에 붙어 표현을 부드럽게 해 준다. 주로 남성이 동료나 손아랫사람에게 쓴다. ~냐, ~가.

- どうだい。僕の考え。 내 생각 어때?
- いいかい。 좋나(됐나?)

2 か

① 의문을 나타낸다. ~까, ~는가.
- けさは何か食べましたか。 오늘 아침에는 무언가 먹었습니까?

② 반어 표현. ~까, ~는가.
- そんなに叫んでも誰が来ようか。 그렇게 소리 지른들 누가 오겠는가?

③ 권유 표현. ~까.
- プールに泳ぎに行きませんか。 수영장에 수영하러 가지 않겠습니까?
- 暇だから遊びに行きませんか。 한가하니까, 놀러가지 않겠습니까?

④ 놀람이나 감동을 나타낸다. ~구나, ~은(는)가.
- ああ、彼が死んだか。 아아, 그가 죽었는가.

06_조사 따라잡기 **177**

3 が

말을 모두 하지 않고 생략하면서 자신의 의사를 완곡하게 나타내는 표현이다. ~련만, ~지만, ~텐데.

- 風かぜでも吹ふけばいいが…。 바람이라도 불면 좋으련만….
- 値段ねだんは安やすくていいが…。 가격은 싸서 좋지만….

4 かしら / かな

의심쩍은 심정을 혼잣말처럼 중얼거릴 때나 상대방에게 질문할 때 쓴다. 「かな」는 남성어이고, 「かしら」는 여성어이다. ~일까. ~지 몰라.

- ちゃんと勉強べんきょうしているかしら。 제대로 공부하고 있을지 모르겠네.
- 給料きゅうりょうが上あがらないかなあ。 급료가 오르지 않으려나.
- もう少すこし安やすくできるかな。 좀더 싸게 할 수 있을까?

5 さ

① 남성들이 많이 사용하는 종조사로, 말하는 사람이 자신의 의견을 가볍게 말할 때 쓴다. 말 중간에 상대방이 이해하고 있는지 확인할 경우에도 붙인다. ~말이야.

- それでいいさ。 그걸로 됐어.
- それがさ、まだ決きまっていないんだよ。 그게 말이야 아직 결정되지 않았지 뭐야.

② 상대방이 주의를 기울이도록 강하게 말할 때 쓴다. ~이야, ~이지, ~말이야.

- 君きみなら合格ごうかくできるさ。 너라면 합격할 수 있을 거야.

③ 의문을 나타내는 말에 붙어 비난의 뜻을 나타낸다. ~이야?

- どうすればよいのさ。 어떻게 하면 된다는 거야?

6 ぞ

① 남성이 많이 쓰는 종조사로 혼잣말할 때 쓴다. ~한데, ~하네.

- 二人の関係、あやしいぞ。 두 사람 관계 수상한데.

② 상대방의 주의를 끌거나 명령·다짐 등의 뜻으로 쓴다. 주로 손윗사람이 아랫사람에게 쓴다. ~야, ~어, ~자.

- 危ないぞ。気をつけてよ。 위험하다. 주의해.
- 朝だぞ。起きろ。 아침이야. 일어나라.

7 っけ

확실하지 않은 일을 확인할 때 쓴다. ~였더라, ~였던가, ~였지.

- 今日、小林さん休みだっけ。 오늘 고바야시 씨 쉬던가?
- 昨日は雨でしたっけ。 어제는 비와 왔던가요?

8 って

「~といいました」의 회화체 표현으로 인용할 때 쓴다. ~(이)라고 (말했다).

- 社長は出張中って言ってください。 사장님은 출장 중이라고 말해 주세요.
- 宿題は来週まで出しなさいって。 숙제는 다음 주까지 내라고 하는데요.

9 とも

반드시 그럴 것이라는 확신을 나타낸다. (물론) ~고 말고.

- いいですとも。 좋고 말고요.
- 行きますとも。 가고 말고요.

10 な(あ)

① 감동이나 기쁨, 슬픔, 후회 등의 감정을 표현할 때 쓴다. ～구나.

- 本当（ほんとう）にいいなあ。정말로 좋구나.

② 상대에게 찬성을 구하거나 확인할 때 쓴다. ～지, ～요.

- 明日（あした）から試験（しけん）だよな。내일부터 시험이지.

③ 동사의 기본형에 접속하여 금지나 명령을 나타낸다. ～지 마라.

- 入（はい）るな。들어가지 마.
- むやみに行動（こうどう）するな。함부로 행동하지 마라.

④ 희망이나 바람을 나타낸다. ～데, ～구나.

- 早（はや）く社長（しゃちょう）になってみたいなあ。빨리 사장이 되어 보고 싶어..

11 の

① 무엇인가를 물어볼 때 쓰면 끝을 올려서 말한다. ～니?, ～거니?

- 食（た）べないの。안 먹니?
- 明日（あした）、パーティーに行（い）くの。내일, 파티에 가니?

② 가볍게 주의를 주거나 명령할 때 쓴다. ～(하는) 거야.

- 大人（おとな）にはちゃんと挨拶（あいさつ）をするの。어른에게는 제대로 인사를 하는 거야.

③ 가벼운 단정의 뜻으로 쓴다. ～(해)요.

- 私（わたし）、とてもいやなの。난, 아주 싫어요.

180

④ 확인을 할 때 쓴다. ～요?, ～인가요?

- これがあんたの鞄ですの。 이것이 당신 가방인가요?
- このおもちゃ、ほしいの。 이 장난감, 갖고 싶니?

12 ね

① 주장이나 감동을 나타낸다. ～네, ～군요.

- いい天気ですね。 좋은 날씨이군요.
- おいしそうな魚ですね。 맛있어 보이는 생선이네요.

② 확인하여 다짐하는 기분으로 말할 때 쓴다. ～(는)가, ～군요.

- いつも朝ご飯は食べませんかね。 항상 아침밥은 먹지 않는군요.

③ 상대에게 동의를 구할 때 쓴다. ～지요.

- もう疲れましたねえ。 이제 피곤하지요.

13 もん(もの)

① 응석, 불만, 호소 등의 느낌이 강하며 이유 등을 나타낸다. ～인 걸요, ～란 말이야.

- もうやりたくないもん。 이제 하고 싶지 않은걸.
- 行きたいもん。一緒に行こうよ。 가고 싶단 말이야, 함께 가자.

② 동사의 た형에 접속하여 옛일을 그리워하는 느낌으로 말할 때 쓴다. ～(했)지.

- 昔はこの川でよく泳いだものだ。 옛날에는 이 강에서 자주 헤엄쳤었지.

14 もんか(ものか)

① 무언가를 결심하면서 반어적으로 표현할 때 쓴다. ~(하나) 봐라.

- これから彼と付き合うもんか。 앞으로 그와 어울리나 봐라.

② 허탈한 마음을 표현할 때 쓴다. ~인 것인가.

- これが結婚生活というものか。 이것이 결혼생활이라는 것인가.

15 や

① 손윗사람이 손아랫사람에게 권유할 때 쓰는 남성어. ~하자고.

- 今夜は二人で飲もうや。 오늘밤은 둘이서 마시자.

② 부모가 아이를 부를 때 사용한다. ~야.

- 慶太や。 게이타야.

③ 혼잣말 하듯 느낌이나 감동을 가볍게 표현한다. '그렇게 되어도 상관없다'는 뉘앙스가 있다. ~어.

- 今日はこれでいいや。 오늘은 이걸로 됐어.

16 よ

① 자신의 주장을 강하게 말할 때 쓴다. ~요.

- それは違いますよ。 그것은 아니에요.

② 상대에게 부탁을 할 때 쓴다. ~요.

- よろしく頼むよ。 잘 부탁해요.

③ 추상적인 것을 부르고자 할 때 쓴다. ~(이)여, ~아.

- 恋人よ、側にいてよ。 연인이여, 곁에 있어요.

④ 대개 의문사와 함께 쓰여 '그러면 곤란하다(안 된다)'는 뜻을 나타낸다. ~지? ~요?

- 急にどうしたのよ。 갑자기 왜 그래요?

⑤ 무엇인가를 권유하거나 강요할 때 쓴다. ~해라, ~하자.

- ラーメンでも食べようよ。 라면이라도 먹자.

17 わ

① 여성어로, 부드럽게 자신의 생각을 말할 때 쓴다. ~예요, ~어요.

- 今日は寒いわ。 오늘은 추워요.

② 자신의 의지를 나타낸다. ~요, ~할게.

- あんまり飲みたくないわ。 별로 마시고 싶지 않아요.

③ 예상하지 못한 놀람의 감정을 나타낸다. ~구나, ~요.

- わあ、驚いたわ。 와, 깜짝 놀랐어요.

Jump Up

⭐ まで와 まで に

① まで

「まで」는 시작에서 마침까지 어떤 동작이나 작용의 범위를 나타내기 때문에 「から」와 병행해서 사용하는 경우가 많다.

- 今日から明日まで通行禁止です。 오늘부터 내일까지 통행금지입니다.
- 午前9時から午後3時まで授業です。 오전 9시부터 오후 3시까지 수업입니다.

② までに

「までに」는 우리말의 '까지(=늦어도)'에 해당하는 뜻을 나타내지만 어떤 동작이나 작용에 범위를 나타내는 것이 아니라 최종적인 기한을 나타낸다.

- 午後3時までに授業を終わらせます。 늦어도 3시까지 수업을 끝내겠습니다.
- 明日までにレポートを出してください。 늦어도 내일까지 리포트를 제출해주세요.

⭐ しか와 だけ

「しか」는 '~밖에'라는 뜻으로, 부정표현을 수반하여 한정을 나타내고, 「だけ」는 '~뿐, ~만'이라는 뜻으로, 어떤 범위나 정도의 한정을 나타낸다.

- 私しか持っていません。 나밖에 갖고 있지 않습니다.
- これしかありません。 이것밖에 없습니다.
- 私だけ持っています。 나만 갖고 있습니다.
- あなただけを愛しています。 당신만을 사랑하고 있습니다.

07

부사副詞 따라잡기

- 활용할 수 없는 자립어이다.
- 주로 용언(동사나 형용사)을 수식하며, 때에 따라 같은 부사나 명사도 수식한다.
- い형용사, な형용사 등이 부사가 되어 사용되기도 한다.
  → 전성부사
- 사물의 동작·상태 등 주로 동사를 수식하는 상태부사, 동작·상태의 정도를 나타내며, 주로 형용사를 수식하는 정도부사, 술어를 수식하는 서술부사 등으로 나눌 수 있다.

상태부사

001

사물의 동작과 상태 등을 설명하는 부사로, 주로 뒤에 오는 동사를 수식한다. 흔히 의성어·의태어 등이 이에 속한다.

1 상태부사

① あらかじめ 미리, 우선

- 予め上司に相談してください。 미리 상사에게 상담해 주세요.
- 予め知らせてください。 미리 알려 주세요.

② いきなり 갑자기, 불쑥

- いきなり友達が訪ねてきました。 불쑥 친구가 찾아왔습니다.
- いきなりびっくりしました。 갑자기 깜짝 놀랐습니다.

③ うっかり 깜박, 무심코

- うっかりして電話するのを忘れました。 깜박하고 전화하는 것을 잊었습니다.
- うっかりして傘を持ってこなかったです。 깜박하고 우산을 가지고 오지 않았습니다.

④ うんざり 진절머리가 남, 지긋지긋함

- 勉強はもううんざりだ。 공부는 이제 지긋지긋하다.
- 母の小言にうんざりしました。 엄마의 잔소리에 진절머리가 났습니다.

⑤ さっそく 즉시, 당장

- 早速、仕事を始めましょう。 당장 일을 시작합시다.

- 早速ですが、よろしくお願いします。 갑작스럽습니다만, 잘 부탁합니다.

⑥ しばらく 잠시, 얼마 동안

- しばらくお待ちください。 잠시 기다려주세요.
- しばらくですね。 오래간만이군요.

⑦ じっと 가만히, 지그시

- じっと座っていてください。 가만히 앉아 계세요.
- 彼は私をじっと見つめています。 그는 나를 지그시 응시하고 있습니다.

⑧ すぐ 곧, 금방, 바로

- すぐできます。 금방 됩니다.
- 今すぐやってもいいです。 지금 바로 해도 좋습니다.

⑨ すでに 이미

- その件はすでに決まりました。 그 건은 이미 결정되었습니다.
- すでに遅れてしまいました。 이미 늦어 버렸습니다.

⑩ すべて 모두, 전부

- 君のすべてを愛している。 너의 모든 것을 사랑해.
- すべてのことを責任取ります。 모든 것을 책임지겠습니다.

⑪ せっかく 모처럼, 일부러, 애써

- せっかく休暇をとって旅行に行きました。 모처럼 휴가를 내어 여행을 갔습니다.
- せっかくですから、ゆっくり遊びましょう。 모처럼이니 느긋하게 놉시다.
- せっかく誘っていただいたのに、申し訳ありません。
  일부러 초대해 주셨는데, 죄송합니다.

⑫ そっと 살짝, 가만히

- そっと私に言ってください。 살짝 나에게 말해 주세요.
- そっと除いて見てください。 살짝 들여다 봐 주세요.

⑬ だんだん 점점

- 日本語は始めはやさしいですが、だんだん難しくなります。
  일본어는 시작은 쉽지만, 점점 어려워집니다.
- 天気がだんだん寒くなります。 날씨가 점점 추워집니다.

⑭ ときどき 때때로, 가끔

- ときどき日本の歌を聞くことがあります。 가끔 일본 노래를 들을 때가 있습니다.
- ときどき自分の電話番号を忘れる時があります。
  가끔 내 전화번호를 잊을 때가 있습니다.

⑮ どんどん 계속, 자꾸

- 赤ちゃんはどんどん大きくなります。 아기는 자꾸자꾸 자랍니다.
- 注文の電話がどんどんかかってきます。 주문 전화가 계속 걸려옵니다.

⑯ はっきり 확실히, 똑똑히

- はっきりしてください。 확실히 해 주세요.
- はっきり分かりません。 정말 모르겠습니다.

⑰ ふと 문득, 갑자기

- ふと小学校の友達が頭の中に浮んできました。
  문득 초등학교 친구가 머릿속에 떠올랐습니다.
- ふと昔のことを思い出しました。 문득 옛날 일을 떠올렸습니다.

⑱ まだ 아직, 여태까지

- まだ決まっていません。 아직 정해지지 않았습니다.
- まだ朝ご飯を食べていません。 아직 아침밥을 먹지 않았습니다.

⑲ まもなく 곧, 머지않아

- まもなく映画が始まります。 곧 영화가 시작됩니다.
- まもなく電車が入ります。 곧 전철이 들어옵니다.

⑳ ゆっくり 천천히

- ゆっくり考えてください。 천천히 생각해 주세요.
- ゆっくり話してください。 천천히 이야기해 주세요.

㉑ わざわざ 일부러, 특히

- わざわざ迎えに来てくださってありがとうございます。
  일부러 마중 와 주셔서 감사합니다.
- わざわざやらなくてもいいです。 일부러 하지 않아도 됩니다.

㉒ わざと 일부러, 짐짓

- わざと学校を遅刻しました。 일부러 학교를 지각했습니다.
- わざと本を図書館に返しませんでした。 일부러 책을 도서관에 반납하지 않았습니다.

> **Tip**
> 「わざわざ」와 「わざと」는 모두 '일부러'라고 해석이 된다. 하지만 「わざわざ」는 호의나 수고에 대한 감사의 뜻이 담겨 있지만 「わざと」는 '고의로'라는 뉘앙스를 가지고 있어 정반대의 의미라 할 수 있다.

2 의성어・의태어

단어	뜻	예문
あっさり	산뜻하거나 시원한 모양	彼はあっさりした性格です。 그는 시원스런 성격입니다.
いらいら	초조하거나 안절부절못하는 모양	日本の生活に慣れていないので、いつもいらいらしています。 일본 생활에 익숙하지 않아서, 항상 안절부절못하고 있습니다.
うきうき	(기분이 좋아서) 들떠 있는 모양	結婚式の準備で、新郎はうきうきしています。 결혼식 준비로 신랑은 들떠 있습니다.
うずうず	(어떤 일을 하고 싶어서) 근질근질하거나 좀이 쑤시는 모양	早く新婚旅行を行きたくてうずうずとします。 빨리 신혼여행을 가고 싶어서 좀이 쑤십니다.
うっとり	넋을 잃은 모양	広々とした海を見てうっとりしています。 넓디 넓은 바다를 보고 넋을 잃고 있습니다.
うろうろ	우왕좌왕하는 모양	道が分からなくて途中でうろうろしました。 길을 몰라서 도중에 우왕좌왕했습니다.
かさかさ	바싹 마른 것들이 부딪쳐 나는 소리	落ち葉の上をかさかさ音を立てて走った。 낙엽 위를 바스락바스락 소리를 내며 달렸다.
がたがた	몹시 떠는 모양. 후들후들, 덜덜	風邪をひいて体がたがたします。 감기를 걸려 몸이 덜덜 떨립니다.
がっかり	실망하는 모양	友達に裏切られてがっかりしています。 친구에게 배신당해서 낙심하고 있습니다.
がっくり	맥이 풀리는 모양	彼はがっくりと肩を落ちた。 그는 어깨를 축 늘어뜨렸다.
がんがん	시끄럽게 지껄이는 모양	文句をがんがん言いました。 불만을 시끄럽게 말했습니다.
ぎっしり	꽉 차 있는 모양	今月はスケジュールがぎっしりです。 이번 달은 스케줄이 빽빽합니다.
きっちり	딱 들어맞는 모양	新しく買ったズボンがきっちり合います。 새로 산 바지가 딱 맞습니다.

단어	뜻	예문
きょろきょろ	두리번거리는 모양	回りをきょろきょろ見ています。 주변을 두리번두리번 보고 있습니다.
きらきら	반짝반짝 빛나는 모양	星がきらきら光っています。 별이 반짝반짝 빛나고 있습니다.
ぎりぎり	제한점에 다다르거나 빠듯한 모양	朝寝坊したが、授業時間にぎりぎり間に合いました。 늦잠을 잤지만 수업시간에 간신히 맞출 수 있었습니다.
ぐるぐる	빙빙, 뱅글뱅글	自転車に乗ってグラウンドをぐるぐる回っています。 자전거를 타고 그라운드를 뱅글뱅글 돌고 있습니다.
こそこそ	소곤소곤	あの二人は何かをこそこそ話しています。 저 두 사람은 뭔가를 소곤소곤 이야기하고 있습니다.
ごろごろ	데굴데굴	玉をごろごろ転がします。 구슬을 데굴데굴 굴립니다.
	빈둥빈둥	休みの日には家でごろごろしています。 휴일 날에는 집에서 빈둥대고 있습니다.
さっぱり	개운하거나 뒤에 아무 것도 남지 않는 모양	料理の味がさっぱりして口に合います。 요리 맛이 깨끗해서 입에 맞습니다.
さばさば	시원시원하거나 후련한 모양	彼の性格はさばさばして気楽です。 그의 성격은 시원시원해서 편합니다.
ざんざん	세차게 쏟아지는 모양. 좍좍	パチンコの玉が機械からざんざん出てきます。 파친코 구슬이 기계에서 좍좍 나옵니다.
しとしと	부슬부슬	朝から春雨がしとしと降っています。 아침부터 봄비가 부슬부슬 내리고 있습니다.
しみじみ	절실히, 곰곰이	健康が一番だとしみじみと感じています。 건강이 제일이라고 절실히 느끼고 있습니다.
すべすべ	미끌미끌	道が凍ってすべすべです。 길이 얼어서 미끌미끌합니다.
すやすや	새근새근	赤ちゃんがすやすやと寝ています。 아기가 새근새근 자고 있습니다.

단어	뜻	예문
すらすら	척척	計画していた事業がすらすらと進んでいます。 계획하고 있던 사업이 척척 진행되고 있습니다.
ずるずる	질질	事前に何の話もなく約束をずるずると延期しました。 사전에 아무런 이야기도 없이 약속을 질질 연기했습니다.
そろそろ	슬슬	そろそろ帰る時間になります。 슬슬 돌아갈 시간이 됩니다.
だらだら	장황한 모양	先生の演説はだらだら続いた。 선생님의 연설은 장황하게 이어졌다.
	액체가 흘러내리는 모양. 줄줄	ラーメンを食べると汗がだらだらと流します。 라면을 먹으면 땀이 줄줄 흐릅니다.
つるつる	반들반들, 매끈매끈	髪の毛が抜けて頭がつるつるします。 머리카락이 빠져서 머리가 반들반들 합니다.
どきどき	두근두근	女の前では胸がどきどきします。 여자 앞에서는 가슴이 두근거립니다.
にこにこ	싱글벙글, 생글생글	にこにこ笑ってください。 생글생글 웃어주세요.
ぬるぬる	미끈미끈한 모양	油を溢して床がぬるぬるしています。 기름을 엎질러서 바닥이 미끈미끈합니다.
ねばねば	끈적끈적한 모양	ねばねばした関係を維持しています。 끈끈한 관계를 유지하고 있습니다.
のびのび	편안하거나 자유로운 모양	彼は金持ちでのびのびした生活をしています。 그는 부자여서 자유로운 생활을 하고 있습니다.
	쭉쭉 뻗어나는 모양	欄がのびのびと伸びています。 난이 쭉쭉 자라나고 있습니다.
のろのろ	느릿느릿	忙しいのにバスがのろのろと走っています。 바쁜데 버스가 느릿느릿 달리고 있습니다.
ばらばら	여기저기 흩어지는 모양. 뿔뿔이	卒業してからは皆がばらばらになりました。 졸업하고 나서는 모두가 뿔뿔이 흩어졌습니다.

단어	뜻	예문
ぴかぴか	광택이 나는 모양. 반짝반짝	夜空の星がぴかぴか光っています。 밤하늘의 별이 반짝반짝 빛나고 있습니다.
びくびく	무서워서 떠는 모양. 벌벌	数学の先生が怖くてびくびくしています。 수학 선생님이 무서워서 벌벌 떨고 있습니다.
びしびし	엄하게 다스리는 모양. 엄하게, 호되게	国語の先生は学生らにびしびしとします。 국어 선생님은 학생들에게 엄합니다.
ひりひり	얼얼한 모양	唐辛子が辛くて舌がひりひりします。 고추가 매워서 혀가 얼얼합니다.
ぶつぶつ	중얼거리거나 투덜대는 모양	何かを一人でぶつぶつ言っています。 뭔가를 혼자서 투덜거리고 있습니다.
ぶらぶら	하는 일이 없는 모양. 빈둥빈둥	有名な大学を卒業して就職ができなくて、家でぶらぶらしています。 유명한 대학을 졸업하고, 취직을 못해 집에서 빈둥대고 있습니다.
	흔들리는 모양. 흔들흔들	強風で折られた木の枝がぶらぶらしています。 강풍으로 꺾인 나뭇가지가 흔들거리고 있습니다.
ぺこぺこ	찌그러진 모양	缶詰がぺこぺこです。 통조림이 찌그러졌습니다.
	몹시 배가 고픈 모양	お腹がぺこぺこです。 배가 몹시 고픕니다.
べたべた	물건이 들러붙는 모양. 끈적끈적	汗で手がべたべたしています。 땀으로 손이 끈적끈적합니다.
へとへと	몹시 지쳐 힘이 없는 모양	もう年でちょっとだけ走ってもへとへとします。 이제 나이가 들어 조금만 뛰어도 녹초가 됩니다.
ぺらぺら	거침없이 지껄이는 모양. 술술	彼女は3か国語をぺらぺらとしゃべります。 그녀는 3개 국어를 술술 말합니다.
ほかほか	따뜻한 모양. 따끈따끈	ほかほかしたお弁当をください。 따끈따끈한 도시락을 주세요.

단어	뜻	예문
ぼこぼこ	움푹움푹, 울퉁불퉁	道路がぼこぼこしています。 도로가 움푹움푹 패여 있습니다.
めろめろ	활활 타는 모양	家事がめろめろと燃え広がっている。 화재가 활활 번지고 있다.
もたもた	태도나 행동이 불확실한 모양. 우물쭈물	もたもたしていい機会を逃しました。 우물쭈물하다가 좋은 기회를 놓쳤습니다.
もやもや	흐릿한 모양	窓ガラスの湯気で視野がもやもやと見えます。 창문의 김 때문에 시야가 흐릿하게 보입니다.
ゆらゆら	한들한들	木が風にゆらゆらと揺れています。 나무가 바람에 한들한들 흔들리고 있습니다.
よちよち	아장아장	赤ちゃんがよちよちと歩き始めました。 갓난아이가 아장아장 걷기 시작했습니다.
わいわい	왁자지껄	同窓会でわいわいと騒がしいです。 동창회로 왁자지껄 시끄럽습니다.
わくわく	설레는 모양. 두근두근	最終発表を待っている間にわくわくとしました。 최종 발표를 기다리는 동안에 마음이 설레었습니다.

정도부사

002

정도부사는 용언이나 상태부사를 수식하며, 동작이나 상태의 정도를 나타내는 부사이다.

1 정도부사

① かなり 꽤, 상당히

- 期末試験はかなり難しかったです。 기말시험은 상당히 어려웠습니다.
- 家から会社までかなり遠いです。 집에서 회사까지 꽤 멉니다.

② ごく 극히, 매우

- ごく一般的なことです。 극히 일반적인 일입니다.
- ごく常識的な発想です。 극히 상식적인 발상입니다.

③ 少なくとも 적어도

- 少なくとも平均点を取らなくてはいけません。 적어도 평균점을 받지 않으면 안 됩니다.
- 少なくとも遅刻だけはしないでください。 적어도 지각만큼은 하지 마세요.

④ すこし 조금

- 少し待ってください。 잠시 기다려 주세요.
- 少し深く考えるとすぐ分かります。 조금 깊게 생각하면 금방 알 수 있습니다.

⑤ ずいぶん 꽤, 제법, 훨씬

- ずいぶんですね。 제법이네요.
- バスではずいぶん遠道です。 버스로는 꽤 먼 길입니다.

⑥ ずっと 쭉, 계속 / 훨씬, 매우

- ずっと外にいました。계속 밖에 있었습니다.
- このほうがずっと安い。이 쪽이 훨씬 싸다.

⑦ せいぜい 기껏해야, 고작

- 休暇はせいぜい1週間しか取れません。휴가는 고작 일주일밖에 낼 수 없습니다.
- 一日中、仕事をしてせいぜい3千円しか稼げなかったです。
  하루 종일 일을 해서 기껏해야 3천 엔도 벌지 못했습니다.

⑧ だいぶ 꽤나, 제법

- 日本の生活にだいぶ慣れてきました。일본 생활에 제법 익숙해졌습니다.
- 喉の痛みがだいぶ治りました。목의 통증이 많이 나았습니다.

⑨ たいへん 대단히, 매우, 아주

- 大変やっかいなことです。대단히 까다로운 일입니다.
- たいへん美しいです。아주 아름답습니다.

⑩ ちょっと 좀, 조금, 잠시

- ちょっと時間がかかりそうです。좀 시간이 걸릴 것 같습니다.
- ちょっと待ってください。잠시 기다려 주세요.

⑪ はなはだ 매우, 대단히

- これは甚だ難しいことです。이것은 매우 어려운 일입니다.
- それは甚だ残念です。그거 대단히 유감입니다.

⑫ ほとんど 거의

- 朝ご飯はほとんど食べていません。아침밥은 거의 먹지 않습니다.

- 運動はほとんどしていません。 운동은 거의 하지 않습니다.

⑬ まだ 아직

- まだ未成年者です。 아직 미성년자입니다.
- いいえ、まだです。 아니오, 아직입니다.

⑭ もう 벌써, 이미

- 田中さんはもうお帰りになりました。 다나카 씨는 벌써 귀가하셨습니다.
- もう終わりましたか。 벌써 끝났습니까?

⑮ もっと 더욱, 좀더

- もっと努力します。 더욱 노력하겠습니다.
- もっと自信を持ってください。 좀 더 자신을 가지세요.

⑯ やっと 겨우, 가까스로

- やっと残業が終わりました。 겨우 잔업이 끝났습니다.
- やっと大学を卒業しました。 가까스로 대학을 졸업했습니다.

⑰ わずか 겨우, 불과

- 家から学校までわずか5分です。 집에서 학교까지 불과 5분입니다.
- わずか一点の差で落ちました。 겨우 1점 차이로 떨어졌습니다.

서술부사

술어를 꾸며 주어 문장 전체의 내용을 유도하는 부사이다. 종류에 따라 단정, 희망, 비유, 금지, 가정, 의무, 추측, 강조, 결의 등의 내용을 나타낸다.

1 단정·긍정

① きっと 꼭, 반드시, 틀림없이

- あなたならきっとできます。 당신이라면 틀림없이 할 수 있습니다.
- きっと優勝します。 반드시 우승하겠습니다.

② もちろん 물론

- 勿論です。 물론입니다.
- もちろん、いいです。 물론 좋습니다.

2 부정·금지

뒤에 부정을 나타내는 말이 온다.

① 決して 결코

- 決して負けることはありません。 결코 지는 일은 없습니다.
- 殺人は決して許せません。 살인은 결코 용서할 수 없습니다.

② 少しも 조금도, 전혀

- 彼は少しも嬉しくないようです。 그는 조금도 기쁘지 않은 것 같습니다.
- お金の余裕が少しもありません。 돈의 여유가 조금도 없습니다.

③ ぜったい 절대로

- 今日は絶対に負けません。 오늘은 절대로 지지 않겠습니다.
- あなたのことはぜったい忘れません。 당신은 절대 잊지 않겠습니다.

④ ぜんぜん 전혀

- 全然、分かりません。 전혀 모르겠습니다.
- 間違ったことは全然ありません。 틀린 것은 전혀 없습니다.

⑤ とうてい 도저히, 아무래도

- この件は到底に無理です。 이 건은 아무래도 무리입니다.
- とうてい方法がありません。 도저히 방법이 없습니다.

3 희망 · 결의

① 必ず 꼭, 반드시, 틀림없이

- 必ず約束を守ってください。 반드시 약속을 지켜 주세요.
- 必ず来る必要はありません。 꼭 올 필요는 없습니다.

② くれぐれも 부디, 아무쪼록

- くれぐれも体に気をつけてください。 아무쪼록 몸조심 하세요.
- くれぐれもよろしくお願いします。 아무쪼록 잘 부탁합니다.

③ ぜひ 꼭, 반드시

- 是非、韓国へ遊びに来てください。 꼭 한국에 놀러 오세요.
- 彼女とぜひ結婚したいです。 그녀와 꼭 결혼하고 싶습니다.

④ どうか 아무쪼록, 부디

- どうかお許しください。 부디 허락해 주세요.

- どうかご理解をお願い致します。 아무쪼록 이해 부탁드리겠습니다.

⑤ どうぞ 잘, 아무쪼록, 제발, 부디

- どうぞよろしくお願いします。 아무쪼록 잘 부탁드리겠습니다.
- こちらへどうぞ。 이쪽으로 오세요.

⑥ どうも 대단히, 정말, 아무래도

- どうもありがとうございます。 대단히 감사합니다.
- どうもすみません。 대단히 죄송합니다.

4 비교·비유

뒤에 비유와 비교를 나타내는 양태 표현이 온다.

① あたかも 마치, 흡사

- 彼女はあたかも日本人のようです。 그녀는 마치 일본 사람 같습니다.
- この人形はあたかも人のようです。 이 인형은 마치 사람과 같습니다.

② いかにも 자못, 정말로, 과연

- いかにも嬉しそうな顔をしています。 자못 기쁜 듯한 얼굴을 하고 있습니다.
- いかにも男らしい態度です。 과연 남자다운 태도입니다.

③ ちょうど 꼭, 마치, 흡사

- ちょうど双子のようです。 마치 쌍둥이 같습니다.
- 今日はちょうど春のようです。 오늘은 마치 봄 같습니다.

④ まるで 마치

- まるで人形のようです。 마치 인형 같습니다.
- まるで案山子のような姿をしています。 마치 허수아비 같은 모습을 하고 있습니다.

5 가정

① 例え 비록, 설령

- たとえお金がなくても幸せに暮らしたいです。 비록 돈이 없어도 행복하게 살고 싶습니다.
- たとえ彼女から嫌だと言われても平常心で居られる。
  설령 그녀로부터 싫다는 말을 들어도 아무렇지 않을 수 있다.

② 万一 만일

- 万一に何かあったら私に言ってください。 만일에 무슨 일이 있으면 나에게 말해 주세요.
- 万一のために準備をしておきます。 만일을 위해서 준비를 해 두겠습니다.

③ もし(も) 만약에, 만약이라도

- もしあした雨だったら試合は中止です。 만약에 내일 비가 오면, 시합은 중지입니다.
- もし不合格だったら浪人します。 만약에 불합격이라면, 재수하겠습니다.

6 의문

① どうして 어째서, 왜

- どうして一人で来ますか。 어째서 혼자서 옵니까?
- どうして電話しませんでした。 왜 전화하지 않았어요?

② なぜ 왜

- 何故、まだ子供を生まないですか。 왜 아직 애를 낳지 않습니까?
- なぜベストを尽くさないんですか。 왜 최선을 다하지 않습니까?

7 추측

추측을 나타내는 표현이 따라온다.

① 恐らく 어쩌면, 아마도

- 恐らく彼は来ないかも知れません。 어쩌면 그는 오지 않을지도 모르겠습니다.
- あの店は恐らく日曜日に休みだと思います。 그 가게는 아마도 일요일에는 휴무일 겁니다.

② さぞ 틀림없이, 아마

- さぞ明日も風が強いだろう。 아마 내일도 바람이 셀 것이다.
- さぞ雨は降らないでしょう。 아마 비는 오지 않겠지요.

③ たぶん 아마, 어쩌면

- たぶんそうだと思います。 아마 그렇다고 생각합니다.
- 多分、彼は合格でしょう。 어쩌면 그는 합격이겠지요.

8 부정 추측

① まさか 설마

- まさか不合格するとは思いも依らなかったんです。
  설마 불합격하리라고는 생각지도 못했습니다.
- まさかそんなことがあり得ますか。 설마 그런 일이 있을 수 있습니까?

② よもや 설마

- よもや知らん顔するか。 설마 모르는 척 할까.
- よもや彼が犯人だとは思いもよらなかったです。 설마 그가 범인일 줄은 생각지 못했습니다.

↳ 부정 추측의 부사 뒤에는 부정 표현이 온다.

9 강조

① さすが 과연, 역시

- さすが人気が絶好調です。 과연 인기가 절정입니다.

- さすがうまいです。 역시 잘합니다.

② やっぱり 역시

- やっぱり日本語はおもしろい言語です。 역시 일본어는 재미있는 언어입니다.
- やっぱり私の友達です。 역시 제 친구입니다.

> **Tip**
>
> 긍정, 부정에 모두 쓰는 부사
>
> あまり (긍정문) 너무 / (부정문) 그다지, 별로
>
> - 日本語はあまり難しくありません。 일본어는 그다지 어렵지 않습니다.
> - あまり働きすぎると体によくない。 너무 과로하면 몸에 좋지 않다.
>
> とても (긍정문) 대단히, 매우, 아주 / (부정문) 도저히
>
> - とても悲しいことです。 대단히 슬픈 일입니다.
> - とても信じられないような気持ちでした。 도저히 믿을 수 없는 듯한 기분이었습니다.
>
> なかなか (긍정문) 꽤, 상당히 / (부정문) 좀처럼
>
> - なかなかおもしろい本です。 꽤 재미있는 책입니다.
> - 問題がなかなか解けません。 문제가 좀처럼 풀리지 않습니다.
>
> まったく (긍정문) 완전히 / (부정문) 전혀
>
> - 私と彼女の性格はまったく違いません。 나와 그녀의 성격은 전혀 다릅니다.
> - 昨日のことはまったく忘れてしまいました。 어제 일은 완전히 잊어버렸습니다.

Jump Up

✪ だんだん과 どんどん

「だんだん」은 점차적으로 조금씩 변화되는 현상을 표현할 때 쓰고, 「どんどん」은 계속적으로 변화되는 기세가 강한 느낌을 말할 때 사용한다.

- 天気がだんだん暑くなります。 날씨가 점점 더워집니다.
- 二人の仲がだんだん良くなります。 두 사람 사이가 점점 좋아집니다.
- 景気がだんだん良くなります。 경기가 점점 좋아집니다.
- 物価がどんどん上がっています。 물가가 계속 오르고 있습니다.
- 健康がどんどん悪くなっています。 건강이 점점 나빠지고 있습니다.
- 祝いの電話がどんどん掛ってきます。 축하 전화가 계속 걸려 옵니다.

✪ どうも와 どうぞ

「どうも」와 「どうぞ」는 일상생활에서 사용 빈도가 높으며, 혼동하기 쉽지만 다음과 같은 차이를 이해하면 도움이 된다.
「どうも」는 어떤 행위에 대한 감사의 표현으로, '대단히'의 뜻으로 전달되며, 「どうぞ」는 상대에게 어떤 행위를 권하거나 부탁할 때 사용하는 표현이다. 「どうも」와 「どうぞ」만으로도 의사소통이 가능할 정도로 많이 쓰이는 부사이다.

- どうもありがとうございます。 대단히 감사합니다.
- どうぞ、よろしくお願いします。 아무쪼록 부탁하겠습니다.
- どうぞ、食べてください。 어서 드세요.

접속사 接続詞 따라잡기

- 활용할 수 없는 자립어이다.
- 말과 말, 문장과 문장을 이어준다.
- 앞뒤 문장의 성격에 따라 병렬, 역접, 선택, 설명, 순접, 전환, 첨가 접속사로 나눌 수 있다.

병렬 접속사

앞뒤 문장을 대등하게 이어주는 접속사이다.

1 および 및

- フランス語、日本語及び中国語は第二外国語です。
  프랑스어, 일본어 및 중국어는 제2외국어입니다.
- 漢字および片仮名の書き方がたいへん難しいです。
  한자 및 가타카나 쓰는 법이 매우 어렵습니다.

2 ならびに 및, 또

- 政治並びに経済は密接な関係があります。 정치 및 경제는 밀접한 관계가 있습니다.
- 住所ならびに電話番号を記入してください。 주소 및 전화번호를 기입해 주세요.

역접 접속사

역접 접속사 다음에는 앞의 문장으로 짐작컨대 당연히 와야 할 내용과는 반대의 내용이 온다.

1 が 그렇지만, 하지만

- 日本語はおもしろいですが、漢字が難しいです。
  일본어는 재미있습니다만, 한자가 어렵습니다.

- 旅行をしたいですが、お金の余裕がありません。
  여행을 가고 싶지만, 돈의 여유가 없습니다.

2　けれども・けれど・けど　그렇지만, 하지만

- 旅行を行きたいです。けれども、お金がありません。
  여행을 가고 싶습니다. 그렇지만 돈이 없습니다.
- もう公演は始まった。けれど、彼はまだ来なくて連絡もしていない。
  이미 공연은 시작되었다. 하지만 그는 아직 오지 않고 연락도 하지 않는다.
- 留学をしたいです。けど、会社を辞めるわけにはいきません。
  유학을 가고 싶습니다. 하지만 회사를 그만둘 수는 없습니다.

3　しかし　그러나, 하지만

- 二人は愛し合っています。しかし、結婚はしないと言います。
  두 사람은 서로 사랑합니다. 그러나 결혼은 하지 않는다고 합니다.
- 案件は非常にいいです。しかし、反対の世論が多いです。
  안건은 아주 좋습니다. 그러나 반대 여론이 많습니다.

4　しかしながら　그렇긴 하지만

- 彼は頭が悪いです。しかしながら、勉強はできます。
  그는 머리가 나쁩니다. 그러면서도 공부는 잘합니다.
- 彼女は学生です。しかしながら、金遣いは荒っぽいです。
  그녀는 학생입니다. 그러면서도 돈 씀씀이가 헤픕니다.

5　それでも　그래도, 하지만, 그럼에도 불구하고

- 明日は雨だそうです。それでも、サッカーをしますか。
  내일은 비가 온다고 합니다. 그래도 축구를 합니까?

- 試合中に怪我をしました。それでも、試合を続けてやりました。

  시합 중에 부상을 당했습니다. 그럼에도 불구하고 시합을 계속했습니다.

6 それなのに 그럼에도 불구하고, 그런데도

- 彼女は入院しています。それなのに、試験勉強をします。

  그녀는 입원해 있습니다. 그럼에도 불구하고 시험공부를 합니다.

- 彼は入院中です。それなのに、勉強は怠けていません。

  그는 입원 중입니다. 그런데도 공부는 게을리 하지 않습니다.

7 それにしては 그렇다고는 하지만

- それにしては値段が高すぎです。 그렇다고는 하지만, 가격이 너무 비쌉니다.

- それにしては状況が良くないです。 그렇다고는 하지만, 상황이 좋지 않습니다.

8 それにしても 그렇다 하더라도, 그렇다손 치더라도

- それにしてもあなたの過ちです。 그렇다 하더라도 당신의 과오입니다.

- それにしてももったいないです。 그렇다 하더라도 아깝습니다.

9 でも 그래도, 하지만

- 日本語能力試験の1級に合格しました。でも、聴取の点数が低いです。

  일본어능력시험 1급에 합격했습니다. 하지만 청취 점수가 낮습니다.

- 公園へ散歩を行きたいです。でも、距離が遠すぎです。

  공원으로 산책을 가고 싶습니다. 하지만 거리가 너무 멉니다.

10 ところが 그렇지만, 그런데

- 中間試験は易しかったです。ところが期末試験は難しく出題するそうです。
  중간시험은 쉬웠습니다. 그렇지만 기말시험은 어렵게 출제한다고 합니다.
- 工事は今月に終わると言っていました。ところが、まだいつ終わるか見当がつきません。
  공사는 이번 달에 끝난다고 했습니다. 그런데 아직 언제 끝날지 짐작이 가지 않습니다.

선택 접속사

003

둘 또는 그 이상의 여러 사항 중에서 하나를 선택할 때 사용된다.

1 あるいは 혹은, 또는

- 日本語を習うか、あるいは中国語を習うか迷っています。
  일본어를 배울지, 혹은 중국어를 배울지 망설이고 있습니다.
- 入院治療あるいは通院治療をしなければなりません。
  입원 치료 혹은 통원 치료를 하지 않으면 안 됩니다.

2 それとも 그렇지 않으면, 또는

- ご飯にしますか、それともパンにしますか。 밥으로 하겠습니까, 아니면 빵으로 하겠습니까?
- 今日、行きますか。それとも、明日行きますか。 오늘 갑니까, 아니면 내일 갑니까?

3 または 혹은, 또는

- 就職するか、または進学するかを決めてください。
  취직할지, 또는 진학할지를 결정해 주세요.
- 電話またはメールをしてください。 전화 또는 이메일을 해 주세요.

4 もしくは 또는, 그렇지 않으면

- 今日もしくは明日中に決めます。 오늘 아니면 내일 중에 정하겠습니다.
- 営業もしくは、マーケティングに関する本を紹介してください。
  영업 또는 마케팅에 관한 책을 소개해 주세요.

5 ないし 내지는, 혹은

- 社長ないし副社長のサインが要ります。 사장 내지는 부사장의 사인이 필요합니다.
- 12人ないし15人まで収容できます。 12명 내지는 15명까지 수용할 수 있습니다.

설명 접속사

앞 문장을 설명하고 강조하는 접속사이다.

1 すなわち 즉, 그래서, 다시 말하면

- 当サイトは世界に友達、すなわち人脈を作ることができます。
  이 사이트는 세계에 친구, 즉 인맥을 만들 수 있습니다.
- ソウルすなわち韓国の首都です。 서울 다시 말하면 한국의 수도입니다.

2 ただし 단지

- 今から休憩を取ります。ただし、中で休んでください。
  지금부터 휴식을 취하겠습니다. 단, 안에서 쉬세요.

- 締め切りは今日までです。ただし、郵便物の場合は例外です。
  마감은 오늘까지입니다. 단, 우편물인 경우는 예외입니다.

3　たとえば　예를 들면, 예컨대

- 例えば、机、椅子、本などがあります。 예를 들면 책상, 걸상, 책 등이 있습니다.
- 例えば、日本語の漢字と同じです。 예를 들면 일본어 한자와 같습니다.

4　つまり　결국, 요컨대, 이를테면

- つまり行きたくないということですね。 요컨대 가고 싶지 않다는 것이군요.
- つまり中身がないということです。 결국 알맹이가 없다는 것입니다.

순접 접속사

005

앞문장이 원인, 이유가 되어 문장이 이어지거나 시간적인 순서를 나타낼 때 사용하는 접속사이다.

1　したがって　따라서, 그러므로

- 明日は祭日です。したがって授業はありません。 내일은 경축일입니다. 따라서 수업은 없습니다.
- 改定案が可決されました。したがって来月から試行されます。
  개정안이 가결되었습니다. 따라서 다음 달부터 시행됩니다.

2 すると 그러자, 그러면

- ボタンを押した。すると電源が切れた。 버튼을 눌렀다. 그러자 전원이 나갔다.
- レバーを右に回します。すると おつりが出てきます。
  레버를 오른쪽으로 돌립니다. 그러면 잔돈이 나옵니다.

3 そこで 그래서

- みんなと意見が合いません。そこで多数決で決めました。
  모두와 의견이 맞지 않습니다. 그래서 다수결로 정했습니다.
- 途中で道に迷いました。そこで人に聞きました。
  도중에 길을 헤맸습니다. 그래서 다른 사람에게 물었습니다.

4 そして 그리고, 그리하여

- 手を挙げてください。そして10を数えるまで待ってください。
  손을 들어주세요. 그리고 열을 셀 때까지 기다려 주세요.
- 眼鏡を外しました。そして涙を拭きました。 안경을 벗었습니다. 그리고 눈물을 닦았습니다.

5 それで 그래서

- 喉が腫れました。それでたばこを止めました。 목이 부었습니다. 그래서 담배를 끊었습니다.
- 頭が痛かったです。それで薬屋で薬を買って飲みました。
  머리가 아팠습니다. 그래서 약국에서 약을 사 먹었습니다.

6 だから 그렇기 때문에, 그러니까

- 今日は寒いです。だから服を厚く着てください。 오늘은 춥습니다. 그러니 옷을 두껍게 입으세요.
- 事業を失敗した。だから自信感を無くした。 사업에 실패했다. 그렇기 때문에 자신감을 잃었다.

전환 접속사

화제를 다른 것으로 바꿀 때 사용하는 접속사이다.

1 さて 그런데, 그럼

- さて契約の件はどうなりましたか。 그런데 계약 건은 어떻게 되었습니까?
- さて次のニュースです。 그럼, 다음 뉴스입니다.

2 それでは 그러면

- それでは、次の話題に行きます。 그럼, 다음 화제로 가겠습니다.
- それでは、今日はここまでにします。 그럼, 오늘은 여기까지 하겠습니다.

3 では(じゃ) 그럼

- では、皆さんの意見を聞きます。 그럼, 여러분의 의견을 듣겠습니다.
- じゃ、話題を変えましょう。 그럼, 화제를 바꿉시다.

4 ところで 그런데

- ところで、お祖父さんはお元気ですか。 그런데 할아버님은 건강하십니까?
- ところで、あの事件の判決はどうなりましたか。 그런데 그 사건의 판결은 어떻게 되었습니까?

첨가 접속사

앞 문장의 내용에 연속해서 이어지는 사항과 그로 인해 발생되는 결과 등을 나타낸다.

1 おまけに 게다가, 그 위에

- 彼女は日本語ができて、おまけに中国語も上手です。
  그녀는 일본어를 할 줄 알고 게다가 중국어도 잘합니다.
- この店の料理はおいしいです。おまけに量も多いです。
  이 가게 요리는 맛있습니다. 게다가 양도 많습니다.

2 かつ 게다가, 동시에

- 習いかつ働きます。 배우고 또 일합니다.
- 迅速かつ正確にまとめた。 신속하고도 정확하게 마무리지었다.

3 しかも 더구나, 더욱이, 게다가

- 彼は英語もできて、しかも日本語も上手です。
  그는 영어도 잘 하고 더욱이 일본어도 능숙합니다.
- 彼女は美人で、しかも料理もうまいです。 그녀는 미인이고 게다가 요리도 잘합니다.

4 その上に 게다가, 또한

- 彼女は勉強ができます。その上に美人です。 그녀는 공부를 잘합니다. 게다가 미인입니다.
- 彼は性格がいいです。その上にお金持ちです。 그는 성격이 좋습니다. 게다가 부자입니다.

5 それから 그리고 나서, 그리고

- 窓を開けました。それから大掃除をしました。
  창문을 열었습니다. 그리고 나서 대청소를 했습니다.
- 手を洗いました。それから食事をしました。
  손을 씻었습니다. 그리고 나서 식사를 했습니다.

6 それに 게다가

- 今日の天気はとても暑いです。それに風も吹いていません。
  오늘 날씨는 무척 덥습니다. 게다가 바람도 불지 않습니다.
- 咳をします。それに熱もあります。 기침을 합니다. 게다가 열도 있습니다.

7 なお 또한

- 彼は金持ちです。なおとてもハンサムです。 그는 부자입니다. 또한 아주 잘생겼습니다.
- 仕事が忙しいです。なお残業で疲れます。 일이 바쁩니다. 또한 잔업으로 피곤합니다.

8 また 다시, 또, 게다가

- また来てください。 또 오세요.
- 木村さんは学校の先生であり、また小説家でもある。
  기무라 씨는 학교 선생님이면서 또한 소설가이기도 하다.

9 さらに 한층, 게다가, 그 위에

- さらに風が強く吹いています。 한층 바람이 강하게 불고 있습니다.
- さらに監視が厳しくなりました。 더욱 감시가 엄해졌습니다.

Jump Up

⭐ では와 じゃ

「では」와「じゃ」는 '그럼'이라는 뜻으로,「では」를 사용하느냐「じゃ」를 사용하느냐에 따라서 의미는 크게 다를 수 있다.「では」는 격을 갖추어 말할 때 손윗사람 또는 고객에게 사용해서 정중함을 표현한다. 반대로「じゃ」는 손아래사람이나 동등한 입장의 사람에게 편하게 사용한다.

- では、失礼いたします。 그럼 실례하겠습니다.
- では、また明日。 그럼 내일 또 뵙겠습니다.
- じゃ、失礼するよ。 그럼 실례할게.
- じゃね。 그럼 또 봐.

⭐ ところで와 ところが

① ところで

「ところで」는 전환 접속사로서, '그런데'의 뜻이며, 갑자기 화제를 전환할 때 사용한다.

- ところで、最近の景気はどうですか。 그런데, 최근 경기는 어떻습니까?
- ところで、ご両親はお元気ですか。 그런데, 부모님은 안녕하십니까?

② ところが

「ところが」는 역접 접속사로서, '그런데'의 뜻이며, 앞의 문장과 정반대의 내용을 뒤에 연결할 때 사용한다.

- 彼は頭はいいです。ところが、勉強はできないです。
  그는 머리는 좋습니다. 그런데 공부를 못합니다.
- 彼女はお金持ちです。ところが、お金を使わないです。
  그녀는 부자입니다. 그런데 돈을 쓰지 않습니다.

09

경어敬語 따라잡기

- 말하는 화자가 상대방이나 제삼의 인물에 대해 경의를 표할 때 쓴다.
- 일본어의 경어에는 상대방을 높여주는 '존경어', 자신을 낮춤으로써 상대방을 높이게 되는 '겸양어', 문장의 말미에 「です」, 「ます」 등을 붙여 주는 '정중어' 표현이 있다.

존경어

존경어란 자신보다 나이나 지위가 높은 사람 또는 처음 만나는 사람과의 사이에서 상대방을 높여서 말하는 표현이다. '~하시다' 정도의 의미이며, 다음과 같이 여러 가지 형태로 표현할 수 있다.

1 동사의 어미 あ단 + れる/られる

동사의 어미를 「あ단」으로 바꾸고 조동사인 「れる」, 「られる」를 접속해서 만든다. 단, 5단, 상하1단 동사는 이 규칙에 따르고 변격 동사는 그 형태대로 암기해야 한다. 단 동사의 수동형, 가능형과 같은 형태이므로, 앞뒤 내용을 파악하여 구분하여야 한다. → 수동의 조동사(p. 134) 참조

会う 만나다 → 会われる 만나시다 〈5단 동사〉
寝る 자다 → 寝られる 주무시다 〈상하1단 동사〉
する 하다 → される 하시다 〈サ행 변격동사〉
来る 오다 → 来られる 오시다 〈カ행 변격동사〉

- 大統領は日本の首相と会われました。 대통령은 일본 수상과 만나셨습니다.
- 寝られる間にいびきをかかれました。 주무시는 동안 코를 고셨습니다.
- 昨日、何をされましたか。 어제 무엇을 하셨습니까?
- 来られる前に、お電話ください。 오시기 전에 전화 주세요.
- 鈴木さんはもう来られましたか。 스즈키 씨는 벌써 오셨습니까?

2 お(ご) + 동사의 ます형 + になる

접두어「お」다음에 동사의 ます형이 오고 다음에「~になる」를 붙여서 존경 표현을 만든다. カ행 변격인「来る」의 경우는 이 형식으로 존경 표현을 만들 수 없고, サ행 변격인「する」의 경우는「동작성 명사 + する」의 경우에만 존경 표현을 만들 수 있다.

会う 만나다 → お会いになる 만나시다 〈5단 동사〉
始める 시작하다 → お始めになる 시작하시다 〈상하1단 동사〉
出発する 출발하다 → ご出発になる 출발하시다 〈동작성 명사 + する〉
来る 오다 → お来になる(×) 〈カ행 변격동사〉

- 取引先の社長とお会いになりましたか。 거래처 사장님과 만나셨습니까?
- お始めになるお仕事はどうでしょうか。 시작하시는 일은 어떠십니까?
- いつ日本へご出発になりますか。 언제 일본으로 출발하십니까?

3 お(ご) + 동사의 ます형 + ください

「~てください(~해 주세요)」보다 정중한 표현이다. 말하는 사람이 상대방에게 무언가를 권유하고 의뢰하는 표현이며, 변격동사의 경우는「동작성 명사 + する」만 가능하다.

座る 앉다 → お座りください 앉으세요 〈5단 동사〉
待つ 기다리다 → お待ちください 기다리세요 〈상하1단 동사〉
出発する 출발하다 → ご出発ください 출발하세요 〈동작성 명사 + する〉
来る 오다 → お来ください(×) 〈カ행 변격동사〉

- こちらの方に、お座りください。 이쪽으로 앉으십시오.
- こちらにお座りになってお待ちください。 이쪽에 앉으셔서 기다리십시오.
- 早く説明をお始めください。 빨리 설명을 시작해 주세요.
- 事前にお電話ください。 미리 전화 주세요.
- 明日までにご連絡ください。 내일까지 연락 주십시오.

4 お(ご) + 동사의 ます형 + です

동사의 ます형에 접두어 「お(ご)」와 「です」를 붙여 존경 표현을 만든다. 마찬가지로 カ행 변격 「来る」는 이와 같은 형태의 존경 표현이 없고, サ행 변격 동사의 경우는 「동작성 명사 + する」만 가능하다.

```
帰る 돌아가다      → お帰りです 돌아가시다 〈5단 동사〉
出かける 나가다   → お出かけです 나가시다 〈상하1단 동사〉
出発する 출발하다 → ご出発です 출발하시다 〈동작성명사 + する〉
来る 오다          → お来です(×) 〈カ행 변격동사〉
```

- 会長はお出かけですか。 회장님은 나가셨습니까?
- 部長は先にお帰りでした。 부장님은 먼저 돌아가셨습니다.
- こんなに遅くにご運動ですか。 이렇게 늦게 운동하십니까?

5 명사의 존경어

명사에 접두어 「お」, 「ご」, 접미어 「さん」, 「様」, 「方」, 「殿」 등을 붙여서 만든다. 접두어 「お」가 붙는 단어는 순수 일본어인 경우가 많고, 한자어인 경우는 주로 「ご」를 붙인다.

お国 나라, 고향	お手紙 편지	ご両親 (상대방의) 양친, 부모
お話 말, 이야기	お返事 답신	お子さん (상대방의) 자녀분
ご住所 주소	ご健康 건강	息子さん (상대방의) 아드님
ご連絡 연락	お名前 이름, 성함	娘さん (상대방의) 따님
皆様 여러분	あなた方 여러분들	弟さん (상대방의) 남동생분
隊長殿 대장님	ご主人 (상대방의) 남편	妹さん (상대방의) 여동생분

- ご主人はお元気ですか。 남편께서는 안녕하십니까?
- お名前を教えてください。 성함을 가르쳐 주세요.
- 家族の皆様によろしくお願いします。 가족 여러분께 안부 전해주십시오.

6 형용사의 존경어

① お + い형용사의 기본형 + です

忙しい 바쁘다 → お忙しいですか 바쁘십니까?

- 最近、お仕事がお忙しいですか。 최근에 일이 바쁘십니까?

② お + な형용사의 어간 + です

元気だ 건강하다 → お元気ですか 건강하십니까?
上手だ 잘하다 → お上手です 잘하십니다

- 小林さんは韓国語がとてもお上手です。 고바야시 씨는 한국어를 아주 잘하십니다.

겸양어

겸양어란 자신보다 나이나 지위가 높은 사람 또는 처음 만나는 사람에게 자신을 낮춤으로써 상대방을 높이는 표현이다. '~해 드리다' 정도의 의미가 된다.

1 お(ご) + 동사의 ます형 + する(いたす)

가장 많이 사용되는 겸양 표현으로, 「する」보다는 「いたす」 쪽이 더 정중한 표현이다. 변격동사의 경우는 「동작성 명사 + する」만 겸양 표현을 만들 수 있다.

聞く 듣다	→	お聞きする(いたす) 듣다 〈5단 동사〉
待つ 기다리다	→	お待ちする(いたす) 기다리다 〈5단 동사〉
見せる 보이다	→	お見せする(いたす) 보여 드리다 〈상하1단 동사〉
案内する 안내하다	→	ご案内する(いたす) 안내해 드리다 〈サ행 변격동사〉
来る 오다	→	お来する(×) 〈カ행 변격동사〉

- 大変申し訳ありませんが、お客様にお聞きいたしたいことがあります。
  대단히 죄송스럽습니다만, 고객님께 여쭙고 싶은 것이 있습니다.
- 来られるまでお待ちいたしますので、ご心配なく。
  오실 때까지 기다리겠사오니, 염려 마십시오.
- お好きなことを言っていただければお見せいたします。
  좋아하시는 것을 말씀해 주시면, 보여 드리겠습니다.
- 今から私がご案内いたします。 지금부터 제가 안내해 드리겠습니다.
- 空港まで車でお送りいたします。 공항까지 차로 배웅해 드리겠습니다.
- 順番が来ましたら、お呼びします。 순서가 되면, 불러 드리겠습니다.

2 お(ご) + 동사의 ます형 + いただく

매우 정중하고 격식을 차린 표현이다. 「~てもらう」의 겸양 표현으로 '~해 주시다' 정도의 의미이다.

聞く 듣다	→	お聞きいただく 들어 주시다 〈5단 동사〉
待つ 기다리다	→	お待ちいただく 기다려 주시다 〈5단 동사〉
見せる 보이다	→	お見せいただく 보여 주시다 〈상하1단 동사〉
案内する 안내하다	→	ご案内いただく 안내해 주시다 〈サ행 변격동사〉

- 私どもの案件をお聞きいただければと存じ上げます。
  저희들의 안건을 들어 주시면 하는 바람입니다.
- 問題が解決されるまでお待ちいただければと思います。
  문제가 해결될 때까지 기다려 주셨으면 하는 마음입니다.
- 計画される案をお見せいただければ幸いだと思います。
  계획하시는 안을 보여 주시면 좋겠다고 생각합니다.
- お忙しいところ、ご案内いただいて光栄だと思います。
  바쁘신 와중에 안내해 주셔서 영광으로 생각합니다.

3 겸양의 의미를 갖는 명사

자신이나 자신의 소유물 등을 낮추어서 말할 때는 「小」, 「弊」, 「粗」, 「拙」, 「愚」 등을 붙인다.

弊社 폐사, 저희 회사   弊店 폐점, 저희 가게   拝啓 배계, 근계, 삼가 아룀
拝受 배수, 삼가 받음   愚生 우생, 소생   拙作 졸작
小社 소사, 저희 회사   小生 소생, 남자가 자기를 낮추어 말할 때(편지글)
粗品 남에게 선사하는 물건을 낮추어 말할 때

4 특수한 형태의 존경어, 겸양어

접두어, 접미어, 활용에 의해 규칙적으로 존경어, 겸양어를 만들 수 있는 경우도 있지만, 동사마다 특수한 형태의 존경어, 겸양어가 있는 경우도 있다. 규칙이 없으므로 모두 암기할 수밖에 없다.

원형	존경어	겸양	예문
いる 있다	いらっしゃる 계시다	おる 있다	小林部長はいらっしゃいますか。 고바야시 부장님은 계십니까? 今、居りません。지금 없습니다.
行く・来る 가다, 오다	いらっしゃる おいでになる 가시다, 오시다	参る 가다, 오다	いつ韓国へいらっしゃいますか。 언제 한국에 가십니까? あした参ります。 내일 갑니다. お客様がいらっしゃいました。 손님이 오셨습니다. 社長がおいでになるまで待ちます。 사장님이 오실 때까지 기다리겠습니다.
する 하다	なさる 하시다	致す 하다	何になさいますか。 무엇으로 하시겠습니까? よろしくお願いいたします。 잘 부탁드리겠습니다.
見る 보다	ご覧になる 보시다	拝見する (삼가) 보다	日本の漫画をご覧になりますか。 일본 만화를 보시겠습니까? 拝見させていただきます。 보겠습니다.
言う 말하다	おっしゃる 말씀하시다	申す・ 申し上げる 말하다	もう一度おっしゃってください。 다시 한 번 말씀해 주세요.
知る 알다	ご存じだ 아시다	存じる・ 存ずる 알다, 생각하다	ご存じの通りです。 아시는 대로입니다. 大変うれしく存じます。 매우 기쁘게 생각합니다.

원형	존경어	겸양	예문
食べる・飲む 먹다・마시다	めしあがる・ あがる 드시다	いただく 들다	たくさん召し上がってください。 많이 드세요. いただきます。 잘 먹겠습니다.
やる・あげる 주다		差し上げる 드리다	私のすべてを差し上げます。 저의 모든 것을 드리겠습니다.
くれる 주다	くださる 주시다		何を下さいますか。 무엇을 주시겠습니까?
もらう 받다		いただく・ 頂戴する 받다	これをいただいてもいいですか。 이것을 받아도 되겠습니까?
訪ねる・尋ねる 방문하다, 묻다		伺う 찾아뵙다, 묻다	ちょっと、伺いたいことがあります。 좀 묻고 싶은 일이 있습니다. 伺わせていただきます。 여쭙겠습니다.
会う 만나다	お会いになる 만나시다	お目にかかる (찾아)뵙다	お久しぶりにお目にかかります。 오랜만에 뵙겠습니다.
聞く 듣다		うけたまわる・ 伺う 삼가 듣다	ご意見をうけたまわります。 삼가 고견을 듣겠습니다.
寝る 자다	お休みになる 주무시다		昨夜はお休みになれましたか。 어젯밤은 편안히 주무셨습니까?
借りる 빌리다		拝借する 삼가 빌리다	本を拝借したいと存じます。 책을 빌리고 싶습니다.
わかる 알다		かしこまる 알다	かしこまりました。 알겠습니다.

> **Tip**
>
> いらっしゃる(가시다, 오시다, 계시다)・おっしゃる(말씀하시다)・なさる(하시다)・くださる(주시다) 등의 동사가「〜ます」에 접속할 때는 어미「る」대신「います」를 붙인다. 하지만 음편형(て・た형)이나 ない형을 만들 때는 5단 동사처럼 활용한다.
>
> - いらっしゃる → いらっしゃいます → いらっしゃって → いらっしゃらない
> - おっしゃる → おっしゃいます → おっしゃって → おっしゃらない
> - なさる → なさいます → なさって → なさらない
> - くださる → くださいます → くださって → くださらない

003 정중어

정중어란 자신보다 나이나 지위가 높은 사람 또는 처음 만나는 사이의 사람에게 부드럽고 공손하게 말하는 표현이다. 보통 정중의 조동사인「〜です」,「〜ます」를 붙이는데,「〜です」보다 더 정중한 표현을 만들 때는「〜です」대신「〜でございます」를,「〜あります」대신「〜ございます」를 붙인다.

1 〜です・〜ます 〜입니다・〜합니다

「〜です」,「〜ます」접속 표현은 앞에서 여러 번 다루었으므로 여기서는 생략한다. 정중 표현에 대해 다시 학습하려는 학습자는 명사 따라잡기, 형용사 따라잡기, 동사 따라잡기편을 참조하기 바란다.

- そうです。 그렇습니다.
- そうでございます。 그렇습니다.
- 私(わたし)は会社員(かいしゃいん)です。 나는 회사원입니다.
- 私(わたし)は会社員(かいしゃいん)でございます。 저는 회사원입니다.
- このようなことはございません。 이러한 일은 없습니다.

2. 미화어

명사에 「お」, 「ご」 등의 접두어를 붙여 말을 부드럽게 하거나 그 사물을 아름답게 표현하는 말로, 교양 있게 말하기 위해 사용한다.

お茶 차	お名前 성함, 이름	お祝い 축하(선물)
ご飯 밥	ご機嫌 심기, 기분	ご案内 안내

- お茶でも飲みに行こう。 차라도 마시러 가자.
- 誕生日のお祝いには何がいいでしょうか。 생일 축하 선물로는 무엇이 좋을까요?
- ご機嫌いかがですか。 기분이 어떠십니까(안녕하십니까)?

Jump Up

★ 「さん」, 「さま」, 「くん」, 「ちゃん」의 차이

사람의 이름 뒤에 붙여서 사용하는 접미어로 상대에 따라서 손윗사람, 손아랫사람, 친구 등으로 구분하여 사용한다.

① さん과 さま

「さん」과 「さま」는 존경의 접미어 표현으로, '~씨', '~님' 정도의 의미이다. 「さん」이나 「さま」 모두 일반적인 호칭으로 성(姓) 다음에 붙여 쓰고, 「さま」의 경우는 손님이나 고객을 높여 부르는 용도로 사용한다. 또한 「さま」는 편지 수신인의 이름 뒤에 붙여 우리말의 '귀하'의 의미로도 쓰인다.

그런데 실제 일본에서는 「さん」을 이름뿐만 아니라 회사명(ソニーさん, トヨタさん)이나 인사말(ありがとうさん) 등에도 사용한다. 이때는 우리말의 '~씨'라는 의미가 아니라, 그냥 상대방을 높이는 뉘앙스로 받아들여야 한다.

- A : 小林さん、おはよう。 고바야시 씨 좋은 아침이에요.

  B : あ、田中さん、おはようございます。 아, 다나카 씨 좋은 아침입니다.

- A : 小林さま、お待ち遠さまでした。 고바야시 님, 오래 기다리셨습니다.

  B : 宜しくお願いします。 잘 부탁합니다.

- 小林賢太郎様 고바야시 겐타로 귀하 〈편지에서〉

② くん

우리말의 '~군(君)'에 해당되는 호칭이다. 주로 손아랫사람이나 친구 관계에서 사용한다. 일반적으로는 남자 이름에 쓰지만, 여자 이름에도 붙여서 사용한다.

- A : 小林くん、おはよう。 고바야시 좋은 아침.

  B : あ、田中くん、おはよう。 아, 다나카, 좋은 아침.

③ ちゃん

남녀노소를 불문하고 아랫사람이나 친구사이에서 이름 또는 성(姓) 뒤에 붙여 친근감을 주는 호칭으로 사용된다. 하지만, 실생활에서는 자신보다 나이가 많은 사람에게도 쓰며, 애완동물이나 개인적인 사물의 이름에도 「ちゃん」을 붙인다.

- A : 小林ちゃん、おはよう。 고바야시 좋은 아침.

  B : あ、田中ちゃん、おはよう。 아, 다나카, 좋은 아침.

- A : うちのタマちゃんの具合がよくないの。 우리 타마의 상태가 좋지 않아.〈애완동물〉

  B : 何かしたの。 무슨 일 있어?

이것만 알면 통한다

일본어 문법

10

기타 문법 따라잡기

☐ 일본어의 골격이 되고 기초가 되는데 필요한 문법 사항은 모두 정리되었다. 여기에서는 감동사, 연체사, 형식명사 등에 대해 정리해 보겠다.

감동사(感動詞)의 종류와 활용

일본어는 감정이 풍부한 언어이다. 표현력이 다소 부족하더라도 감동사를 유용하게 활용하면 대화를 부드럽게 유도할 수 있다. 감동사는 비슷비슷한 표현들이 많고 악센트의 강약에 따라서 전달되는 의미도 달라질 수 있다. 감동사는 활용을 하지 않는 독립어로, 몸과 마음으로 느끼는 감동 표현, 상대를 부르는 표현, 응답 표현 등으로 나눌 수 있다.

1 감동 표현

① あ 아. 짧게 발음하며 약간의 악센트를 넣는다.

- あ、小林君、久しぶりだね。 아, 고바야시 군 오랜만이네.

② ああ 아~. 모르고 있던 것을 알아 차렸을 때 내는 소리로, 길게 발음한다.

- ああ、それだったんだ。 아~, 그거였구나.

③ あっ 앗. 예기치 못한 일에 대한 놀라움을 표현한다.

- あっ、ごめん。 앗! 미안.

④ あら 어머. 여성어로 예기치 못한 일에 대한 감동을 나타낸다.

- あら、レポートをするの、忘れていたわ。 어머, 리포트 쓰는 걸 잊고 있었네.

⑤ おや 이럴 수가, 얼레. 예상치 못한 일에 대한 감동을 나타낸다.

- おや、どうしたんだろう。 얼레, 어떻게 된 거지?

⑥ まあ 어머, 자. 놀라움을 나타내거나 상대방에게 무언가를 권할 때 쓴다.

- まあ、それはちょっとひどいね。 어머, 그건 좀 너무하군.
- まあ、そんなことは忘れて頑張ろう。 자, 그런 일은 잊고 분발하자.

⑦ ほら 이봐, 자. 분위기를 환기시킬 때 쓴다.

- ほら、ちょっと静かにしてよ。 이봐, 좀 조용히 하자고.

⑧ やあ 이야. 놀라운 광경을 보고 감탄할 때 쓴다.

- やあ、まぶしいね。 이야, 눈부시네.

2 상대를 부르거나 주의를 환기시키는 표현

① あのう 저어, 저기. 길게 빼면서 발음한다.

- あのう、すみません。 저어, 실례합니다.

② おい 어이, 이봐. 악센트를 강하게 넣는다.

- おい、うるさいよ。 어이, 시끄러워.

③ こら 요놈, 이놈, 이봐. 악센트를 강하게 넣는다.

- こら、いい加減にしろ。 이봐, 적당히 해라.

④ さあ 자아. 악센트를 약하게 넣는다.

- さあ、話題を変えましょう。 자아, 화제를 바꿉시다.

⑤ ちょっと 봐요, 좀. 보통 발음으로 한다.

- ちょっと、いいですか。 좀 괜찮겠어요?

⑥ ねえ 저기, 있잖아. 길게 빼어 발음한다.

- ねえ、今すぐ会いたいよ。 있잖아, 지금 당장 만나고 싶어.

3 응답 표현

① いいえ 아니오. 질문에 대해 부정적으로 대답할 때 쓴다.

- いいえ、そうじゃありません。 아니오, 그렇지 않습니다.

② いや 아냐, 아니. 부정적인 대답으로, 친한 사이나 손아랫사람에게 쓴다.

- いや、違(ちが)うよ。 아냐, 틀려.

③ ううん 아니, 아냐. 부정적인 대답으로, 친한 사이나 손아랫사람에게 쓴다.

- ううん、今日(きょう)は駄目(だめ)よ。 아니, 오늘은 안 돼.

④ うん 응, 그래. 긍정적이 대답으로, 친한 사이나 손아랫사람에게 쓴다.

- うん、そうしよう。 응, 그렇게 하자.

⑤ ええ 예, 음. 긍정적인 대답으로, 격식이 없는 사이에서 쓴다.

- ええ、そうです。 예, 그렇습니다.

⑥ はい 네. 긍정적인 대답으로, 격식에 관계없이 편하게 쓸 수 있다.

- はい、そうです。 네, 그렇습니다.

Jump Up

⭐ はい와 ええ

「はい」와 「ええ」는 상대방의 질문에 대해 긍정적으로 대답할 때 쓴다. 일상 회화에서 격의 없는 사이에서는 「ええ」를 사용하고, 공식석상에서나 손윗사람에게는 「はい」로 대답한다.

- A : 小林さんは学生ですか。 고바야시 씨는 학생입니까?
  B : はい、そうです。 네, 그렇습니다.
- A : 小林くん。 고바야시 군.　　B : ええ、なに。 음, 뭐?

⭐ いいえ와 いや

「いいえ」와 「いや」는 상대방의 질문에 대해 부정적으로 대답할 때 쓴다. 「いいえ」는 일반적인 문장이나 일상 회화에서 두루 쓰고, 「いや」는 격의 없는 사이에서 반말처럼 쓴다. 「いいえ」와 「いや」의 뉘앙스 차이는 크다. 상황에 따라서 상대방에게 불쾌감을 줄 수 있으니 주의해서 사용해야 한다.

- A : 今日は本当にお世話になりました。 오늘은 정말로 신세 많았습니다.
  B : いいえ、そんなことありません。 아니오, 별말씀을 다 하십니다.
- A : あの建物は交番ですか。 저 건물은 파출소입니까?
  B : いや、そうじゃありません。あれは公衆トイレです。
  아뇨, 그렇지 않습니다. 저것은 공중 화장실입니다.

⭐ うん과 ううん

「うん」과 「ううん」은 각각 「はい」, 「いいえ」와 같은 의미로, 손아랫사람이나 친구 사이에서 격의 없이 쓸 수 있는 말이다. 「うん」은 '응, 그래' 정도로 「ううん」은 '아니'의 의미로 머리를 살짝 좌우로 흔들면서 말한다.

- A : ご飯、食べたの。 밥 먹었어?　　B : うん、食べた。 응, 먹었어.
- A : ご飯、食べたの。 밥 먹었어?　　B : ううん、まだ。 아니, 아직.

연체사(連体詞)의 종류와 활용

연체사란 체언을 수식하지만 활용은 하지 않는 자립어를 말한다. 하지만, 체언을 수식한다고 해서 모두 연체사는 아니다. 앞서 공부한 연체형(명사 수식형)의 경우도 체언을 수식하는 역할을 한다. 다만, 연체형은 품사의 활용형이라는 점에서 차이가 있다.

1 ~る + 체언

あらゆる 모든	あらゆる人 모든 사람	あらゆる方面 모든 방면
ある 어느	ある日 어느 날	ある人 어느 사람
	ある村 어느 마을	
いかなる 어떠한	いかなることがあっても 어떠한 일이 있어도	
	いかなる理由も 어떠한 이유도	
きたる 돌아오는	きたる春 오는 봄	きたる5月に 오는 5월에
さる 지난	さる日 지난 날	さる年 지난 해

2 わが + 체언

わが 우리의, 나의	わが国 우리나라	わが子 우리 아이
	わが家 우리 집	

3 ~の + 체언

この 이	この人 이 사람	この本 이 책
その 그	その時計 그 시계	その話 그 이야기

あの 저		あの車 저 자동차		あの店 저 가게	
どの 어느		どの雑誌 어느 잡지		どの新聞 어느 신문	
ほんの 그저, 불과		ほんの気持ちですが 작은 성의입니다만			

4 ～な + 체언

こんな 이런	こんなこと 이런 일	こんな本 이런 책
そんな 그런	そんな人 그런 사람	そんな絵 그런 그림
あんな 저런	あんな映画 저런 영화	
	あんなレストラン 저런 음식점	
どんな 어떤	どんな人 어떤 사람	どんなドラマ 어떤 드라마
おかしな 이상한	おかしな話 이상한 이야기	おかしな本 이상한 책
おおきな 큰	大きな建物 큰 건물	大きな家 큰 집
ちいさな 작은	小さな子供 작은 아이	小さな店 작은 가게
おもな 주된	主な役割 주된 역할	主な責任 주된 책임

> **Tip**
> 「おかしな」, 「おおきな」, 「ちいさな」는 「な형용사」가 아니라 체언을 수식하는 연체사이다.

5 ～た · ～だ + 체언

たった 단지, 겨우	たった一冊 겨우 한 권	たった一人 겨우 한 사람
たいした 대단한	たいした人物 대단한 인물	たいした美人 대단한 미인
とんだ 엉뚱한	とんだ人 엉뚱한 사람	とんだ行動 엉뚱한 행동

형식명사의 종류와 활용

형식명사란 본래의 뜻이 없는 형식적인 명사를 말한다. 단독으로 사용할 수 없으며 수식어와 함께 써야 의미가 전달된다. 앞에 수식하는 말들이 오기 때문에 연체형(명사 수식형)에 접속한다.

1 うち (어떤 행위가 계속되는) 동안, 사이

① 동사의 부정형 + うちに : ~하기 전에

- 冷めないうちに食べてください。 식기 전에 드세요.
- 夏休みが終わらないうちに海へ行きましょう。 여름방학이 끝나기 전에 바다에 갑시다.
- 雨が降らないうちに帰りましょう。 비가 내리기 전에 돌아갑시다.

② ~ている/동사기본형 + うちに : ~하는 동안에(사이에)

- 家を空けているうちに泥棒が入りました。 집을 비우고 있는 동안, 도둑이 들었습니다.
- お金が稼げるうちにちゃんとしてください。 돈을 벌 수 있는 동안에 제대로 하세요.

③ 명사 + の + うちに : ~하는 동안에

- 健康のうちに仕事を頑張ってください。 건강한 동안에 열심히 일하세요.

2 かた 분

この/その/あの + 方 : 이 분/ 그 분/ 저 분

- この方は韓国からの李社長です。 이 분은 한국에서 오신 이 사장님입니다.
- その方はまだ日本にいます。 그 분은 아직 일본에 있습니다.
- あの方はどなたですか。 저 분은 누구십니까?

3 こと 일, 것, 적, 말

① 사고나 의식 : 일, 것

- 大事なことは人に言わないでください。 중요한 일은 다른 사람에게 말하지 마세요.
- それは当然なことです。 그것은 당연한 일입니다.
- 本当のことを申し上げます。 진실을 말씀드리겠습니다.

② 생각이나 말 : 말

- どういうことか全然分かりません。 무슨 말(영문)인지 전혀 모르겠습니다.
- 馬鹿なことを言わないでください。 바보 같은 말을 하지 마세요.

Tip

형식명사 「こと」를 이용한 표현을 알아보자.

① 동사의 기본형 + ことがある ~하는 일이 있다

- たまに会社を休むことがあります。 가끔 회사를 쉴 때가 있습니다.

② 동사의 기본형 + ことにする ~하기로 하다

- ここで友達に会うことにしました。 여기에서 친구를 만나기로 했습니다.

③ 동사의 기본형 + ことになる ~하게 되다

- 工事で明日から授業は休講することになりました。
  공사 때문에 내일부터 수업은 휴강하게 되었습니다.

④ 동사의 기본형 + ことはない ~할 것은 없다

- こんなことをすることはありません。 이런 일을 할 필요는 없습니다.

③ 과거의 경험 : 적

- 私はフランス料理を食べたことがありません。 난 프랑스 요리를 먹은 적이 없습니다.

- アメリカに行ったことがあります。 미국에 간 적이 있습니다.

4 せい ~탓, ~때문

- 成績が上がらないのは勉強をしなかったせいです。
  성적이 오르지 않는 것은 공부를 하지 않기 때문입니다.
- 雨のせいで試合は中止になりました。 비 때문에 시합은 중지되었습니다.
- 大雨のせいで、交通事故が多発した。 비가 많이 와서, 교통사고가 많이 발생했다.
- 食べ物をぜんぜん食べなかったせいで、病気になった。
  음식을 전혀 먹지 않은 탓에, 병이 났다.

> **Tip**
>
> 「せい」는 나쁜 결과가 발생하는 원인을 나타내고, 좋은 결과의 원인에는 「お陰(덕분)」를 쓴다.
>
> - すべてが親のおかげです。 모든 것이 부모의 덕입니다.
> - 成績が良くなったおかげで、母にプレゼントをもらいました。
>   성적이 나아진 덕분에, 어머니에게 선물을 받았습니다.
> - 勉強をしなかったせいで、成績が悪いです。 공부하지 않은 탓에 성적이 나쁩니다.
> - 悪い結果になったのはあなたのせいです。 결과가 좋지 않은 것은 당신 탓입니다.

5 ため ~ 때문에, ~을 위해

① 이유나 원인 : ~ 때문에

- 成績が悪かったため、母に叱られました。
  성적이 나빴기 때문에 어머니께 야단을 맞았습니다.
- 電車が遅く来たため、遅刻しました。
  전철이 늦게 왔기 때문에 지각했습니다.
- 試合に負けたのはチームワークが悪かったためです。
  시합에 진 것은 팀워크가 나빴기 때문입니다.

② 목적 : ~(을) 위해, ~위한

- 健康のためにたばこを止めました。 건강을 위해서 담배를 끊었습니다.
- 皆のために乾杯しましょう。 모두를 위해서 건배합시다.
- 優勝のための秘密練習をしています。 우승을 위한 비밀 연습을 하고 있습니다.

6 つもり ~할 예정(계획), ~할 생각

- 来年は日本へ留学するつもりです。 내년에는 일본으로 유학할 예정입니다.
- 私は結婚をしないつもりでいます。 나는 결혼하지 않을 생각으로 있습니다.

> **Tip**
>
> 「동사의 과거형 + つもり(~한 셈치고)」의 형태로 현실과 반대되는 상황을 나타낼 수 있다.
>
> - 大学入試の合格のため、死んだつもりで頑張ります。
>
>   대학입시 합격을 위해 죽은 셈치고 분발하겠습니다.
>
> - 休みを取ったつもりで仕事をすることにしました。
>
>   휴식을 취한 셈치고 일을 하기로 했습니다.

7 ところ 정도, ~참, ~때

① 경우 또는 형편 : ~때

- ご多忙のところ、お邪魔します。 다망하신 와중에 실례합니다.
- 今のところ何とかやっていけます。 지금으로선 어떻게든 해 갈 수 있습니다.

② 정도 : 정도, 부근

- 大体そんなところでおしまいにしましょう。 대충 그 정도에서 마무리합시다.
- こんなところでいいですか。 이 정도로 좋습니까?

③ 막 ~하려는 중 : 진행형에 접속한다.

- 今出かけようとしているところです。 지금 막 외출하려던 참입니다.
- ちょうどご飯を食べようとしているところです。 마침 밥을 먹으려던 참입니다.

④ 안성맞춤인 때 : 기본형에 접속한다.

- ちょうどいいところに来ました。 딱 좋은 타이밍에 왔습니다.
- 今が一番いいところです。 지금이 가장 좋은 때입니다.

⑤ 결과 : ~했더니. 과거형에 접속한다.

- 熱心に勉強したところ、成績が上がりました。 열심히 공부했더니, 성적이 올랐습니다.
- 朝寝坊したところ、学校に遅刻しました。 늦잠을 잤더니, 학교에 지각했습니다.

⑥ 동작의 완료 : 막 ~했다. 과거형에 접속한다.

- たった今、帰ってきたところです。 지금 막 돌아왔습니다.
- 飛行機が着いたところです。 비행기가 막 도착했습니다.

> **Tip**
>
> 「~ところ」는 앞에 오는 동사의 활용형에 따라 시제가 달라진다. 현재형이 오면 아직 동작이 시작되기 전인 상태, 진행형이 오면 동작이 진행 중임을, 과거형이 오면 완료된 상태나 결과를 나타낸다.

8 ほう ~쪽, ~편

- 英語より日本語の方が易しいです。 영어보다 일본어 쪽이 쉽습니다.
- 今日は休んだ方がいいです。 오늘은 쉬는 편이 좋습니다.
- このアパートはきれいなほうです。 이 아파트는 깨끗한 편입니다.

9 はず (당연히) ~할 것, ~할 리

- 電車に乗ると間に合うはずです。 전철을 타면 시간이 맞을 것입니다.
- 彼女は私のことを知らないはずです。 그녀는 나를 모를 것입니다.
- 彼は日本語が知らないはずがないです。 그는 일본어를 모를 리가 없습니다.

> **Tip**
> 「はず」는 객관적인 사실을 바탕으로 어떠한 일이 당연히 그렇게 되어야 한다는 추측이나 예정을 나타낸다. 「~はずがない(~일 리가 없다)」가 되면 '그럴 가능성이 없다'는 강한 부정의 의미를 갖는다.

10 まま ~인 채, ~대로

① 명사 + の · 연체사 · 동사의 연체형 + まま : ~인 채, ~하는 대로

- 昔のままです。 옛날 그대로입니다.
- そのまま動かないでください。 그대로 움직이지 마세요.
- 足の向くままに一人で道を歩きまわりました。 발 닿는 대로 혼자서 길을 걸어다녔습니다.
- 目に見えるまま絵を描いてください。 눈에 보이는 대로 그림을 그리세요.

② 동사의 과거형 + まま : ~(한) 채

- テレビをつけたままで寝ないでください。 TV를 켠 채로 자지 마세요.
- 靴下を履いたままで寝ました。 양말을 신은 채로 잤습니다.

11 もの ~법, ~것

① 일반적으로 당연히 그렇게 됨을 나타낸다.

- 若いうちに勉強をするものです。 젊을 때에 공부를 해야 하는 법(것)입니다.

- 他人の話もちゃんと聞いてみるものです。 남의 말도 잘 들어봐야 하는 것입니다.

② 회상・감동・희망 등을 나타낸다.

- 昔あの教室で友達とよく遊んだものだ。 옛날에 저 교실에서 친구와 잘 놀곤 했었지.
- 結婚写真を一日も早く見たいものだ。 결혼사진을 하루빨리 보고 싶은 걸.

③ 부정이나 의문 표현과 접속하여 강조를 나타낸다.

- 君なんかに負けるものか。 너 따위에게 질까보냐.
- あんな怠け者が合格できるものか。 저런 게으른 녀석이 합격할까 보냐.

12 わけ 사정, 이유, 까닭

① 사정, 이유, 까닭

- 離婚したのにはわけがあります。 이혼한 데에는 사정이 있습니다.
- 訳の分からないことです。 까닭 모를 일입니다.
- どういうわけで会社を辞めましたか。 어떤 이유로 회사를 그만두었습니까?

② 동사의 기본형 + わけだ : ~할 만 하다, ~인 것이다

- 日本語なら自信があるというわけです。 일본어라면 자신이 있다는 것입니다.
- 風邪に引かれて食欲がないわけです。 감기에 걸려서 식욕이 없습니다.
- 喜ぶわけです。宝くじに当たりましたから。 기뻐할 만합니다. 복권에 당첨되었으니까요.

③ 동사의 기본형 + わけにはいかない [わけではない] : ~라는 것은 아니다, ~할 수는 없다 〈강조〉

- 何にもしないで見ているわけにはいかないです。
  아무것도 하지 않고 보고 있을 수는 없습니다.
- 完璧だというわけではないですが、日本語ができます。
  완벽하다고는 할 수 없지만, 일본어를 할 줄 압니다.

④ 동사의 기본형 + わけがない : ~일 리가 없다

- そんな本_{ほん}がベストセラーになるわけがない。 그런 책이 베스트셀러가 될 리가 없다.

 접두어와 접미어

접두어와 접미어는 단어의 앞 또는 뒤에 붙어서 그 뜻을 보충해 주는 역할을 한다.

1 접두어(接頭語)

단어의 앞에 와서 단어의 뜻을 보충해 준다.

① 真 :「ま, まっ, まん」으로 읽으며, '올바름, 정확함, 진실함'을 전달한다.

| 真っ最中(まっさいちゅう) 한창 ~할 때 | 真夜中(まよなか) 한밤중 | 真夏(まなつ) 한여름 |
| 真ん中(まんなか) 한가운데 | 真っ白(まっしろ) 새하얀 | 真っ青(まっさお) 새파란 |

- 真夜中(まよなか)に公園(こうえん)で運動(うんどう)をしています。 한밤중에 공원에서 운동을 하고 있습니다.
- 驚(おどろ)いて顔色(かおいろ)が真っ青(まっさお)になりました。 놀라서 얼굴색이 새파랗게 되었습니다.

② 素 :「す, すっ」로 읽으며, '꾸미지 않음, 있는 그대로, 맨~'라는 의미로 쓰인다.

| 素足(すあし) 맨발 | 素顔(すがお) 맨얼굴 | 素直(すなお) 순수함, 솔직함 |
| 素肌(すはだ) 맨살 | 素彫(すぼり) 대충 조각함 | 素話(すばなし) 음식 없이 그냥 말만함 |

- 彼の性格は素直です。 그의 성격은 순수합니다.
- 化粧をしている顔よりしていない素顔がきれいです。
  화장을 한 얼굴보다 하지 않은 맨얼굴이 예쁩니다.

2 접미어(接尾語)

단어의 끝에 와서 단어의 뜻을 보충해 준다.

① ~当たり : ~당

- 一人当たり1万円です。 한 사람당 1만 엔입니다.

② ~あまり : ~여

숫자적으로 어떤 한도를 나타내며, 수량사와 결합하여 그보다 좀 더 많음의 의미로 쓰인다.

- 3年あまり日本の東京で住んだことがある。 3년 여간 일본의 도쿄에서 살아본 적이 있다.

③ ~得る : ~(할 수) 있다

「~得る」는 어떤 일에 대한 가능성을 나타낼 때 쓰며, 동사의 ます형에 접속한다. '~할 수 없다'고 할 때는 「~得ない」가 된다.

- あれは十分あり得る話です。 그것은 충분히 있을 수 있는 이야기입니다.
- 彼は信じうる人です。 그는 믿을 수 있는 사람입니다.
- そんなことはあり得ない。 그런 일은 있을 수 없다.

④ ~かける・~かけの : ~을 하려다 말다・~하다 만

- 私は本を読みかけて、そのまま寝込んでしまった。
  나는 책을 읽다 말고 그대로 잠들어 버렸다.
- 食べかけのりんごを冷蔵庫に入れて出かけた。 먹다 만 사과를 냉장고에 넣고 외출했다.

> **Tip**
>
> 동작을 하는 중이거나 행위 직전의 상태를 나타낼 때도 쓰며, 동사의 ます형에 접속한다.
>
> - 今、会議を始めかけるところです。 지금 회의를 막 시작하려고 했습니다.

⑤ ~がたい : ~하기 어렵다(힘들다)

'어떤 일을 하기 어렵다'는 의미로, 주로 정신적으로 힘든 상태를 나타낼 때 쓰며 동사의 ます형에 접속한다.

- 内容が複雑で説明しがたいところが多いです。
  내용이 복잡해서 설명하기 어려운 곳이 많습니다.

- これは信じがたい話です。 이것은 믿기 힘든 이야기입니다.

> **Tip**
>
> 「~がたい・~にくい・~かねる・~づらい」는 모두 '~하기 힘들다(어렵다)'는 뜻의 접미어로, 동사의 ます형 다음에 온다. 그럼, 이들의 차이점은 무엇일까?
>
> 「~がたい」는 주로 심리적으로 힘든 경우에 쓰며, 심리 상태를 나타내는 동사 「思う, 考える, 信じる, 耐える」 등의 다음에 온다.
>
> 「~かねる」도 심리적으로 '~할 수 없다'는 뜻으로, 이 두 접미어는 '~하려고 해도 ~할 수 없다'는 불가능의 뉘앙스가 있다.
>
> 하지만 「~にくい」는 객관적인 상태가 원인이며, '~하기 어렵지만 하려고 하면 할 수 있다'는 뉘앙스가 내포되어 있다.
>
> 「~づらい」도 어느 정도는 가능한 상태를 나타내며, 주로 육체적 정신적으로 힘든 경우에 쓴다.
>
> - それは納得しかねる話です。 그것은 납득하기 어려운 이야기입니다.
> - その本は字が小さくて読みにくいです。 그 책은 글자가 작아서 읽기 힘듭니다.
> - 眼鏡がないので読みづらいです。 안경이 없어서 읽기 힘듭니다.

⑥ ~かたがた : ~겸해서

같은 시간대에 '~하는 김에 ~하다'라는 의미로, 편지나 공식석상 등 주로 격식을 차려야 하는 상황에서 쓰인다.

- 遊びかたがた友達の家に行く。 놀 겸해서 친구 집에 간다.

⑦ ～がてら : ～겸해서, ～하는 김에

동사의 ます형 또는 する동사의 명사형에 접속한다. 「～かたがた」와 같은 의미지만 주로 일상적인 회화에서 쓴다.

- 買い物がてら米も買って行こう。 쇼핑하는 김에 쌀도 사 가자.

⑧ ～がち : ～하기 쉬운, ～하는 경향이 많은

어떤 일이나 동작 행위 등에 바람직하지 않은 경향이 있다고 할 때 쓰며, 명사나 동사의 ます형에 접속한다. 주로 「遠慮がち(사양하는, 꺼리는)」, 「病気がち(병치레가 잦은)」, 「～になりがち(～이 되기 쉬운)」의 형태로 쓴다.

- 今日は一日中曇りがちの天気が続きます。 오늘은 하루 종일 구름이 많은 날씨가 이어집니다.
- 年を取ると物事を忘れがちだ。 나이를 먹으면 매사를 잘 잊는다.

⑨ ～兼ねない : ～하기 쉽다, ～할지도 모른다

'어떤 일이 그렇게 될지도 모르거나 되기 쉽다'는 의미로 쓰며, 동사의 ます형에 접속한다.

- 昨年の営業実績が昇進を左右しかねない。 작년 영업 실적이 승진을 좌우할지도 모른다.

⑩ ～兼ねる : ～하기 어렵다

동사의 ます형 접속하며, 「～兼ねる」는 「～兼ねない」와 반대의 의미로 쓰인다.

- 毎度お世話になりまして、今回はお願いしかねる。
  매번 신세를 져서 이번에는 부탁하기 어렵다.

⑪ ～気味だ : ～하는 기색이다, ～하는 느낌이 들다

어떤 일이나 상태의 조짐, 동향을 나타내는 표현으로, 동사의 ます형과 명사에 접속하여 사용한다.

- 第三次オイルショックで物価が上がり気味だ。 제3차 오일쇼크로 물가가 오를 기미다.

⑫ ~げ : ~같은

겉에서 보았을 때, '다소 ~할 것 같다'는 의미로, 「大人げ(어른스런)」, 「意味ありげ(의미 있는 듯)」처럼 명사나 동사에도 접속하지만, 주로 형용사의 어간에 붙어 사람의 기분을 나타낸다.

- 彼女は大学を卒業してから2年も就職ができなかったので生活が苦しげだ。 그녀는 대학을 졸업하고 나서 2년이나 취직을 못해서 생활이 힘든 것 같다.

⑬ ~ごと : ~마다, ~째

정기적으로 행해지는 횟수를 표현할 때 쓰며, 명사와 연결하여 사용한다.

- この行事は月毎に行われています。 이 행사는 달마다 행해지고 있습니다.

⑭ ~ごろ : ~쯤, ~경

시간적으로 적당한 시기를 표현할 때 쓴다.

- 今が葡萄の食べごろです。 지금이 포도 먹을 철입니다.
- 近ごろ物価が高くなりました。 최근에 물가가 비싸졌습니다.

⑮ ~次第 : ~하는 즉시, ~하는 대로

어떤 일이 일어나면, 바로 그 다음 일을 하겠다는 의지를 나타낼 때 쓰는 표현으로, 동사의 ます형에 접속한다.

- 授業が終わり次第、水泳に行きます。 수업이 끝나는 대로 수영하러 갑니다.
- 空港に着き次第に、電話してください。 공항에 도착하는 대로 전화주세요.

⑯ ~ずくめ : 온통 그것뿐임, ~일색

'온통 ~일색이다'라는 의미로 좋은 일, 좋지 않은 일 모두에 쓴다.

- 今年は楽しいことずくめの一年だった。 올해는 즐거운 일뿐이었던 한 해였다.

⑰ ~たて : 막 ~함

어떤 것이 만들어진지 얼마 되지 않아 새롭고 신선하다는 것을 강조하며, 동사의 ます형에 연결한다.

- ペンキ塗り立てをご注意ください。 페인트를 막 칠했으니까, 주의하세요.

⑱ ~だらけ : ~투성이

명사에 접속하여, 주로 좋지 않은 것이 붙어있다는 뜻으로 쓴다. 「ほこりだらけ(먼지투성이)」, 「血だらけ(피투성이)」, 「傷だらけ(상처투성이)」와 같이 사용한다.

- 彼女は失恋されて心の傷だらけだ。 그녀는 실연당해서 마음이 상처투성이이다.
- 彼は心の傷だらけの人生だ。 그는 마음의 상처투성이인 인생이다.

⑲ ~っこない : ~할 리가 없다, 절대로 ~가 아니다

실현 가능성이 없거나 능력이 없음을 화자의 주관적 관점에서 나타낼 때 쓰며, 동사의 ます형에 접속한다.

- 君の実力では公務員試験に合格できっこない。
  너의 실력으로는 공무원 시험에 합격할 리가 없다.
- こんなに難しい問題をあの子が分かりっこない。
  이렇게 어려운 문제를 그 아이가 알 리가 없다.

⑳ ~っぱなし : ~한 채

상태를 나타내며, 동사의 ます형 접속한다.

- 家内はガスをつけっぱなしにして買い物に行った。
  아내는 가스를 켜둔 채로 장을 보러 갔다.

㉑ ~っぽい : ~답다, ~스럽다

동사의 ます형이나 명사에 접속하며, い형용사처럼 활용한다. 「色っぽい(요염하다, 야하다)」, 「白っぽい(희읍스름하다)」, 「黒っぽい(거무스름하다)」처럼 사물의 성질을 나타낸다.

- 彼は男っぽくて女性たちに人気者だ。 그는 남자다워서 여성들에게 인기가 있다.

㉒ ~通り・~通り : ~대로

기준으로 했던 것과 비교해서 '~같다, ~대로임'을 나타내며, 동사의 기본형이

나 명사에 접속한다. 동사와 접속할 때는「とおり」, 명사에 접속할 때는 주로「どおり」의 형태가 된다.

- 子供は思った通りにならない。 아이는 생각한 대로 되지 않는다.
- 命令通りに従ってください。 명령대로 따르세요.
- 予想どおり、あのチームが優勝しました。 예상대로 그 팀이 우승했습니다.

㉓ ~抜き : ~빼고, ~제외하고

어떤 일을 제외하거나 뺀다는 의미를 표현할 때 독립적으로 사용한다.

- 砂糖ぬきでお願いします。 설탕을 빼고 부탁드립니다.

㉔ ~ぬく : 완전히 ~하다, 끝까지 ~해내다

'어떤 일을 마지막까지 다 하다'라는 표현으로, 동사의 ます형에 접속한다.

- 長編小説を一日で読み抜いた。 장편소설을 하루에 독파했다.

㉕ ~ぶり : ~(시간) 만에

시간을 나타내는 말 뒤에 와서 시간의 경과를 나타내며,「10年ぶり(10년 만)」,「ひさしぶり(오랜만)」처럼 '~만에'라는 의미로 많이 쓰인다. 또,「話しっぷり(말투)」,「男ぶり(남자다운 행동)」처럼 동사의 ます형이나 명사 뒤에 오면 양태나 상태를 나타낸다.

- お久しぶりです。 오랜만입니다.
- 彼とは3年ぶりに会いました。 그와는 3년 만에 만났습니다.
- 客に対する応対ぶりがいい。 고객에 대한 응대 품이 좋다.

㉖ ~まみれ : ~투성이

액체나 부스러기 따위가 몸에 묻어 더러운 모양을 나타낸다.

- 顔に傷まみれで笑っている。 상처투성이 얼굴로 웃고 있다.

10_기타 문법 따라잡기 251

㉗ ~向(む)け：~대상, ~용

대상이나 행선지 등을 나타낼 때 쓴다.
- 子供(こども)向(む)けの特別商品(とくべつしょうひん)として開発(かいはつ)されました。 어린이용 특별상품으로 개발되었습니다.

㉘ ~目(め)：~째, ~듯함

앞에 수를 나타내는 말이 오면 순서를 나타내어 '~째'의 의미로 쓰인다. 또한 형용사의 어간에 붙으면 「細(ほそ)め(가는 듯함)」, 「長(なが)め(긴 듯함)」처럼 사물의 성질이나 경향을 나타낸다.
- 二(ふた)つ目(め)の信号(しんごう)で右(みぎ)に回(まわ)ってください。 두 번째 신호에서 오른쪽으로 돌아가세요.
- やや薄(うす)めの味(あじ)。 조금 담백한 듯한 맛.

㉙ ~めく：~인 듯하다, ~다워지다

명사나 부사, い형용사와 な형용사의 어간에 붙어 5단 동사를 만든다.
- 彼女(かのじょ)が着(き)ている服(ふく)は田舎(いなか)めく。 그녀가 입고 있는 옷은 촌스럽다.
- だんだん春(はる)めいてきました。 점점 봄다워졌습니다.

㉚ ~や：~가게, 직업을 가진 사람

흔히, 명사에 붙어 그 직업을 가진 사람이나 가게를 나타낸다.

居酒屋(いざかや) 선술집	薬屋(くすりや) 약방	酒屋(さかや) 술을 파는 가게
煙草屋(たばこや) 담배가게	床屋(とこや) 이발소	本屋(ほんや) 책방
パン屋(や) 빵집	眼鏡屋(めがねや) 안경점	八百屋(やおや) 채소가게

- 果物屋(くだものや)はあそこです。 과일가게는 저쪽입니다.
- 会社(かいしゃ)の正面(しょうめん)に八百屋(やおや)がオープンした。 회사 정면에 채소가게가 오픈했다.

Jump Up

⭐ ころ과 ごろ

「ころ」와 「ごろ」는 대략적인 때나 시간을 나타낼 때 쓴다. 「ころ」는 명사로, '때, 시절, 무렵' 등의 의미로 쓰이고, 「ごろ」는 접미어로 '쯤, 경, 무렵' 등의 의미로 쓰인다.

① ころ

- その<u>ころ</u>は景気が良かったです。 그때는 경기가 좋았습니다.
- 子供の<u>ころ</u>は背が小さかったです。 어렸을 때는 키가 작았습니다.
- もう寝る<u>ころ</u>です。 벌써 잘 시간입니다.

② ごろ

- いつ<u>ごろ</u>結婚しますか。 언제쯤 결혼합니까?
- 去年の今<u>ごろ</u>です。 작년 이맘때입니다.
- この<u>ごろ</u>少し忙しいです。 요즘 조금 바쁩니다.

⭐ ずくめ와 だらけ, まみれ

이 세 접미어 모두 '~투성이'라는 뜻이며, 명사에 접속한다.
「ずくめ」는 추상적인 의미를 갖는 명사에 붙어 '온통 ~일색'의 뉘앙스로 쓰이고, 「だらけ」나 「まみれ」는 다소 좋지 않은 이미지를 가지고 있어, 무엇인가 덕지덕지 붙어 있어 지저분하다는 인상을 준다. 특히 「血まみれ(피투성이)」, 「泥まみれ(진흙투성이)」, 「ほこりまみれ(먼지투성이)」와 같이 「まみれ」 쪽이 더 청결하지 못한 인상을 준다.

- 昨日は悪いこと<u>ずくめ</u>の一日だった。 어제는 온통 좋지 않은 하루였다.
- 部屋はほこり<u>まみれ</u>だ。 방은 먼지투성이다.
- 顔は汗<u>だらけ</u>だった。 얼굴은 땀투성이었다.

이것만 알면 통한다
일본어 문법

Part 02

시험에 나오는 필수 문형

01_기초 문형

02_발전 문형

03_심화 문형

기초 문형

여기에서 다루는 문형들은 일본어능력시험 N3~N5 정도 수준이라면 꼭 알아야 할 내용으로, 기초적이고 보편적인 사항들로 선별하였다.

001 お~ください ~해 주세요

일반적인 의뢰 표현인「~てください」보다 정중한 표현이다. 동사의 ます형에 접속한다.

- どうぞ、お掛けください。 앉으십시오.
- お話しください。 말씀하십시오.

002 ~がする ~이 나다, ~(느낌)이 들다

감각을 나타낼 때 쓰는 표현으로, 조사「が」앞에는 느낌이나 감각을 나타내는 명사가 온다.

- 彼女は真面目そうな感じがします。
  그녀는 착실할 것 같은 느낌이 듭니다.
- 日本語の先生はおもしろそうな気がします。
  일본어 선생님은 재미있을 것 같은 기분이 듭니다.

003 ~かどうか ~인지 어떤지, ~인지 아닌지

동사·い형용사의 기본형, な형용사의 어간, 명사 다음에 온다. 어떤 일에 대해 결정을 내리지 못하는 불확실한 판단을 나타낼 때 쓴다.

- 週末に旅行を行くかどうか迷っています。
  주말에 여행을 갈지 말지 망설이고 있습니다.
- プレゼントを買うかどうか決めていません。
  선물을 살지 말지 정하지 않았습니다.

- あの人が犯人かどうか、私にはわかりません。
  그 사람이 범인인지 아닌지 저로서는 알 수 없습니다.
- このまま大丈夫かどうかわかりません。 이대로 괜찮을지 어떨지 모르겠습니다.

004 ～かもしれない ～일지(도) 모른다, ～일 수도 있다

확실하지 않으나 가능성이 보이는 추측의 의미로 쓰며, 동사, 형용사의 기본형과 명사에 접속한다.

- 今日は雪が降るかもしれません。 오늘은 눈이 올지 모릅니다.
- 彼はもう出発したかもしれません。 그는 이미 출발했을지도 모릅니다.
- これは夢かもしれません。 이것은 꿈일지도 모릅니다.
- 鈴木さんは忙しいかもしれません。 스즈키 씨는 바쁠지도 모릅니다.

005 ～(さ)せてください ～하게 해 주세요, ～하겠습니다

사역형과 의뢰 표현이 결합된 말로, 다른 사람에게 자신의 행위에 대해 허락을 요청하는 표현이다. 동사의 사역형에 접속한다.

- 私に言わせてください。 제게 말하게 해 주세요(제가 말하겠습니다).
- お先に帰らせてください。 먼저 돌아가게 해 주세요(먼저 돌아가겠습니다).

006 ～すぎる 지나치게 ～하다

사물이나 물건의 양 또는 동작 행위의 과함을 나타낼 때 쓰며, 「동사의 ます형・형용사의 어간 + すぎる」의 형태로 쓴다.

- 昨日、飲み過ぎで、頭が痛いです。 어제 (술을) 너무 마셔서 머리가 아픕니다.
- 入社面接で緊張し過ぎました。 입사 면접에서 너무 긴장했습니다.
- それは酷すぎます。 그것은 너무 심합니다.

007 ～だす (갑자기) ~하기 시작하다

예상하지 못한 돌발 사태의 시작을 나타낸다. 갑자기 일어난 상황이기 때문에 예상하지 못한 자연 현상이나 감정을 나타내는 말이 앞에 오며, 동사의 ます형에 접속한다.

- 赤ちゃんが泣き出しました。 아기가 울기 시작했습니다.
- 急に雨が降り出しました。 갑자기 비가 오기 시작했습니다.

008 ～つづける 계속해서 ~하다

어떤 동작이 계속됨을 나타내며, 동사의 ます형에 접속한다.

- これからも英語の勉強はやり続けます。 앞으로도 영어 공부는 계속하겠습니다.
- 彼女は休まず話し続けていた。 그녀는 쉬지 않고 계속 이야기했다.

009 ～てはいけない ~해서는 안 된다

강한 금지를 나타내는 표현으로, 동사의 て형에 접속한다. 비슷한 표현인「～ては駄目です」쪽이 더 부드러운 금지 표현이다.

- 嘘をついてはいけないです。 거짓말을 해서는 안 됩니다.
- ここに車を停めてはいけません。 여기에 자동차를 세워서는 안 됩니다.

010 ～と言う ~라고 하다

문장 말미에 붙여 다른 사람의 말이나 전달 매체의 내용을 인용할 때 쓴다.

- 彼女は就職のために、日本語を勉強したという。
  그녀는 취직을 위해서 일본어를 공부했다고 한다.
- この町には昔から日本人が住んでいたという。
  이 마을에는 옛날부터 일본인이 살고 있었다고 한다.

011 ～ところだ / ～ているところだ / ～たところだ
～할 참이다/ ～하고 있는 참이다 / 막 ～한 참이다

시제를 나타내는 표현으로, 「～ところだ」는 어떤 행동을 이제 막 하려고 할 때, 「～ているところだ」는 진행형이 앞에 오므로 동작을 하고 있는 상태, 「～たところだ」는 동작이 막 완료된 상태를 나타낸다.

- 今、買い物に行くところです。 지금 쇼핑을 갈 참입니다.
- 今、朝ご飯を食べているところです。 지금 아침밥을 먹고 있는 중입니다.
- たった今、帰ってきたところです。 지금 막 돌아왔습니다.

012 ～と～とどちらが～ ～과 ～과 어느 쪽이～

두 가지 중 한 가지를 선택할 때 쓰는 표현이다. 이에 대한 대답은 「～のほうが～(～쪽이 ～)」이다.

- 日本語と中国語とどちらが易しいですか。
  일본어와 중국어 중 어느 쪽이 쉽습니까?
- りんごとみかんとどちらが好きですか。
  사과와 귤 중 어느 쪽을 좋아합니까?

013 ～にする ～으로 하다

확실한 의지를 가지고 결정을 내릴 때 쓴다.

- その件は明日にします。 그 건은 내일로 하겠습니다.
- それよりはこれにします。 그것보다는 이것으로 하겠습니다.

014 ～はじめる ～하기 시작하다

시작과 끝이 있는 일 또는 행동에서 시작을 나타내며, 동사의 ます형에 접속한다.

- 彼はお酒を飲み始めると何杯でも飲めます。
  그는 술을 마시기 시작하면 몇 잔이라도 마실 수 있습니다.

- 今日から小説を読み始めました。 오늘부터 소설을 읽기 시작했습니다.

015 ～ほど～ない ～만큼 ～않다

'~만큼 ~하지 않다'란 뜻으로, 비교를 나타내는 표현이다.

- 妹は、私ほど走るのが速くない。 여동생은 나만큼 달리기가 빠르지 않다.
- 中国語は英語ほど難しくないです。 중국어는 영어만큼 어렵지 않습니다.

016 ～より～のほうが ～보다 ～쪽이

두 가지를 어떤 기준에 의해 비교하는 표현이다.

- 日本語より英語の方がずっと難しいです。

  일본어보다 영어가 훨씬 어렵습니다.

- 野球よりサッカーの方が好きです。

  야구보다 축구를 좋아합니다.

발전 문형

여기에서는 일본어능력시험의 N2 정도 수준의 내용 중에서 출제 빈도수가 높은 문형들을 선별하여 제시한다.

001 ~以上(は) ~이상(은)

뒤에는 주로 말하는 사람의 의지를 나타내거나 금지하는 표현이 오며, 명사 수식형에 접속한다.

- 多数決で決まった以上は文句を言わないでください。
  다수결로 정해진 이상은 불평하지 마세요.
- これ以上の情報は提供できせません。 이 이상의 정보는 제공할 수 없습니다.

002 ~一方だ ~하기만 하다

어떤 일이 어느 한 쪽으로만 기울어지는 경향을 나타낼 때 쓴다. 동사의 기본형에 접속한다.

- 毎年、貿易の赤字が増える一方です。
  매년 무역 적자가 늘어나기만 하고 있습니다.
- 娘の成績が下がる一方です。 딸의 성적이 내려가기만 합니다.

003 ~一方で ~반면에, ~한편으로

두 가지의 대비되는 상황을 제시하는 표현으로, 명사 수식형에 접속한다.

- お金をたくさん使う一方で、たくさん稼いでいる。
  돈을 많이 쓰는 한편으로 많이 벌고 있다.
- 値段は高い一方で、製品の質はいいです。
  가격은 비싼 반면에 제품의 질은 좋습니다.

004 ～うえで ～한 뒤에

'~한 뒤에 그 결과에 따라 다음 행동을 취하다'와 같은 표현으로, 동사의 た형, する동사의 명사형 + の 다음에 접속한다.

- 先に練習をした上で詳しく説明をします。 먼저 연습을 한 뒤에 상세하게 설명하겠습니다.
- 深く考えたうえで、結論を出します。 깊이 생각한 후에 결론을 내겠습니다.

005 ～うえに ～인 데다가

앞과 뒤의 내용이 보충의 느낌으로 이어진다. 동사의 종지형에 접속하며, 뒤에 명령, 금지, 의뢰, 권유 표현은 올 수 없다.

- 彼女は英語ができる上に中国語もできる。
  그녀는 영어를 할 수 있는 데다가 중국어도 할 수 있다.
- 彼は勉強ができるうえに、スポーツにも才能があります。
  그는 공부를 잘하는 데다가 스포츠에도 재능이 있습니다.

006 ～うえは ～한 이상에는, ~이므로 당연히

어떠한 이유를 들어 말하는 사람의 판단이나 결의 등을 나타낸다. 명사 수식형에 접속한다.

- アメリカへの留学を行かないと決めた上は二度と言わないでほしい。
  미국으로의 유학을 가지 않겠다고 정한 이상에는 두 번 다시 말하지 않기를 바란다.
- みんなが確認をしたうえは、誰も文句は言えません。
  모두가 확인했으므로 누구도 불만은 말하지 못합니다.

007 ～うちに/～ないうちに ～(하는) 중에/~(하지 않는) 중에

「～うちに」는 '~하는 동안에 어떤 일을 하다'라는 뜻이며, 「～ないうちに」는 '~하지 않는 동안에' 또는 '~하기 전에 ~하다'라는 뜻으로 쓰인다. 「暗くならないうちに(어두워지기 전에)」, 「雨が降らないうちに(비가 내리기 전에)」와 같이 쓰며, 명사 수식형에 접속한다.

- 旅行をしているうちに、自然に日本語ができるようになった。
  여행을 하고 있는 중에 자연히 일본어를 할 수 있게 되었다.
- 暗くならないうちに帰りましょう。 어두워지기 전에 돌아갑시다.

008 ~(よ)うではないか ~하자구나, 함께 ~하자

상대방에게 자신과 어떤 행동을 함께 하기를 바라는 표현으로, 동사의 의지형에 접속한다.

- 一緒に飲もうではないか。 함께 마시자구나.
- みんなで行ってみようではないか。 모두 함께 가 보자.

009 ~じゃないか ~아닌가, ~않은가

「~(よ)うではないか」는 상대방에게 자신과 어떤 행동을 함께 하기를 바라는 표현이다. 반면,「~じゃないか」는 자신의 의견이나 생각을 상대에게 어필하여 긍정적인 답변을 희망할 때 쓴다.

- 彼女は美人じゃないか。 그녀는 미인이 아닌가?
- 約束を守ってくれないと困るじゃないか。 약속을 어기면 곤란하지 않은가.

010 ~おかげで ~덕분에

'~의 도움으로 좋은 결과가 나왔다'고 할 때 쓰며, 명사 수식형에 접속한다.

- お金をたくさん稼いでいるおかげで、貯金もたくさんできる。
  돈을 많이 벌고 있는 덕분에 저금도 많이 할 수 있다.
- 友達のおかげで、助かりました。 친구 덕분에 도움이 되었습니다.

011 ~おそれがある ~(할) 염려[우려]가 있다

어떤 일에 대한 염려나 걱정스러움을 나타낼 때 사용하며, 동사의 명사 수식형에 접속한다.

- 今年の上半期から景気が悪くなる恐れがある。
  올해 상반기부터 경기가 나빠질 우려가 있다.
- 世界的に景気が悪くなるおそれがあります。
  세계적으로 경기가 나빠질 우려가 있습니다.

012 ~かぎり(は) ~에 한해서(는)

명사 수식형에 접속하며, 한정이나 범위를 나타낸다.

- 私が会社にいる限りは人事問題はきちんとします。
  내가 회사에 있는 한은 인사 문제는 확실하게 하겠습니다.
- 知っているかぎりではそのような例はなかった。
  알고 있는 한에서는 그러한 예는 없었다.

013 ~かと思ったら・~かと思うと ~인가 했더니

예상 외의 상황이 발생했음을 나타내는 표현으로, 동사의 た형이나 기본형에 접속한다.

- 彼は大学を卒業したのかと思ったら、まだ在学しているようです。
  그는 대학을 졸업했는지 알았더니, 아직 재학 중인 것 같습니다.
- 値段が高いかと思うとそうでもなかったです。
  가격이 비싼가 했더니 그렇지도 않았습니다.

014 ~か~ないかのうちに 채 ~(하)기도 전에, ~하자마자

앞일이 일어난 직후, 곧이어 뒷일이 일어날 때 쓴다. 「동사의 기본형・た형＋か＋ない형＋かのうちに」와 같이 접속한다.

- 一日も経つか経たないかのうちにお金を全部使ってしまいました。
  하루도 채 지나기 전에 돈을 모두 써 버렸습니다.
- 息子は家に入るか入らないかのうちに、外に遊びに行っちゃった。
  아들은 집에 돌아오자마자 밖으로 놀러 가 버렸다.

015 ～かのようだ ~인 것 같다

실제로는 그렇지 않은데도 마치 그런 것처럼 행동하거나 느끼거나 하는 모습을 나타낸다.

- 何の問題もないかのような表情をしています。

  아무 문제도 없는 것 같은 표정을 짓고 있습니다.

- あの彫刻はまるで生きているかのようだ。

  저 조각은 마치 살아 있는 것 같다.

016 ～からいって・～からして・～からすると・～からすれば
~(으)로 보면[말하면], ~의 입장에서 판단하건대

판단의 근거를 나타내는 표현으로, 명사에 접속한다.

- 人生の経験から言って人脈が広い人は成功します。

  인생 경험으로 말하면, 인맥이 넓은 사람은 성공합니다.

- 彼の健康状態からして、これ以上は無理です。

  그의 건강 상태를 보아 이 이상은 무리입니다.

- 専門家の立場からするとまだ力不足です。

  전문가의 입장에서 보면 아직 역부족입니다.

- 社長という立場からすれば、そう考えるのは当然だ。

  사장이라는 입장에서 보면, 그렇게 생각하는 것은 당연하다.

017 ～からといって ~라고 해서, ~에서 당연히 생각되는 것과 달리

말하는 사람의 부정적인 생각이나 비난 등을 나타내며, 뒤에는 주로 「～とはいえない(~라고는 할 수 없다)」, 「～とはかぎらない(반드시 ~인 것은 아니다)」, 「～というわけではない(~라는 것은 아니다)」와 같은 부정 표현이 온다. 구어체는 「～からって」이다.

- 成績が悪いからといって恥ずかしく思わないでください。

  성적이 나쁘다고 해서 부끄럽게 생각하지 마세요.

- 金持ちだからといって、幸せとはかぎらない。
  부자라고해서 행복하다고는 할 수 없다.

018 ~からには ~인 이상에는, ~라면 당연히

말하는 사람의 판단이나 결의 등을 나타내며, 뒤에 의지, 추천, 금지 표현 등이 온다. 동사의 기본형이나 과거형에 접속한다.

- アメリカへの留学を決めたからにはしっかりと勉強した方がいいです。
  미국으로의 유학을 결정한 이상에는 제대로 공부하는 것이 좋습니다.
- どうせ始めたからには、結果を出したい。 어차피 시작한 바에는 결과를 내고 싶다.

019 ~から見れば・~から見ると・~から見て ~(으)로 보면

판단의 근거를 나타내며, 명사에 접속한다.

- 監督の目から見れば選手が何が欲しいかすぐ分かります。
  감독의 눈으로 보면 선수가 무엇을 원하는지 금방 알 수 있습니다.
- それは他人から見ると、非常に納得のいかない行為です。
  그것은 다른 사람이 보기에 상당히 이해가 가지 않는 행동입니다.
- 彼は顔から見て、韓国人らしい。 그 사람은 얼굴을 보니 한국인 같다.

020 ~かわりに ~대신에, ~하지 않고

동사의 기본형 또는 명사 + の의 형태로 접속한다.

- 就職する代わりに大学院に進学するつもりです。
  취직하는 대신 대학원에 진학할 생각입니다.
- 海外旅行に行くかわりに貯金することにした。 해외여행을 가는 대신 저금하기로 했다.

021 ~きれない 다 ~하지 못하다

동작 행위가 완벽하게 끝나지 못한 상태를 나타내는 표현으로, 동사의 ます형에 접속한다.

- おいしくてたくさん食べたいけど、あまりにも量が多くて食べきれない。
  맛있어서 많이 먹고 싶지만, 너무나도 양이 많아서 다 먹지 못한다.
- 彼には数えきれないほどの魅力がある。
  그에게는 헤아릴 수 없을 만큼의 매력이 있다.

022 ~ことか ~던가, ~던지

문장의 끝에 쓰여 감탄과 탄식의 감정을 나타내며, 「どんなに(얼마나)」, 「どれほど(얼마나, 어느 정도)」, 「なんと(얼마나, 참으로)」 등의 의문사와 호응을 하는 경우가 많다.

- 母に死なれてどんなにかなしんだことか。 어머니를 여의어 얼마나 슬퍼했던가.
- 大学に合格できてどんなに喜んだことか。 대학에 합격해서 얼마나 기뻐했던가.
- 彼に告白されてどれだけうれしいことか。 그에게 고백을 받고 얼마나 기뻤던가.

023 ~ことから ~가 원인으로, ~때문에

이유나 원인을 말할 때 쓰며, 명사 수식형에 접속한다.

- 嘘を付いたことから問題が大きくなりました。
  거짓말을 했기 때문에 문제가 커졌습니다.
- ここは外国人が多いことから外国語の看板が目立ちます。
  이곳은 외국인이 많아서 외국어 간판이 눈에 띕니다.

024 ~ことだ ~해야 한다

상대방에게 조언하거나 충고할 때 쓰는 표현으로, 동사의 기본형 또는 ない형에 접속한다.

- 金持ちになりたいなら、一生懸命に仕事をすることだ。
  부자가 되고 싶다면, 열심히 일을 해야 한다.
- 虫歯の予防には、よく歯を磨くことだ。 충치 예방을 위해서는 이를 잘 닦아야 한다.

025 ～ことだから ～이니까

어떤 확실한 근거가 있는 주관적인 이유를 나타내며, 뒤에 추측의 표현이 온다. 명사+の의 형태로 접속한다.

- 有能な君のことだから、きっといい仕事をするだろう。
  유능한 자네니까, 틀림없이 좋은 일을 할 거야.

- 彼のことだからきっと最後まで頑張り抜くと思います。
  그 사람이니까, 분명 마지막까지 분발할 거라고 생각합니다.

026 ～ことで ～로 인해, ～때문에

이유를 나타내는 표현이다.

- 最近、進学のことで悩んでいます。
  최근에 진학으로 고민하고 있습니다.

- 彼女は一流大学に進学したことで、自信満々になっている。
  그녀는 일류대학에 들어간 일로 자신만만해 하고 있다.

027 ～ことなく ～하는 일 없이, ～하지 않고

동사의 기본형에 접속한다.

- 悩むことなく順調に問題が解決されました。
  고민하는 일 없이 순조롭게 문제가 해결되었습니다.

- 田中さんは入社してから休むことなく通っています。
  다나카 씨는 입사하고 나서 쉬는 일 없이 다니고 있습니다.

028 ～ことに ～하게도

말하는 사람이 어떤 사실에 대해 느낀 바를 강조하는 표현으로, 「ことに」 앞에는 감정을 나타내는 형용사나 동사의 완료형이 온다. 「不思議なことに(이상하게도)」, 「驚いたことに(놀랍게도)」, 「うれしいことに(기쁘게도)」와 같은 표현들이 있다.

- 良かったことに、明日から連休に入ります。
  기분 좋게도 내일부터 연휴에 들어갑니다.

- 幸いなことに、すぐ退院できます。 다행스럽게도 곧 퇴원할 수 있습니다.

029 ~ことになっている ~하기로 되어 있다

어떤 일을 하기로 예정 또는 결정되어 있음을 나타내며, 명사 수식형에 접속한다.

- 明日から一時的に休業することになっています。
  내일부터 일시적으로 휴업하기로 되어 있습니다.

- 金曜日から出張することになっています。 금요일부터 출장 가기로 되어 있습니다.

030 ~ことはない ~할 것은 없다, ~할 필요는 없다

충고나 조언을 하는 표현으로, 동사의 기본형에 접속한다. 어떤 일을 하기로 예정 또는 결정되어 있음을 나타내며, 「~までもない(~까지도 없다)」, 「~には及ばない(~할 필요는 없다, ~에는 미치지 못하다)」와 같은 표현이 된다.

- すべてのことを保険会社の方で責任を取るので、心配することはないです。
  모든 것을 보험회사 쪽에서 책임을 지기 때문에 걱정할 것은 없습니다.

- まだ時間はあるから、焦ることはないです。
  아직 시간은 있으니까 초조해할 필요는 없습니다.

031 ~最中に ~(하는) 중에, 한창 ~하고 있을 때

어떤 행위가 고조된 순간을 나타내는 표현으로, 앞에 진행을 나타내는 형태가 오거나 명사+の의 형태로 접속한다.

- 運転をしている最中に電話がかかってきた。
  운전하고 있는 중에 전화가 걸려 왔다.

- 試合の最中に、急に雨が降り出した。 한창 시합 중에 갑자기 비가 내리기 시작했다.

032 ～さえ…ば ~만 …하면

어떤 일이 이루어지는데 필요한 조건을 가정하는 표현이다.

- 筆記試験に合格さえすれば面接試験は簡単だ。
  필기시험에 합격만 하면 면접시험은 간단하다.

- お金さえあれば何でもできる世の中だ。
  돈만 있으면 무엇이든 할 수 있는 세상이다.

033 ～ざるをえない ~할 수밖에 없다

어떤 일에 대한 상황이 급박하여 어쩔 수 없는 상황을 나타낸다. 동사의 ない형에 접속한다.

- 今回の決定はそうならざるをえない状況だ。
  이번 결정은 그렇게 될 수밖에 없는 상황이다.

- 彼女と別れざるを得ません。 그녀와 헤어질 수밖에 없습니다.

034 ～しかない・～(より)ほかない ~할 수밖에 없다, ~이외에는 방법이 없다

사회적·법률적·도덕적 제약 등으로 인해 할 수 없음을 나타내는 표현으로, 동사의 기본형에 접속한다.

- こうなった以上は最後の手を使うしかいない。
  이렇게 된 이상은 마지막 수단을 쓸 수밖에 없다.

- 今の状況としては解決されるまで待つよりほかない。
  지금의 상황으로서는 해결될 때까지 기다릴 수밖에 없다.

035 ～次第では ~에 따라서는

명사에 접속하며, 비슷한 표현에「～いかんでは・～いかんによっては(~여하에 따라서는)」가 있다.

- 当日の調子次第ではチャンピオンになれる。
  당일의 컨디션에 따라서는 챔피언이 될 수 있다.

- この試合の結果次第ではプレーオフ進出も危ういかもしれない。
  이 시합의 결과에 따라서는 플레이오프 진출도 위태로울지 모른다.

036 ～末に ～한 끝에

「동사의 た형 또는 する동사의 명사형 + の」의 형태에 접속한다. '～한 결과 ～했다'는 뜻으로, 앞에는 여러 문제가 있었음을 암시하는 내용이 오며, 뒤에는 그로 인한 결과가 온다.

- 悩みに悩んだ末に会社を辞めることにした。 고민 고민 끝에 회사를 그만두기로 했다.
- 達人は努力の末に生まれるものだ。 달인은 노력 끝에 탄생하는 것이다.
- いろいろ考えた末に彼と別れることにしました。
  여러 모로 생각한 끝에 그와 헤어지기로 했습니다.

037 ～ずにはいられない/～ないではいられない
(도저히) ～하지 않고는 있을 수 없다

「ず」는「ない」의 문어체 표현으로 동사의 ない형에 접속한다. 단,「する」에 접속할 때는「せずにはいられない」가 된다.

- 彼に本当のことを言わずにはいられない。 그에게 사실을 말하지 않을 수 없다.
- 彼に謝らないではいられない。 그에게 사과하지 않을 수 없다.

038 ～たあげく ～한 끝에

'여러 가지로 ～한 끝에, 결국 ～하게 되었다'고 말할 때 쓰며, 동사의 た형에 접속한다. 뒤에는 주로 유감스러운 결과를 나타내는 내용이 온다.

- 最後まで粘ったあげく、勝ち取ることができた。
  마지막까지 끈질기게 버틴 끝에 승리할 수 있었다.
- 山本はさんざん悩んだあげく、会社を辞めた。
  야마모토는 무척 고민한 끝에 회사를 그만두었다.

039 ~たいものだ ~하고 싶다

이루어지기 어려운 희망을 강하게 말할 때 쓰는 표현으로, 동사의 ます형에 접속한다.

- 早く家へ帰りたいものだ。 빨리 집으로 돌아가고 싶다.
- いつか富士山に登ってみたいものだ。 언젠가 후지산에 올라보고 싶다.

040 ~たきり ~한 채

「~きり(だ)」 다음에는 당연히 일어날 것으로 예상했던 결과와는 반대의 상황이 온다. 동사의 た형에 접속한다.

- 二人はホテルに入ったきり、まだ外へ出て来ない。
  두 사람은 호텔에 들어간 채, 아직 밖으로 나오지 않는다.
- 弟は昨日、出かけたきり、まだ帰って来なかった。
  남동생은 어제 나간 채, 아직 돌아오지 않았다.

041 ~だけに ~인 만큼, ~이므로 더욱더

'~에 어울리는 가치가 있다'는 감탄의 의미와 '~이기 때문에 더욱'이라는 이유를 강조하는 뜻이 있다. 명사 수식형에 접속한다.

- 彼は博士学位を取っただけに学識が幅広い。
  그는 박사학위를 취득한 만큼 학식이 폭넓다.
- 予想しなかっただけに喜びも大きい。 예상하지 못했던 만큼 기쁨도 크다.

042 ~たとたん ~한 순간, ~하자마자

두 가지 사건이 동시에 일어남을 나타내는 표현으로, 앞일이 끝나고 바로 뒷일이 생겼음을 말한다.

- ドアを閉めたとたん、指を挟まれた。 문을 닫은 순간 손가락을 끼었다.
- 家に帰ったとたん、ベッドに寝転んでしまった。
  집에 돌아오자마자 침대에 드러눕고 말았다.

043 ～たびに　～마다, ~할 때면 항상

- 彼女(かのじょ)は家(うち)に遊(あそ)びに来(く)る度(たび)に、花(はな)を買(か)ってくる。
  그녀는 집에 놀러올 때마다 꽃을 사온다.
- ここに来(く)るたびにあの人(ひと)のことを思(おも)い出(だ)す。
  이곳에 올 때마다 그 사람을 떠올린다.

044 ～ついでに　～(하는) 김에

어떤 기회에 예정에는 없었지만, 다른 일도 같이 한다는 의미로, 동사의 기본형・た형, する동사의 명사형＋の의 형태로 접속한다.

- 花(はな)を買(か)うついでに花瓶(はなびん)も買(か)った。 꽃을 사는 김에 꽃병도 샀다.
- 町(まち)に出(で)たついでに美容院(びよういん)でパーマをかけてきた。
  마을에 나간 김에 미용실에서 파마를 하고 왔다.

045 ～つつある　～하고 있다, ~중이다

어떤 일이 계속적으로 진행되고 있음을 나타낼 때 사용한다. 동사의 ます형에 접속.

- 熱心(ねっしん)に勉強(べんきょう)した結果(けっか)、著(いちじる)しく変(か)わりつつある。
  열심히 공부한 결과, 현저하게 계속 변하고 있다.
- 最近(さいきん)、経済(けいざい)が元気(げんき)を取(と)り戻(もど)しつつある。
  최근에 경제가 기운을 회복하고 있다.

046 ～つつ(も)　～면서(도)

동사의 ます형에 접속하며, 동작의 동시 진행 또는 앞뒤 문장을 역접으로 이어주는 역할을 한다.

- 会社(かいしゃ)で働(はたら)きつつも転職(てんしょく)を考(かん)えている。 회사에서 일하면서도 전직을 생각하고 있다.
- 天気(てんき)が悪(わる)いと知(し)りつつも、釣(つ)りに行(い)ってきました。
  날씨가 좋지 않다는 것을 알면서도 낚시를 하고 왔습니다.

047 〜て以来 〜한 이래

어떤 상황이 벌어진 후, 그 상황이 계속 이어지고 있음을 나타낸다.

- 大学を卒業して以来、同窓会に参加したことがない。
  대학을 졸업한 이래, 동창회에 참가한 적이 없다.
- 肺炎で入院して以来、風邪を引きやすくなった。
  폐렴으로 입원한 이래, 감기에 쉽게 걸리게 되었다.

048 〜てからでないと 〜한 후가 아니면

뒤에 불가능이나 곤란함을 나타내는 문장이 온다.

- 3年以上勤めてからでないと転職は不利だという。
  3년 이상 근무하고 나서가 아니면 전직은 불리하다고 한다.
- 確認してからでないと何とも言えません。
  확인하고 난 후가 아니면, 뭐라 말할 수 없습니다.

049 〜てしょうがない/〜てしかたがない 〜해서 어찌할 도리가 없다

사람의 기분에 대해서만 사용하며, 비슷한 표현에 「〜てたまらない・〜てならない」 등이 있다. 「〜てしょうがない」는 회화체 표현이다.

- 主人は頑固な性格で仕方がない。 남편은 완고한 성격이라 어찌할 도리가 없다.
- 家の子供はいたずら好きでしょうがない。
  우리 아이는 장난을 좋아해서 어쩔 수가 없다.

050 〜てたまらない/〜てならない 〜해서 견딜 수가 없다, 매우 〜하다

사람의 감정이나 욕구가 통제할 수 없을 만큼 심할 때 쓰며, 「〜てしかたがない」와 거의 구별 없이 쓴다.

- 連日の熱帯夜で眠れなくてたまらない。
  연일 열대야로 잠잘 수가 없어서 견딜 수가 없다.

- 席が狭くて窮屈でならない。 자리가 좁아 갑갑해서 못 견디겠다.

051 〜ということだ 〜라고 한다

전해들은 내용을 인용하는 표현으로, 전문의「〜そうだ」와 용법이 비슷하다.

- 手術が成功すれば世界の医学に貢献するということだ。

  수술이 성공하면, 세계 의학에 공헌한다고 하는 이야기이다.

- このレポートには技術上の問題についての解決策が載っているということだ。 이 보고서에는 기술상의 문제점에 대한 해결책이 실려 있다고 한다.

052 〜というものだ・〜というものではない
〜라고 하는 것이다・〜라는 것은 아니다

「〜ということだ(〜이라고 한다)」와는 달리「〜というものだ」는 강조의 의미로 쓰인다.

- 彼の人生では失敗がなかったというものだ。

  그의 인생에서는 실패가 없었다는 것이다.

- 彼の人生で失敗がなかったというものではない。

  그의 인생에서 실패가 없었다는 것은 아니다.

053 〜というより 〜라기보다

- 彼は社長というより一般社員のようだ。 그는 사장님이라기보다 일반 사원 같다.
- これは小説というより詩に近い。 이것은 소설이라기보다 시에 가깝다.

054 〜といえば/〜というと 〜라고 하면

어떤 것을 화제로 삼거나 거기서 연상되는 것을 설명하는 표현이다.

- ビールといえばキリンビールが一番おいしい。 맥주라고 하면 기린맥주가 제일 맛있다.
- 刑事というと、怖いイメージが強いです。 형사라고 하면 무서운 이미지가 강합니다.

055 ～といっても ～라고 해도

'～와 달리 사실은 ～하다'라고 할 때 쓴다. 뒤에는 주로 말하는 사람의 생각을 나타내는 문장이 온다.

- 簡単だといっても実際にやってみないと分からない。
  간단하다고 해도 실제로 해 보지 않으면 모른다.
- 庭があるといっても猫の額ほどです。
  정원이 있다고 해도 손바닥만 합니다.
  ➡ 「猫の額(고양이 이마)」는 토지나 장소가 매우 좁은 것을 비유한 표현이다.

056 ～としたら・～とすれば・～とすると ～라고 하면, ～라 가정하면

어떤 일을 가정할 때 쓴다.

- もし、みんな行くとしたらホテルの予約をしておきます。
  만약 모두 간다고 한다면, 호텔 예약을 해 두겠습니다.
- 君が僕の立場としたら、この場合どうする？ 네가 내 입장이라면, 이 경우에 어떻게 할래?

057 ～として ～(으)로서

'～의 자격으로 ～하다, ～의 입장에서 ～하다'라고 말할 때 쓴다.

- 国民の一人として一言言わせていただきます。 국민의 한 사람으로서 한마디 하겠습니다.
- 国会議員としてしっかりと仕事をします。 국회의원으로서 확실하게 일하겠습니다.

058 ～どころか ～은커녕

명사 및 명사 수식형에 접속하며, 앞의 내용을 부정하고 반대되는 뒤의 내용을 강조하는 표현이다.

- 勉強をしているどころか、寝ているばかりです。
  공부하고 있기는커녕, 잠만 자고 있습니다.
- ビールどころか飲む水もない。 맥주는커녕 마실 물도 없다.

059 〜どころではない ~할 때가 아니다, ~할 바가 못 된다

'~할 여유가 없다'와 같이 강하게 부정하는 표현으로, 명사 및 동사의 기본형 등에 접속한다.

- 今、遊んでいるどころではない。 지금 놀고 있을 때가 아니다.
- お金がなくて、買い物どころではない。 돈이 없으니 쇼핑할 때가 아니다.

060 〜ところを ~임에도 불구하고, ~와중에

감사나 후회의 감정이 담긴 표현으로, 명사 수식형에 접속한다. 「ご多忙のところを(바쁘신 중에)」, 「お疲れのところを(피곤하신 중에)」와 같은 표현이 있다.

- お忙しいところをありがとうございます。 바쁘신 와중에 감사합니다.
- 犯人は、店から出てきたところを、警官に捕らえられた。
  범인은 가게에서 나오는 와중에 경찰관에게 잡혔다.

061 〜とともに ~와 함께, ~와 동시에

한쪽이 변화함에 따라 다른 쪽도 변화함을 나타낸다. '동시에, 함께'라는 의미도 있다.

- 任期が終わるまで市民と共に頑張ります。
  임기가 끝날 때까지 시민과 함께 분발하겠습니다.
- 人口の増加とともに、住宅問題にも変化が必要です。
  인구 증가와 더불어, 주택문제에도 변화가 필요합니다.

062 〜とは限らない ~이라고는 단정할 수 없다, 반드시 ~인 것은 아니다

동사의 기본형, 형용사의 종지형에 접속. 비슷한 표현에 「〜とはいえない(~라고는 할 수 없다)」가 있다.

- 社長の意見が全て正しいとは限らないです。
  사장님 의견이 전부 옳다고는 단정할 수 없습니다.

- この法則は全ての場合に適用されるとは限りません。

  이 법칙은 모든 경우에 적용된다고는 할 수 없습니다.

063 ～ない限り ～하지 않는 한

앞 내용이 성립되지 않으면, 뒤의 내용도 올 수 없다는 뜻으로, 뒤에 부정이나 곤란함을 나타내는 문장이 온다.

- 病気にかからない限りは会社を辞めません。

  병에 걸리지 않는 한은 회사를 그만두지 않겠습니다.

- 仕事に精を出さないかぎり成功しないでしょう。

  일에 열정을 쏟지 않는 한 성공하지 못할 겁니다.

064 ～ないことには ～하지 않으면

'～하지 않으면' 뒤에 오는 내용도 실현될 수 없다는 말하는 사람의 걱정이나 우려를 나타내며, 뒤에 반드시 부정문이 온다.

- 体が健康でないことには何のこともできません。

  몸이 건강하지 않으면 아무런 일도 할 수 없습니다.

- 頑張らないことには今度の試験に合格できないよ。

  분발하지 않으면 이번 시험에 합격하지 못할 거야.

065 ～ないことはない ～하지 않은 것은 아니다

어떤 행동을 해도 되고 하지 않아도 된다는 중립적 표현으로, 각 품사의 부정형에 접속한다. 이보다 확실한 느낌의 표현에 「～ないこともない(～하지 않는 것도 아니다)」가 있다.

- 私の作った料理がおいしくないことはないです。

  내가 만든 요리가 맛이 없지는 않습니다.

- 修理をすれば使えないこともない。 수리를 하면 사용 못할 것도 없다.

066 ～にあたって ～에 있어서, ～에 즈음해서

어떠한 특별한 시기를 가리키는 표현으로, 다소 격식을 차린 표현이다.

- 新学期にあたって皆様にアドバイスをしてあげます。
  신학기에 즈음해서 여러분에게 어드바이스를 해드리겠습니다.
- 新年を迎えるにあたって、一年の計画を立てた。
  새해를 맞음에 즈음하여, 한해의 계획을 세웠다.

067 ～において ～에 있어서, ～에서

어떤 동작이 이루어지는 상황이나 범위를 말할 때 쓰며, 명사에 접속한다.

- 学問において彼は大変な業績がある。 학문에 있어서 그는 대단한 업적이 있다.
- 韓国においても十分あり得る話だと思います。
  한국에서도 충분히 있을 수 있는 이야기라고 생각합니다.

068 ～に応じて ～에 응해서, ～에 따라서

어떠한 사항에 대한 '적응·대응'의 의미가 강하며, 명사에 접속한다.

- 家族招待に応じて久しぶりに楽しく遊んだ。 가족 초대에 응해서 오랜만에 즐겁게 놀았다.
- 上司の命令に応じてその計画を中止した。 상사의 명령에 따라 그 계획을 중지했다.

069 ～に(も)かかわらず/～にかかわりなく
～에(도) 불구하고/～에 관계치 아니하고

먼저 할 일을 제쳐두고 다음 일을 한다는 것으로, 어떤 일에 대한 결과가 긍정이든 부정이든 현재보다 과한 상태를 말할 때 쓴다.

- お忙しい時期にも関わらず、おいでになってありがとうございます。
  바쁘신 시기임에도 불구하고 와 주셔서 감사합니다.
- 今日は休みにも関わらず仕事をしています。
  오늘은 휴무임에도 불구하고 일을 하고 있습니다.

070 ~に限って/~に限り ~에 한해서, ~의 경우에만

어떤 일에 대한 한정을 나타낼 때에 쓰며, 명사에 접속한다.

- 家にいない時に限って頻繁に電話がかかってきます。
  집에 없을 때만 빈번하게 전화가 걸려 옵니다.
- 今日は子供に限り無料で入場できます。 오늘은 어린이에 한해서 무료로 입장할 수 있습니다.

071 ~に限らず ~에 한하지 않고, ~뿐만 아니라

명사에 접속하며, 비슷한 표현에 「~だけではなく」, 「~のみならず」, 「~ばかりでなく」 등이 있다.

- 老人に限らず若い人も健康に関心が多いです。
  노인뿐만 아니라, 젊은 사람도 건강에 관심이 많습니다.
- 母親に限らず父親も育児をする時代になった。
  어머니뿐만 아니라, 아버지도 육아를 하는 시대가 되었다.

072 ~に限る ~에 한하다, ~이 제일이다

- 無料で入場できるのは一日に限ります。 무료로 입장할 수 있는 것은 하루에 한합니다.
- 疲れたときは、ゆっくり休むに限ります。 피곤할 때는 느긋하게 쉬는 게 제일입니다.

073 ~(から)~にかけて ~(에서)~에 걸쳐서, ~에서 ~까지

비슷한 표현인 「~から~まで」는 시작과 끝이 분명하며 그 사이에 같은 상태가 계속되는 것에 비해, 「~から~にかけて」는 시작과 끝이 불분명한 것으로 뒤에 연속적인 상황을 나타내는 문장이 온다.

- 3月から5月にかけて特別訓練を受けました。
  3월에서 5월에 걸쳐서 특별훈련을 받았습니다.
- 梅雨は6月から7月にかけて続きます。 장마는 6월에서 7월에 걸쳐 계속됩니다.

074 ～にかけては ～(분야에) 있어서는, ～에서는

한정된 범위를 말하며, 명사에 접속한다.

- 日本語の漢字にかけては彼を勝てる者はいない。
  일본어 한자에 있어서는 그를 이길 수 있는 자는 없다.

- ゲームにかけては誰にも負けない自信があります。
  게임에 있어서는 누구에게도 지지 않을 자신이 있습니다.

075 ～にかわって ～을 대신해서

- 社長に代って私が取引先のお客様を接待した。
  사장님을 대신해서 내가 거래처 고객을 접대했다.

- ここでは、人間にかわってロボットが作業をしている。
  여기서는 인간을 대신해 로봇이 작업을 하고 있습니다.

076 ～に関して ～에 관해서

- 接待に関して全然経験がなかったので少し緊張した。
  접대에 관해서 전혀 경험이 없어서 조금 긴장했다.

- 事件に関してご協力をいただき、ありがとうございます。
  사건에 관해 협력해 주셔서 감사드립니다.

077 ～に決まっている ～임에 틀림이 없다, 바로 ～이다, ～할 것이 뻔하다

어떤 일이나 생각이 자신이 예상한 대로임을 나타낼 때 쓴다. 명사, 동사, 형용사의 기본형에 접속한다.

- 今度はきっと優勝するに決まっている。 이번에는 분명히 우승할 것임에 틀림없다.

- インスタントばかり食べたら体に悪いに決まっている。
  인스턴트만 먹으면 몸에 좋지 않을 게 뻔하다.

078 ～に比(くら)べて ～에 비해서

서로 비슷하거나 관련된 것을 비교할 때 쓰며, 명사에 접속한다.

- 英語(えいご)に比(くら)べて中国語(ちゅうごくご)は発音(はつおん)が少(すこ)し難(むずか)しい。 영어에 비해서 중국어는 발음이 조금 어렵다.
- 昔(むかし)に比(くら)べて体力(たいりょく)が衰(おとろ)えた。 옛날에 비해 체력이 떨어졌다.

079 ～に応(こた)えて ～에 부응하여, ～에 답해

앞에는 주로 요청이나 기대를 나타내는 내용이 오며, '회답ㆍ호응ㆍ보답' 등의 의미로 쓰인다.

- ファンの皆様(みなさま)の期待(きたい)に応(こた)えてこれからも頑張(がんば)ります。
  팬 여러분의 기대에 부응하여 앞으로도 열심히 노력하겠습니다.
- 社員(しゃいん)たちの要求(ようきゅう)にこたえて労働時間(ろうどうじかん)を短縮(たんしゅく)した。
  사원들의 요구에 부응하여 노동 시간을 단축했다.

080 ～に際(さい)して ～에 즈음해서

'어떠한 특별한 일을 시작할 때'라는 의미로, 「～にあたって(～을 맞이하여, ～할 때)」와 비슷한 표현이다.

- オリンピック大会(たいかい)に際(さい)して市内(しない)の警備(けいび)が厳(きび)しくなっている。
  올림픽대회에 즈음해서 시내 경비가 삼엄해졌다.
- この施設(しせつ)の利用(りよう)に際(さい)しての注意点(ちゅういてん)を説明(せつめい)します。
  이 시설의 이용할 때의 주의점을 설명하겠습니다.

081 ～に先立(さきだ)って ～에 앞서

- 競技(きょうぎ)に先立(さきだ)って記念写真(きねんしゃしん)を撮(と)りました。
  경기에 앞서 기념사진을 찍었습니다.
- 映画(えいが)の一般公開(いっぱんこうかい)に先立(さきだ)って試写会(ししゃかい)が開(ひら)かれた。
  영화의 일반 개봉에 앞서 시사회가 열렸다.

082 ～にしたがって ～에 따라서

주로 원인 관계를 나타내며, 동사의 기본형이나 명사에 접속한다.

- 規則に従って正しい判定をします。 규칙에 따라서 올바른 판정을 하겠습니다.
- 指示にしたがってインストールしてください。 지시에 따라 인스톨을 해 주세요.

083 ～にしては ～치고는

'당연히 기대되는 모습과는 다르게 ～하다'라고 말할 때 쓴다. 다른 사람에 대해 평가하는 표현으로, 자기 자신에게는 잘 쓰지 않는다.

- 初級課程の実力にしては日本語が上手です。
  초급 과정의 실력치고는 일본어를 잘합니다.
- 冬にしては別に寒くないです。 겨울치고는 별로 춥지 않습니다.

084 ～にしても/～にしたって ～로서도/～라고 해도

- 親にしてもどうしようもない状況だ。 부모로서도 어찌할 도리가 없는 상황이다.
- 先輩にしたって彼らに何のことも言えない。
  선배라고 해도 그들에게 아무것도 말할 수 없다.

085 ～にしろ/～にせよ ～이든

두 가지 이상의 상황을 예시하는 표현으로, 뒤에 그 내용을 포함한 다른 것에도 그 내용이 적용됨을 나타내는 문장이 온다. 동사의 기본형 또는 명사에 접속한다.

- 留学をするにしろ、大学院に進学するにしろ、目的がはっきりしないと駄目だ。 유학을 하든지 대학원에 진학을 하든지 목적이 확실하지 않으면 안 된다.
- どういう結果になるにせよ、やるだけやってみるべきだ。
  어떠한 결과가 되든 할 만큼 해 보아야 한다.

086 ～にすぎない ～에 지나지 않는다, ～에 불과하다

어떤 일에 대해 그 정도가 낮음을 강조하는 표현으로, '단지 그 정도다, 그 이상은 아니다'라고 할 때 쓴다.

- まだ始まりに過ぎない。 아직 시작에 불과하다.
- あの話はただのうわさに過ぎません。 그 이야기는 단지 소문에 불과합니다.

087 ～に沿って ～을 따라서

어떠한 사물이나 지역, 장소 등을 따른다는 것으로, 앞에는 이와 관련된 명사가 온다.

- 大通りに沿って一人で歩いて来ました。 대로를 따라서 혼자서 걸어 왔습니다.
- この川に沿って少し歩くと、海に出ます。
  이 강을 따라서 조금만 걸으면 바다로 나갑니다.

088 ～に相違ない ～임에 틀림없다

100% 단정할 수는 없지만, 그것이 사실이라는 말하는 사람의 확신을 나타낼 때 쓴다. 유사 표현에 「～に決まっている」, 「～に違いない」가 있다.

- その携帯電話は私のに相違ない。 그 휴대전화는 내 것임에 틀림이 없다.
- 彼は有能だから、この選挙で当選するに相違ない。
  그는 유능하니, 이 선거에서 당선될 것이 분명하다.

089 ～に対して ～에 대해서

거론하는 대상을 직접적으로 나타내며, 상황에 대처하는 뉘앙스를 준다.

- 目上の人に対して礼儀正しく挨拶をする。
  손윗사람에게 예의바르게 인사를 한다.
- 警察は殺人事件に対しては今までより厳重に処罰すると発表した。
  경찰은 살인사건에 대해서는 지금보다 엄중하게 처벌한다고 발표했다.

090 ～に違いない ～임에 틀림이 없다, 틀림없이 ～라고 생각하다

확신을 나타내는 주관적인 표현으로, 동사의 기본형, 형용사의 종지형에 접속한다.

- みんなが案件に賛成するに違いない。 모두가 안건에 찬성할 것임에 틀림이 없다.
- 彼は東京大学に合格するに違いありません。
  그는 도쿄대학에 합격할 것임에 틀림이 없습니다.

091 ～について ～에 대해

어떤 주제나 내용을 말할 때에 쓰며, 명사에 접속한다.

- 今回の事件について調べが続いている。 이번 사건에 대해 조사가 이어지고 있다.
- 日本の食文化について説明します。 일본의 식문화에 대해서 설명하겠습니다.

092 ～につき ～때문에, ～이므로

주로 알림이나 게시물 등에서 볼 수 있으며, 이유를 나타내는 표현이다.

- 連日の暴雨につき試合は中止されました。 연일 폭우로 인해서 시합은 중지되었습니다.
- 工事中につき大変ご迷惑をおかけしております。
  공사 중인 관계로 대단히 불편을 드리고 있습니다.

093 ～に続いて ～에 이어서

- アジア大会で中国に続いて韓国が準優勝をしました。
  아시아대회에서 중국에 이어서 한국이 준우승을 했습니다.
- その歌に続いて2位にランクした曲は何ですか。
  그 노래에 이어 2위에 랭크된 곡은 무엇입니까?

094 ～につれて ～함에 따라서

앞의 내용이 변하면 뒤의 내용도 변화함을 나타낸다. 동사의 기본형, する동사의 명사형에 접속한다.

- 文明が発達するにつれて人類の生活様式も変わっていく。
  문명이 발달함에 따라서 인류의 생활양식도 변해간다.
- 入試が近づいてくるにつれてあせる気味になっていた。
  입시가 다가옴에 따라 초조해져 있었다.

095 ~にとって ~에 있어서

어떠한 시각이나 입장에 대한 판단을 나타낸다.

- 外国人にとって韓国語の発音は難しい。 외국인에 있어서 한국어 발음은 어렵다.
- 親にとって私の存在は大きいです。 부모님에게 있어서 내 존재는 큽니다.

096 ~にともなって ~과(와) 더불어서

한쪽의 변화에 따라 다른 쪽의 변화도 함께 진행됨을 나타낸다. 동사의 기본형, 명사에 접속한다.

- 産業の発展に伴って社会構造も多様化している。
  산업의 발전과 더불어 사회구조도 다양화되고 있다.
- インターネットの発達にともなって、いろいろな問題が起こってきた。
  인터넷의 발달과 더불어 여러 가지 문제가 발생했다.

097 ~に反して ~에 반해서

두 가지 상황을 대비시킬 때 쓰며, 명사 또는 명사 수식형에 접속한다.

- 全般的に成績が上がったのに反して実力はあまり付いてない。
  전반적으로 성적이 오른데 반해서 실력은 그다지 붙지 않았다.
- 天気予報に反して、大雨になってしまった。
  일기예보와 달리 큰 비가 내리고 말았다.

098 〜にほかならない ~임에 틀림이 없다, 바로 ~이기 때문이다

어떤 일이나 생각에 대한 확신을 나타낼 때 쓴다.

- 最優秀の成績で合格したのは努力の結果にほかならない。
  최우수 성적으로 합격한 것은 노력의 결과임에 다름없다.
- チームが優勝できたのは彼の活躍があったからにほかならない。
  팀이 우승할 수 있었던 것은 그의 활약이 있었기 때문이다.

099 〜に基づいて ~에 기인해서, ~에 기초하여

- 法律に基づいて裁判が行われている。 법률에 의거해서 재판이 이루어지고 있다.
- 記事は事実に基づいて書かなければならない。
  기사는 사실에 근거해서 써야 한다.

100 〜によって ~에 의해서[따라서]

앞에는 수단이나 방법, 원인이 오며, 뒤에는 이에 따라 벌어지는 상황을 나타내는 문장이 온다.

- 事情によって今回の大会は来月に延期することにしました。
  사정에 의해서 이번 대회는 다음 달로 연기하기로 했습니다.
- 会社の規則によって問題を解決します。
  회사의 규칙에 따라서 문제를 해결하겠습니다.

101 〜にわたって ~에 걸쳐서

어떠한 시간이나 장소, 상황 등이 범위 전체에 영향을 준다는 의미로 쓰인다.

- 人口調査は今年の1月から12月にわたって長期的に行われる。
  인구조사는 올해 1월부터 12월에 걸쳐서 장기적으로 이루어진다.
- 台風の影響で、広い地域にわたって大雨が降るでしょう。
  태풍의 영향으로 넓은 지역에 걸쳐 큰 비가 내리겠습니다.

102 ～のみならず ～뿐만 아니라

어떤 일에 대해 설명을 부가할 때 쓰며, 유사 표현에「～だけでなく」,「～ばかりでなく」등이 있다.

- 彼は成績のみならず人間関係も良い。 그는 성적뿐만 아니라, 인간관계도 좋다.
- 彼女は勉強のみならず歌も上手です。 그녀는 공부뿐만 아니라, 노래도 잘합니다.

103 ～のもとで ～의 아래에서, ～하에서

'～이 미치는 범위'를 나타내며, '～하는 명목으로'라는 뜻으로 쓰이면 주로 좋지 않은 내용이 뒤따라 온다.

- 彼は大統領のもとで3年間も特別秘書を務めました。
  그는 대통령 아래에서 3년간이나 특별 비서를 지냈습니다.
- 愛という名のもとで犠牲を強いられている。 사랑이라는 명목하에 희생을 강요당하고 있다.

104 ～ば～ほど ～하면 ～할수록

어떤 일에 대한 정도의 증가를 나타낸다.

- 最近、何故か寝れば寝るほどさらに眠くなる。 요즘 왠지 자면 잘수록 더 졸리다.
- 天気が寒ければ寒いほど体を動かしてください。
  날씨가 추우면 추울수록 몸을 움직이세요.

105 ～ばかりか ～뿐만 아니라

'～뿐만 아니라, 그에 더하여 정도가 더 심하다'는 뜻으로 쓴다.

- その店は新聞に載ったばかりか、雑誌でも紹介された。
  그 가게는 신문에 실렸을 뿐만 아니라 잡지에도 소개되었다.
- 彼は英語ばかりか日本語、中国語もぺらぺらです。
  그 사람은 영어뿐만 아니라 일본어, 중국어도 유창합니다.

106 〜ばかりに 〜(하는) 바람에, 〜 때문에

앞 내용이 원인이 되어 나쁜 결과를 초래하였다는 뜻으로, 명사 수식형에 접속한다.

- ノックもしないで急に入ってきたばかりにびっくりした。
  노크도 하지 않고 갑자기 들어오는 바람에 깜짝 놀랐다.
- 後方の確認をしなかったばかりに、交通事故を引き起こしてしまった。
  후방 확인을 하지 않은 바람에 교통사고를 내고 말았다.

107 〜はともかく 〜은 고사하고, 〜은 차치하고라도

'〜은 문제삼지 않고' 정도의 의미로, 앞보다는 뒤의 내용에 중점을 두고 말하는 표현이다.

- ご飯はともかくまだ起きもしていない。 밥은 고사하고 아직 일어나지도 않았다.
- あの選手はスピードはともかく技術だけは世界一だ。
  그 선수는 스피드는 차치하고라도 기술만은 세계 최고다.

108 〜はもちろん/〜はもとより 〜은(는) 물론

- 試験はもちろん、レポートまで出さなければならない。
  시험은 물론 리포트까지 제출하지 않으면 안 된다.
- 彼はもとより、先生も僕の意見に賛成している。
  그 사람은 물론이고 선생님도 내 의견에 찬성하고 있다.

109 〜反面 〜반면에

두 가지의 반대되는 성향을 나타낼 때 쓰며, 명사 수식형에 접속한다.

- 親の性格は大人しい反面、娘の性格はそうではない。
  부모의 성격은 얌전한 반면, 딸의 성격은 그렇지 않다.
- 年収が少なくなっている反面、教育費は毎年大幅に上がっている。
  연 수입이 줄어들고 있는 반면, 교육비는 매년 큰폭으로 오르고 있다.

110 ～べきだ/～べきではない ～해야 한다 / ～해서는 안 된다

어떤 일이나 행위가 주관적 판단에 의해 마땅히 그래야 한다는 의미일 때 쓴다. 규칙이나 법률로 정해진 의무인 경우에는 비슷한 표현인 「～なければならない」를 쓴다. 동사의 기본형에 접속하며 「する」에 접속할 때는 「するべき」, 「すべき」 모두 쓸 수 있다.

- 人の悪口を言うべきではない。 남의 험담을 해서는 안 된다.
- 政治家は国民の意見を聞くべきです。 정치가는 국민의 의견을 들어야 합니다.
- 責任を持って損害賠償を請求するべきだ。 책임을 갖고 손해배상을 청구해야 한다.

111 ～ほどだ・～ほどの・～ほど ～정도다 · ～정도의 · ～정도, 만큼

정도나 양적인 내용을 강조해서 말할 때 쓴다. '～하면 ～할수록'의 의미로 쓸 때는 「～ば～ほど」의 문형이 된다.

- 政府の迅速なテロ対応は驚くほどだ。 정부의 신속한 테러 대응은 놀랄 정도다.
- 人に尊敬されるほどの業績を残したい。 다른 사람에게 존경받을 만큼의 업적을 남기고 싶다.
- 母親に死なれて、死ぬほどつらい。 어머니를 여의여서 죽을 만큼 괴롭다.

112 ～も…ば～も… ～도 …면 ～도

'～도 있고 그와 함께 다른 것도 있다'라는 추가의 의미로 쓰인다.

- 彼には財産もあれば広い人脈もある。 그에게는 재산도 있는가 하면 넓은 인맥도 있다.
- 僕は人生にはつらいこともあれば嬉しいこともあると信じている。
  나는 인생에는 괴로운 일도 있으면 기쁜 일도 있다고 믿고 있다.

113 ～もかまわず ～도 개의치 않고, ～도 상관없이

명사나 동사의 기본형 + の 다음에 접속한다.

- 周囲の恥も構わず行動をするのは良くない。
  주변의 부끄러움도 관계치 아니하고 행동을 하는 것은 좋지 않다.

- 彼は会社の規則も構わず、いつも遅刻している。
  그는 회사의 규칙에도 개의치 않고 늘 지각하고 있다.

114 〜ものか 〜일까 보냐, 〜하나 봐라

상대방의 의견에 강하게 반대하고 부정하는 표현으로 명사 수식형에 접속한다.

- こんなところに二度と来るものか。 이런 곳에 두 번 다시 오나 봐라.
- 彼の話なんか、信じるものか。 그 사람의 이야기 따위 믿을까 보냐.

115 〜ものがある 〜한 것이다, 당연히 〜하다

감동이나 강한 단정의 의미로 쓰며, 동사·형용사의 기본형에 접속한다.

- この作品は高く評価されるものがある。 이 작품은 높게 평가받을 만하다.
- 彼は業績に著しいものがある。 그는 업적에 두드러진 바가 있다.

116 〜ものだ/〜ものではない 〜하는 법이다/ 〜하는 게 아니다

어떤 것에 대한 당연함이나 의무감 등을 주장할 때 쓰며, 도덕적, 사회적인 설교의 느낌을 준다.

- 月日は流れる水のようなものだ。 세월은 흐르는 물과 같은 법이다.
- そういうものではない。 그러한 것이 아니다.

117 〜ものだから 〜이라서

개인적인 이유를 들어 변명할 때 쓰는 표현이다.

- 今はちょっと忙しいものだから、後でもう一度来てください。
  지금은 좀 바쁘니까, 나중에 다시 한 번 와 주세요.
- アメリカで留学したものですから、英語が上手です。
  미국에서 유학을 해서 영어를 잘합니다.

118 ～ものなら ～이라면, 만약 ～할 수 있으면

앞에는 가능의 의미를 가진 내용이나 동사가 오며, 실현 불가능한 것을 들어 '만일 그것이 가능하다면 ～하겠다'는 화자의 희망이나 의지를 나타낸다. 동사의 기본형에 접속한다.

- 誰でもできるものなら私もやってみたいです。
  누구라도 할 수 있는 거라면, 나도 하고 싶습니다.

- できるものなら鳥になりたい。 할 수 있다면, 새가 되고 싶다.

119 ～ものの ～했지만

어떤 일에 대한 객관적 사실 다음에 거기에서 예상되는 상황과는 다른 일이 일어난다는 역접의 의미로 쓰인다.

- 新しく自転車を買ったものの、まだ乗ったこともない。
  새 자전거를 샀는데 아직 타 본 적 없다.

- もうすぐ試験だから、勉強しなければならないものの、なかなか集中できない。 이제 곧 시험이라 공부해야 하지만 좀처럼 집중할 수 없다.

120 ～(よ)うがない/～(よ)うもない ～할 도리가 없다 / ～할 수도 없다

어찌할 방법이 없다는 의미로 쓰이며, 동사의 ます형에 접속한다.

- 今回の事件は非常に複雑で、簡単に解決しようがない。
  이번 사건은 대단히 복잡해서, 간단히 해결할 방법이 없다.

- どうしようもないくらい、つらかった。 어쩔 수 없을 만큼 괴로웠다.

121 ～わけがない ～일 리가 없다

어떤 일을 부정적으로 추측할 때 쓰며, 기본형에 접속한다. 유사 표현에 「동사의 ます형 + ～っこない(～할 리가 없다)」가 있다.

- そんな本がベストセラーになるわけがない。 그런 책이 베스트셀러가 될 리가 없다.

- こんな忙しいときに、休みが取れるわけがない。
  이런 바쁜 시기에 휴가를 받을 수 있을 리가 없다.

122 〜わけではない (전부가) 〜인 것은 아니다

어떤 사실에서 이어지는 내용의 전체 또는 일부를 부정하는 표현으로, 명사 수식형에 접속한다.

- いつも朝ご飯を食べないわけではない。 항상 아침밥을 먹지 않는 것은 아니다.
- 漢字が難しいわけではないですが、漢字に弱いです。
  한자가 어렵다는 것은 아니지만, 한자에 약합니다.

123 〜わけにはいかない 〜할 수(는) 없다

하고는 싶지만, 어떠한 사정으로 할 수 없다고 말할 때 쓴다. 동사의 기본형, 부정형, 진행형 등에 접속한다. 앞에 긍정문이 오면 '〜할 수는 없다', 부정문이 오면 '〜하지 않을 수 없다, 〜해야만 한다'는 뜻이 된다.

- 彼の卒業式に参加しないわけにはいかない。 그의 졸업식에 참석하지 않을 수 없다.
- 泣いているわけにはいきません。 울고만 있을 수는 없습니다.

124 〜わりに(は) 〜한 것에 비해서(는)

나쁜 것치고는 괜찮다고 할 때 쓰며, 명사 수식형에 접속한다.

- 安いわりには品物が良く作られている。 싼 것에 비해서는 물건이 잘 만들어져 있다.
- 彼女は能力や成績のわりに、給料が低いです。
  그녀는 능력이나 성과에 비해서는 급료가 낮습니다.

125 〜をきっかけに/〜を契機に 〜을(를) 계기로

- 離婚をきっかけに結婚について考え直すことになった。
  이혼을 계기로 결혼에 대해 다시 생각하게 되었다.

- あの番組を見たのを契機に、環境保護に関心を持つようになった。
  그 프로그램을 본 것을 계기로 환경보호에 관심을 가지게 되었다.

126 〜を込めて 〜을(를) 포함해서, 〜을 담아

'눈에 보이지 않는 무언가를 담아'라는 표현이다.

- 真心を込めて慰めてあげました。 진심을 담아 위로해 드렸습니다.
- 力を込めて、ボールを蹴っ飛ばした。 있는 힘껏 공을 내찼다.

127 〜を中心に 〜을(를) 중심으로

- 漢字を中心に集中的に勉強しました。
  한자를 중심으로 집중적으로 공부했습니다.
- 今回はコスト・ダウンを中心に、会議をしました。
  이번에는 경비 절감을 중심으로 회의를 했습니다.

128 〜を通して/〜を通じて 〜을(를) 통해서

어떤 일이 이루어질 때, 그 매개나 수단이 되는 사물이나 사람을 나타내는 표현이다.

- 小説を通して日本文化について詳しく理解するようになりました。
  소설을 통해서 일본문화에 대해 상세하게 이해하게 되었습니다.
- 本を通じて知識を得られます。 책을 통해 지식을 얻을 수 있습니다.

129 〜を…として/〜を…とする 〜을(를) …으로서 / 〜을(를) …으로 하는

- 彼女を新任社長として選ぶことを総会で決めました。
  그녀를 신임 사장으로서 선출할 것을 총회에서 결정했습니다.
- 日本語を共通語とする会談です。 일본어를 공통어로 하는 회담입니다.

130 ～を問わず ～을(를) 불문하고, ～에 관계없이(=～にかかわらず)

- 老若男女を問わず、国民体操を習っている。

  남녀노소를 불문하고 국민체조를 배우고 있다.

- このゼミは大学生なら専攻を問わず、参加できます。

  이 세미나는 대학생이라면 전공을 불문하고 참가할 수 있습니다.

131 ～を抜きにして/～は抜きにして ～을(를) 빼고서

- 冗談を抜きにして日本語は短期間でマスターできる語学だ。

  농담이 아니라 일본어는 단기간에 마스터할 수 있는 어학이다.

- 難しい話は抜きにして、とにかくやってみましょう。

  어려운 이야기는 빼고, 어쨌든 해 봅시다.

132 ～をはじめ ～을(를) 비롯하여

- 日本語は漢字を始め、文法、語順などが韓国語と似ている。

  일본어는 한자를 비롯하여 문법, 어순 등이 한국어와 비슷하다.

- あの動物園にはホワイトタイガーをはじめ、珍しい動物がたくさんいる。

  그 동물원에는 백호를 비롯해 진귀한 동물이 많이 있다.

133 ～をめぐって ～을(를) 둘러싸고

무엇인가를 중심으로 해서 그 주변의 다른 것들도 다루는 표현이다.

- 委員会では予算問題をめぐって討論が行われている。

  위원회에서는 예산문제를 둘러싸고 토론이 진행되고 있다.

- 今世界は、食糧をめぐって、目に見えない戦いを繰り広げられている。

  세계는 지금 식량을 둘러싸고 눈에 보이지 않는 전쟁이 펼쳐지고 있다.

134 〜をもとに(して) 〜을(를) 기초로 (해서)

어떤 자료나 기초, 재료 등을 근거로 해서라는 의미로, 판단이나 행동의 근거를 나타낼 때는 쓸 수 없다.

- 集めた資料を基にして卒業論文を書いている。
  수집한 자료를 기초로 졸업논문을 쓰고 있다.

- 先生のアドバイスをもとに、進学する学校を決めている。
  선생님의 충고를 기초로 진학할 학교를 정하고 있다.

심화 문형

여기서는 일본어능력시험에서 가장 높은 급수인 N1과 N1에 준하는 N2의 문형 중에서 출제 빈도수가 높은 내용들을 엄선해서 제시한다. 시험을 준비하는 사람이라면 핵심 정리의 형태로 생각하고 공부하면 도움이 될 것이다.

001 ～あっての ～이 있어야 성립하는

전자를 강조하고 후자를 설명할 때 쓴다.

- 何よりも健康あっての仕事だ。 무엇보다도 건강이 있어야 일을 할 수 있는 것이다.
- ファンあっての私です。舞台ですべて見せます。
  팬이 있어야 제가 있는 것입니다. 무대에서 모든 것을 보여드리겠습니다.

002 ～いかんにかかわらず・～いかんによらず ～여하에 관계없이

일이 어떻게 되든 상관없이 뒤의 일이 성립함을 나타내며, 「명사＋の＋いかんにかかわらず」의 형태로 쓴다.

- 成績の善し悪しのいかんにかかわらず、先着順で選ばれた。
  성적의 좋고 나쁨의 여하에 관계없이 선착순으로 뽑혔다.
- 理由のいかんによらず、犯罪は許されないことだ。
  이유 여하에 관계없이 범죄는 용서받을 수 없는 일이다.

003 ～(よ)うと～まいと・～(よ)うが～まいが ～하든지 ～하지 않든지

앞 내용에 상관없이 뒷내용이 성립됨을 나타내며, 동사의 기본형에 접속한다.

- タバコを止めようと止めるまいと自分の意思が重要だ。
  담배를 끊든지 끊지 않든지 자신의 의사가 중요하다.
- パーティーは参加しようがしまいが、みなさんの自由です。
  파티는 참석하든 하지 않든 여러분의 자유입니다.

004 ～(よ)うにも～ない ～하려고 해도 ～할 수 없다

「(よ)うにも」에는 동사의 의지형을 연결하며「ない」앞에는 가능을 나타내는 표현이 온다.

- 風邪を引いたのでお酒を飲もうにも飲めない。
  감기에 걸려서 술을 마시려고 해도 마실 수 없다.
- 彼との思い出は忘れようにも忘れない。
  그와의 추억은 잊으려고 해도 잊을 수 없다.

005 ～限りだ 너무 ～하다

「い형용사의 기본형, な형용사 + な, 명사 + の」에 접속하며 어떤 일에 대한 현재의 감정을 나타낼 때 쓴다.

- 仕事をしなくても豊かな生活ができるなんて、うらやましい限りだ。
  일을 하지 않아도 풍부한 생활을 할 수 있다니, 너무 부럽다.
- あんなやつに負けたなんて、くやしい限りだ。 저런 녀석에게 졌다니, 너무 분하다.

006 ～が最後 일단 ～했다 하면

'일단 ～했다고 하면 그것으로 끝이다'라는 느낌의 표현이다. 동사의 た형에 접속.

- 彼女は歌を歌ったが最後、休まずに何曲でも歌える。
  그녀는 노래를 불렀다 하면 쉬지 않고 몇 곡이라도 부를 수 있다.
- そんなことを言ったが最後、彼とは別れてしまうよ。
  그런 말을 했다 하면, 그와는 헤어지고 말 거야.

007 ～かたわら ～하는 한편

어떤 주된 일을 하면서 다른 일을 하고 있는 상황을 나타낸다.「명사 + の, 형용사의 종지형, 동사의 기본형」에 접속한다.

- 彼は性格がいいかたわら決断力が足りない。 그는 성격이 좋은 한편 결단력이 부족하다.

- 彼女は教師の<ruby>傍<rt>かたわ</rt></ruby>らボランティアもしている。
  그녀는 교사인 한편 자원봉사도 하고 있다.

008 ~が早いか ~하자마자

앞의 일이 일어난 직후에 연이어 뒤의 일이 일어날 때 쓰는 표현으로, 동사의 기본형 또는 た형에 접속한다.

- ご飯を食べるが早いか散歩を行く。 밥을 먹자마자 산책을 간다.
- 警官の姿を見るが早いか、その泥棒は逃げ出した。
  경찰을 보자마자 그 도둑은 도망치기 시작했다.

009 ~からある ~이나 되는

수량을 나타내는 말 뒤에 붙어서, 그것보다 많다는 의미로 쓴다.「명사(수량/무게/면적/거리) + からある」의 형태로 접속한다.

- 彼は3億ウォンからある一戸建てを買収した。 그는 3억 원이나 되는 단독주택을 매수했다.
- 結婚のお祝いに友達から10万円からあるブランド品のバックをもらった。
  결혼 선물로 친구에게서 10만 엔이나 되는 명품 백을 받았다.

010 ~きらいがある ~하는 경향이 있다

동사의 기본형 또는 부정형에 접속하며, 어떤 일에 대한 좋지 않은 경향이 있음을 비판적으로 나타낼 때 쓴다.

- 彼はいつも人を無視するきらいがある。 그는 항상 남을 무시하는 경향이 있다.
- 林くんは自身に都合のいい話のみ耳を傾けるきらいである。
  하야시 군은 자신에게 좋은 이야기만 귀를 기울이는 경향이 있다.

011 ~極まる/~極まりない 지극히 ~하다 / ~(하기)짝이 없다

형태는 부정과 긍정이지만 의미는 같으며, 감정의 극한 상황을 나타낸다.

- 彼らの話題は危険極まる話だ。 그들의 화제는 위험하기 짝이 없는 이야기이다.
- 最近の若者の遊びは不健全なこと極まりない。
  요즘 젊은이의 놀이는 불건전하기 짝이 없다.

012 ~こととて ~이라서, ~이므로

이유나 근거를 나타내는 다소 예스런 표현이다. 명사 수식형에 접속한다.

- まだ仕事に慣れぬこととて、どうかよろしくお願い申し上げます。
  아직 일에 익숙하지 않으니 아무쪼록 잘 부탁드리겠습니다.
- 行き付けの店が休業のこととて飲み会ができなかった。
  자주 가는 가게가 휴업이라서 회식을 할 수 없었다.

013 ~ことなしに ~하지 않고(는)

「こと＋なしに」의 구조로, 동사의 기본형에 접속하며, 앞의 일이 성립되어야 뒤의 일도 성립된다는 뜻을 나타낸다.

- 何の努力をすることなしに大学の合格を願うのは不自然だ。
  아무런 노력을 하지 않고, 대학 합격을 바라는 것은 부자연스럽다.
- あの資格を取ることなしに、この会社には入れない。
  그 자격증을 따지 않고는 이 회사에는 들어갈 수 없다.

014 ~しまつだ ~형편이다, 꼴이다

좋지 않은 결과를 나타내며, 주로 「このしまつだ(이 모양이다)」, 「あのしまつだ(저 모양이다)」와 같은 형태로도 쓴다.

- 生活が貧しくて米さえも買って食えないしまつだ。
  생활이 가난해서 쌀조차도 사 먹을 수 없는 형편이다.
- 一日中、頭を使ってやったのがこのしまつだ。
  온종일 머리를 써서 한 것이 이 모양이다.

015 ～ずにはおかない 반드시 ～하다, ～않고는 있을 수 없다

동사의 ない형에 접속하며, する동사는 「せずにはおかない」가 된다. 강한 결의나 자연스러운 감정을 나타내며, 이와 유사한 표현으로는 「～ずにはいられない(～하지 않고는 있을 수 없다)」, 「～ずにはすまない(반드시 ～해야 한다)」가 있다.

- 彼女の演説は大衆に感動を与えずにはおかなかった。
  그녀의 연설은 대중에게 감동을 주지 않을 수 없었다.
- 彼の真率な人柄は人々に尊敬の念を抱かせずにはおかなかった。
  그의 진솔한 인품은 사람들에게 존경의 마음을 품게하지 않을 수 없었다.

016 ～ずにはすまない/～ないではすまない ～하지 않고는 견딜 수 없다

사회적·도덕적인 기준에 의해 그렇게 해야 한다는 표현이다.

- 今日やることは今日中にして置かずにはすまない。
  오늘 할 일은 오늘 중에 해두지 않고는 견딜 수 없다.
- 買いたいものがあったら、買わないではすまない。
  사고 싶은 것이 있으면 반드시 사야 한다.

017 ～そばから ～하는 족족

어떤 일을 하자마자 바로 다음 동작이 반복됨을 나타낸다. 동사의 기본형 또는 た형에 접속한다.

- 日本語の単語を覚えるそばからすぐに忘れてしまうと勉強にならない。
  일본어 단어를 외우는 족족 금방 잊어버리면 공부가 되지 않는다.
- 彼女は忘れっぽくて、聞いたそばから忘れてしまう。
  그녀는 잘 잊어버려서 듣는 족족 잊어버린다.

018 ただ～のみだ 단지 ～일 뿐이다

어떤 일에 대한 한정적인 범위를 나타낼 때 쓴다.

- 何にも言わずにただ見ているのみだ。 아무 말도 하지 않고 단지 보고 있을 뿐이다.
- もう試験は終わった。ただ結果を待つのみだ。
  이제 시험은 끝났다. 단지 결과를 기다릴 뿐이다.

019 ただ〜のみならず 단지 〜뿐 아니라

「〜のみならず」는 구어체 표현으로, 회화체에서는「〜だけでなく」나「〜ばかりでなく」를 쓴다. 명사・동사・い형용사의 기본형・な형용사의 어간에 접속한다.

- ただ過ちのみならず大きな損失を与えた。 단지 과오뿐만 아니라, 큰 손실을 주었다.
- 大統領の提案は、ただ議員のみならず国民にも反対された。
  대통령의 제안은 단지 의원뿐만 아니라 국민에게도 반대에 부딪쳤다.

020 〜たところで 〜해 보았자

'〜한다 해도 소용없다'는 뜻의 가정 표현으로, 뒤에는 말하는 사람의 주관적 판단이나 추측의 문장이 오며, 기대와 어긋나는 좋지 않은 결과를 나타낸다.

- いくら勉強したところで合格しなければ何の意味もない。
  아무리 공부해 보았자 합격하지 않으면 아무런 의미도 없다.
- 私が行ったところで、何の役にも立たないだろう。
  내가 가 보았자 아무런 도움도 되지 않을 것이다.

021 〜ものを 〜할 것을, 〜(할 수) 있었는데

말하는 사람의 감정(불만, 원한, 비난, 유감스러움)을 강조하며, 특히 후회의 뜻이 깊게 나타나는 경우가 많다. 명사 수식형에 접속한다.

- 一言言ってくれれば良かったものを。 한마디 해 주면 좋았을 것을.
- もう少し頑張ればできたものを時間が足りなかった。
  좀 더 분발하면 할 수 있었을 것을 시간이 부족했다.

022 ～たるもの ～의 입장에 있는, ～로서의 자격을 갖춘

「～たるもの」는 「たる＋もの」의 형태로, 일반적으로 명사와 결합하여 사용한다. 주로 「学生たるもの(학생의 입장에 있는 사람)」, 「教師たるもの(교사의 위치에 있는 자)」, 「警察たるもの(경찰에 입장에 있는 사람)」, 「政治家たるもの(정치가의 위치에 있는 자)」 등의 형태로 쓴다.

- 公務員たるものは責任を持たなければならない。
  공무원의 위치에 있는 사람은 책임감을 가져야 한다.
- 教師たるもの、生徒のお手本にならなければならない。
  교사의 위치에 있는 사람은 학생의 본보기가 되어야 한다.

023 ～つ～つ ～하기도 하고 ～하기도 하다

「～つ～つ」 뒤에 오는 동사는 「行きつ戻りつ(왔다갔다)」, 「追いつ追われつ(쫓고 쫓기다)」 등과 같이 서로 대립된 의미를 가지고 있다. 동사의 ます형에 접속한다.

- 陸上競技でライバルの二人は抜きつ抜かれつの大接戦だった。
  육상경기에서 라이벌인 두 사람은 앞서거니 뒤서거니 대접전이었다.
- 花と蜂は持ちつ持たれつの関係だ。 꽃과 벌은 상부상조 하는 관계이다.

024 ～であれ～であれ／～であろうと
～이든 ～이든, ～도 ～도 / ～이든, ～이어도

앞의 상황이 어떻든 뒤에 나오는 상황은 바뀌지 않는다는 뜻을 나타낸다.

- 選手が女性であれ男性であれルールは一つだ。 선수가 여성이든 남성이든 규칙은 하나이다.
- どういう状況であろうと必ず行きます。 어떠한 상황이어도 반드시 가겠습니다.

025 ～てからというもの ～하고 난 이후로는

「て＋から」와 「という＋もの」가 결합된 형태로, 앞의 일을 계기로 뒤에 다른 상황이 일어날 때 쓴다.

- 新しい会社に入ってからというもの、遊びもせず仕事ばかりしている。
  새로운 회사에 들어가고 난 이후로는 놀지도 않고 일만 하고 있다.
- 父親になってからというもの、両親のありがたさがわかった。
  아빠가 되고 나서야 부모님의 고마움을 알게 되었다.

026 〜でなくてなんだろう 〜이 아니고 무엇이란 말인가, 〜은 바로 그렇다

「〜にほかならない(〜은 바로 그렇다, 틀림없이 〜이다)」와 같은 뜻으로 「〜でなくてなんだろう」쪽이 더 주관적인 느낌을 준다.

- これこそ詐欺でなくてなんだろう。 이것이야말로 사기가 아니고 무엇인가.
- 自分の命を犠牲にしてまで人を救ったあの男が英雄でなくてなんだろう。
  자신의 목숨을 희생해서까지 남을 구한 그 남자가 영웅이 아니고 무엇이란 말인가.

027 〜ではあるまいし 〜이(가) 아니고, 〜이 아닌데

'〜도 아니고 당연히〜'라는 이유를 나타내는 표현이다. 뒤에는 말하는 사람의 주장이나 권유, 충고 등의 내용이 온다.

- 嘘ではあるまいし真実は通じる。 거짓말이 아니고 진실은 통한다.
- 子供ではあるまいし、できないわけないだろう。 어린애도 아니고 못할 리가 없을 거다.

028 〜てやまない 〜해 마지않다

희망을 나타내는 「願う・祈る・希望する」 등의 동사와 함께 쓰며, 마음으로부터 간절히 염원하는 느낌을 나타낸다.

- 皆様の健康を祈って止みません。 여러분의 건강을 빌어 마지않습니다.
- 事業の成功を祈ってやみません。 사업의 성공을 기원해 마지않습니다.

029 〜と相まって 〜와 더불어, 〜와 어울려

다른 것이 더해져 더 높은 효과를 가져온다는 뜻이다.

- 試合が終わってから相手の選手達と相まって踊っている。
  시합이 끝나고 나서 상대 선수들과 어울려서 춤추고 있다.
- 水や空気の汚染と相まって、環境破壊が進んでいる。
  물이나 공기의 오염과 더불어 환경파괴가 진행되고 있다.

030 ~(だ)とあって ~라고 하므로, ~이기 때문에

원인이나 이유 등을 나타내며, 뒤에 말하는 사람이 관찰한 상황이 나온다. 비슷한 표현에「~というわけで(~하는 까닭으로)」가 있다.

- 半額セールだとあって店に入ったら午前中のみだった。
  반액 세일이라고 해서 가게에 들어갔더니 오전뿐이었다.
- 長い休日とあって、遊園地は多くの人で混んでいた。
  긴 연휴여서 유원지는 많은 사람으로 북적였다.

031 ~(だ)とあれば ~라면

어떠한 상황이 되면 무엇이든 하겠다는 뜻을 나타낸다.

- 刺身だとあれば沖縄の海辺が最高だ。 생선회라고 하면, 오키나와의 해변이 최고다.
- ぜひにとあればもう仕方がない。 꼭이라고 한다면 더 이상 어쩔 수 없다.

032 ~といい~といい ~든 ~든, ~로 말하더라도

강조하고자 하는 내용을 나열하고 예시하는 표현이다.

- 彼女は学歴といい、実力といい優秀な人材だ。
  그녀는 학력으로든 실력으로든 우수한 인재이다.
- 鈴木といい、田中といい、あの奴らは人の話を全然聞かない。
  스즈키도 그렇고 다나카도 그렇고, 그 녀석들은 남의 이야기를 전혀 듣지 않는다.

033 〜といえども 〜라고 하더라도, 아무리 〜하더라도

극단적인 내용을 강조할 때 쓰는 표현으로, 「いかに(아무리, 얼마나)」, 「いくら(아무리)」, 「たとえ(가령, 설령)」와 같은 부사와 함께 쓰는 경우가 많다.

- いくら上司といえども部下に向かって悪口をしてはいけない。
  아무리 상사라고 하더라도 부하에게 나쁜 말을 해서는 안 된다.
- いくら雨天といえども試合は中止できない。 아무리 비가 와도 시합은 중지할 수 없다.

034 〜といったところだ・〜というところだ 잘해야 〜이다, 기껏해야 〜이다

대략적인 판단을 나타내며, 앞에는 그리 많지 않은 수나 표현이 온다.

- マラソン選手にとっては軽いジョギングに過ぎない距離といったところだ。
  마라톤 선수에게는 가벼운 조깅에 불과한 거리이다.
- この車は高くても300万円といったところだろう。
  이 차는 비싸도 잘해야 300만 엔일 것이다.

035 〜といったらない/〜といったらありゃしない 정말이지 〜하다

어떤 일의 정도가 과함을 나타낸다.

- 世界大会で優勝に失敗した彼女は悲しいといったらない。
  세계대회에서 우승에 실패한 그녀는 정말이지 너무 슬프다.
- 一ヶ月も掃除をしなかったわけで、汚いといったらありゃしない。
  한 달이나 청소를 하지 않아서 정말이지 지저분하다.

036 〜と思いきや 〜라고 생각했더니

생각이나 예상과 다른 의외의 결과가 나왔을 때 쓴다. 형용사의 종지형, 동사의 기본형, 가능동사의 기본형에 접속한다.

- 今回は勝てると思いきやめちゃくちゃに負けてしまった。
  이번에는 이길 수 있을 거라고 생각했더니, 무참히 지고 말았다.

- 彼は優しい性格と思いきや、本当の性格は乱暴だった。
  그는 상냥한 성격이라고 생각했더니 진짜 성격은 난폭했다.

037 〜ときたら ~이라고 하면, ~이라고 할 것 같으면

비난이나 불만, 자조 등의 감정을 가지고 어떤 사실을 화제로 삼는 표현이다.

- 日本語の会話ときたら彼女に勝てる人はいない。
  일본어 회화라고 하면 그녀를 이길 수 있는 사람은 없다.
- うちの子ときたら、親の言うことを全然聞かないんだから。
  우리 애로 말할 것 같으면, 부모 말을 전혀 안 듣는다니까.

038 〜としたって/〜にしたって ~라고 해도

'~이라 가정해도'라는 의미로, 뒤에는 좋지 않은 결과를 나타내는 문장이 온다.

- 半額セールとしたって値段が高い。 반액 세일이라고 해도 가격이 비싸다.
- 部屋を借りるにしたって都内は無理だ。 방을 구한다고 해도 도쿄 도내는 무리다.

039 〜とは ~라는 것은, ~란

「〜というのは」와 같은 뜻이며, 어떤 것에 대한 정의를 내릴 때 쓴다. 명사에 접속한다.

- 最高とはその分野において全ての面が優れていることを言う。
  최고라는 것은 그 분야에 있어서 모든 면이 뛰어난 것을 말한다.
- WWWとは、World Wide Webの頭文字をとったものだ。
  WWW란 World Wide Web의 머릿글자를 딴 것이다.

040 〜とはいえ ~라고는 하나

앞에 나오는 내용을 받아서 '그렇기는 하지만, 그러나'와 같이 역접의 의미를 나타내는 문장체 표현이다.

- 沖縄の海辺の刺身が最高とはいえ、食べに行くには遠すぎる。
  오키나와 해변의 생선회가 최고라고는 하나 먹으러 가기에는 너무 멀다.

- これが事実とはいえ、認めるのはつらい。
  이것이 사실이라고는 하나 인정하기는 괴롭다.

041 ~(だ)とばかりに ~(이)라는 듯이

「と」앞에 오는 내용을 인용하여, 그러한 느낌이 든다는 뜻으로 쓰인다.

- 家電製品を安く買うチャンスは今だとばかりに売場には人波で混んでいる。
  가전제품을 싸게 살 찬스는 지금이라는 듯이 매장에는 인파로 붐비고 있다.

- せっかくの休みの日なので、この時とばかりに、日ごろ買い溜めた本を読みあさった。
  모처럼의 휴일이어서, 이때라는 듯이 평소 사서 쌓아두었던 책을 뒤져 읽었다.

042 ~ともなく / ~ともなしに
~꼭 그렇게 하려는 것도 아니었는데, 그냥 ~하는데

'무심코 ~하게 되었다'는 표현으로, 동사의 기본형에 접속한다.

- ラジオを聞くともなく聞いていたら、思い出の曲が流れてきた。
  라디오를 그냥 듣고 있었더니, 추억의 곡이 흘러나왔다.

- 彼は空を見るともなしに、ただぼんやりと見つめていた。
  그는 하늘을 보려는 것도 아닌데 그저 멍하니 바라보고 있었다.

043 ~ともなると / ~ともなれば ~라도 되면

'~쯤 되면, 당연히 ~하다'라는 뜻으로, 명사에 접속한다.

- 彼は管理職ともなれば部下に厳しくするだろう。
  그는 관리직이라도 되면, 부하에게 엄하게 하겠지.

- この公園は週末ともなると、人でいっぱいになる。
  이 공원은 주말이라도 되면 사람으로 가득하다.

044 〜ないまでも 〜하지 않더라도, 〜까지는 할 수 없지만

'〜만큼은 아니지만 그래도 그보다 낮은 정도는 된다'고 할 때 쓴다.

- 彼は億万長者とは言えないまでも金持ちだ。
  그는 억만장자라고까지는 말할 수 없더라도 부자이다.

- 仕事ができないまでも、せめて遅刻くらいはしないでほしい。
  일은 못하더라도, 적어도 지각 정도는 하지 말아다오.

045 〜ないものでもない 〜하지 않은 것도 아니다, 〜일(할) 수도 있다

이중 부정으로, 결국에는 '할 수 있다'는 소극적인 의지를 나타낸다. 동사의 ない형에 접속한다.

- 彼女に頼まれたら私が代わりに仕事をやってやらないものでもない。
  그녀에게 부탁받는다면, 내가 대신 일을 해 줄 수도 있다.

- 歌は得意ではないが、「ぜひに」と言われれば歌わないものでもない。
  노래는 잘 못하지만 '부디'라고 한다면 못 부를 것도 없다.

046 〜ながらに 〜하면서

명사나 동사의 ます형에 접속하여, '그 상태나 모양 그대로'라는 뜻으로 쓴다. 「涙ながらに(눈물을 흘리면서)」, 「昔ながらに(옛날 그대로)」, 「生まれながらに(천성적으로)」 등과 같은 관용 표현이 있다.

- 二人はあまりにも嬉しくて涙ながらに物語っている。
  두 사람은 너무나도 기뻐서 눈물을 흘리면서 이야기하고 있다.

- その人は生まれながらに目が見えなかった。
  그 사람은 선천적으로 눈이 보이지 않았다.

047 〜ながらも 〜이면서도, 〜이지만

「〜ながらも」를 중심으로 앞뒤로 반대되는 내용이 오며, 동사의 ます형이나 ない형, 형용사의 명사 수식형 등에 접속한다.

- 彼は運動をしないながらも健康な体を保っています。
  그는 운동을 하지 않으면서도 건강한 몸을 유지하고 있습니다.
- 彼女は頭が良いながらも勉強をしない。 그녀는 머리가 좋으면서도 공부를 하지 않는다.

048 ~なくして(は) ~없이(는)

명사에 접속하며, '~없이는 뒤의 내용이 올 수 없음'을 나타낸다. 앞에는 바람직한 내용이 오고 뒤에는 부정적인 내용이 온다.

- 監督の積極的な指導なくしては優勝はできなかった。
  감독의 적극적인 지도 없이는 우승할 수 없었다.
- 彼女の存在なくしては、今度の企画は失敗に終わっていただろう。
  그녀의 존재 없이는 이번 기획은 실패로 끝났을 것이다.

049 ~なしに ~없이, ~하지 않고

「~ないで」와 비슷한 표현으로, 뒤에는 주로 긍정이나 가능형의 표현이 온다.

- 休みもなしに連日仕事をして体が疲れている。
  휴일도 없이 연일 일을 해서 몸이 피곤해 있다.
- ここは許可なしに撮影できません。 여기는 허가 없이 촬영할 수 없습니다.

050 ~ならではの ~만의, ~이 아니고는 할 수 없는

명사에 접속하며, 특별함을 나타낸다.

- これはトヨダならではの技術だ。 이것은 토요다만의 기술이다.
- あのレストランは会員ならではの特典が多い。 그 레스토랑은 회원만의 특전이 많다.

051 ~なりに ~나름대로

'어떤 힘이 미치는 범위에서 ~하다'라는 뜻으로, 「私なりに(나 나름대로)」, 「自分なりに(자기 나름대로)」의 형태로 많이 쓴다.

- 経済的に困っていてもそれなりに暮らしていける。
  경제적으로 곤란하더라도 그런대로 살아갈 수 있다.
- 私は私なりに人生を生きています。 나는 내 나름대로 인생을 살고 있습니다.

052 ~に(は)あたらない ~할 것까지는 없다, ~할 것은 없다

그런 결과가 된 것은 객관적으로 보기에도 당연하여 '굳이 ~할 것까지는 없다'는 뜻으로, 동사의 기본형과 する동사의 명사형에 접속한다.

- 日本は治安がしっかりしていて心配するにはあたらない。
  일본은 치안이 잘 되어 있어서 걱정할 것까지는 없다.
- あの程度のことで、がっかりするにはあたらない。
  그 정도 일로 실망할 것은 없다.

053 ~に至って ~에 이르러서

도달하는 범위나 결과를 나타내는 표현으로, '~라는 중대한 사태에 이르러서'라는 뜻이다.

- ここまでに至って止めるわけにはいかない。 여기까지 이르러서 그만둘 수는 없다.
- 別居するに至っては、離婚はもう時間の問題だ。
  별거에 이르러서는 이혼은 이제 시간 문제다.

054 ~に至るまで ~에 이르기까지

범위의 한계를 나타내는 표현으로, 앞에는 극한의 뜻을 가진 명사가 온다.

- 最初から最後に至るまで同じものばかりだ。
  처음부터 마지막에 이르기까지 같은 것뿐이다.
- 昔から現在に至るまでアフリカのほとんどの国は貧しい。
  옛날부터 현재에 이르기까지 대부분의 아프리카 나라는 가난하다.

055 ～にかかわる　～에 관계되다

'～와 중대한 관련이 있다'는 뜻으로, 앞에 국가나 인물, 지위, 명예 등을 나타내는 명사가 온다.

- お金にかかわることは社長が直接します。 돈에 관계되는 일은 사장님이 직접 합니다.
- 近くの産婦人科から出産にかかわる手続きや手当てなどを調べてみた。
  근처 산부인과에서 출산에 관계되는 수속이나 치료 등을 알아봤다.

056 ～にかたくない　～하기 어렵지 않다, 충분히 ～할 수 있다

'상황으로 판단하건대 쉽게 ～할 수 있다'라는 표현이다. 「想像にかたくない(상상하기 어렵지 않다)」와 같이 관용적으로 쓰이기도 한다.

- 彼は世界大会で金メダルを獲得するにかたくない。
  그는 세계대회에서 금메달을 획득하기 어렵지 않다.
- 面接にあたっての彼の不安は想像にかたくない。
  면접에 즈음한 그의 불안은 상상하기 어렵지 않다.

057 ～にして　～에, ～되어서야

- 40歳にしてはじめて人生を悟るようになりました。
  40세에 비로소 인생을 깨닫게 되었습니다.
- それは一年にしてはできることではない。 그것은 1년으로 할 수 있는 일이 아니다.

058 ～に即して/～に即した　～에 입각하여 / ～에 입각한

앞에 나오는 사실, 현상, 규정 등에 근거를 두고 뒤의 내용을 한다는 의미로, 명사에 접속한다.

- 正しい事実に即してことを処理する。 올바른 사실에 입각해서 일을 처리한다.
- 状況に即した解決策を模索する。 상황에 입각한 해결책을 모색하다.

059 ～にたえる/～にたえない
～할 수 있다, ～할 만하다 / 차마 ～할 수 없다, 정말로 ～하다

어떤 상황이 참을 수 없을 정도로 심함을 나타낸다. 두 표현 모두 동사의 기본형이나 する 동사의 명사형에 접속한다.

- 道は人込みで歩くにたえない状態だ。 길은 사람으로 붐벼 걸을 수 없는 상태이다.
- 読むにたえる本が別にない。 읽을 만한 책이 특별히 없다.
- 色々のことで感謝にたえません。 여러 가지 일로 감사해 마지않습니다.

060 ～にたりる/～にたりない ～하기에 족하다, ～할 만하다 / ～하기 부족하다

- 優勝するにたりるチームが構成された。 우승할 만한 팀이 구성되었다.
- 一年は日本語を習うにたりない時間だ。 일 년은 일본어를 배우기에 부족한 시간이다.

061 ～にひきかえ ～와는 반대로

앞의 상황과는 정반대로 뒤의 상황이 전개될 때 쓰는 표현이다. 명사 또는 명사 수식형 + の에 접속한다.

- 昨年にひきかえ今年は貿易黒字だ。 작년과는 반대로 올해는 무역 흑자이다.
- 万能な兄に引き換え、私はスポーツしかできない。
  만능인 형과는 반대로 나는 스포츠밖에 못한다.

062 ～にもまして ～보다 한층 더, ～이상으로

정도가 심함을 다른 것과 비교해서 강조하는 표현으로, 앞에는 주로 「去年」이나 「以前」 등 과거의 시간을 나타내는 명사가 온다.

- この町は去年にもまして賑やかに変わっている。
  이 마을은 작년보다 한층 더 번화하게 변했다.
- 今日の田中くんは、いつにもまして元気だね。 오늘의 다나카 군은 평소보다 한층 건강하네.

063 〜によっては 〜에 따라서

앞의 내용에 따라 뒤의 내용이 바뀌는 경우에 사용하며, 앞에는 명사가 온다.

- 成績によっては不合格もあります。 성적에 따라서는 불합격도 있습니다.
- ブラウザによっては文字化けの可能性があります。
  브라우저에 따라서는 글자가 깨질 가능성이 있습니다.

064 〜の至り 〜극히〜함, 최고의〜

정도가 매우 심하다는 기분을 나타내는 예스러운 표현이다. 「光栄の至り(최고의 영광)」, 「感激の至り(최고의 감동)」와 같은 형태로 많이 쓴다.

- 彼は一日中ずっと興奮の至りだ。 그는 하루 종일 계속 흥분의 극치이다.
- このような素晴らしい賞をいただき、光栄の至りです。
  이런 훌륭한 상을 받다니, 정말로 영광입니다.

065 〜の極み 〜극도, 최고의 〜

상태가 극에 달해 있음을 나타내며, 명사에 접속한다.

- 彼女は父母に不孝の極みだ。 그녀는 부모에게 불효막심하다.
- 父親に死なれて、悲しみの極みです。 아버지가 돌아가셔서 슬프기 이를 때 없습니다.

066 〜のごとく・〜かのごとく・〜のごとき 〜와(과) 같이, 〜인 것처럼

비유·양태의 용법으로, 「〜のごとく」는 「〜のように」, 「〜のごとき」는 「〜のような」와 같은 역할을 한다.

- 彼はいつも責任者のごとく振る舞っている。 그는 항상 책임자처럼 행동하고 있다.
- 彼女は彼と結婚したかのごとく言っている。 그녀는 그와 결혼한 것처럼 말하고 있다.

067 〜はおろか 〜은(는) 물론, 〜은 고사하고, 〜은커녕

불만이나 놀람의 감정을 나타내는 표현으로, 뒤에 「〜も」, 「〜まで」, 「〜さえ」 등의 조사가 온다.

- 会社の面接では成績はおろか人物審査もする。
  회사 면접에서는 성적은 물론 인물심사도 한다.

- 漢字はおろかひらかなさえ読めないです。 한자는커녕 히라가나조차 못 읽습니다.

068 〜ばこそ 〜하기 때문에

'〜하기 때문이지 다른 이유는 없다'는 뜻을 강조하는 표현으로, 동사의 가정형에 접속한다.

- 先生が君に厳しく言うのは君のことを心配していればこそだ。
  선생님이 너에게 엄하게 말하는 것은 너를 걱정하기 때문이다.

- あなたの健康を考えればこそ、タバコを吸わせないのです。
  당신의 건강을 생각하기 때문에 담배를 피우지 못하게 하는 거예요.

069 〜ばそれまでだ 〜하면 그것으로 끝이다, 〜이외에 방법은 없다

말하는 사람의 각오나 결심을 나타내는 표현으로, 「〜までだ(〜하면 그만이다)」, 「〜までのことだ(〜하면 그만이다)」 등도 비슷한 표현이다.

- 最善を尽くして試合をして負ければそれまでだ。
  최선을 다해서 시합을 하고 지면 어쩔 수 없는 일이다.

- あんまり気にしなかったから、結果が悪ければそれまでだ。
  그다지 신경 쓰지 않았으니. 결과가 나쁘면 그만이다.

070 〜べからず/べからざる 〜하지 말 것, 〜할 수 없는, 〜해서는 안 되는

금지를 나타내는 표현으로, 현재는 잘 쓰지 않으며, 벽보나 게시판 등에서 가끔 볼 수 있다. 동사의 기본형에 접속한다.

- 水深_{すいしん}が深_{ふか}いところでは水泳_{すいえい}をするべからず。 수심이 깊은 곳에서는 수영을 하지 말 것.
- 人間_{にんげん}の生活_{せいかつ}の中_{なか}で水_{みず}は欠_かくべからざるものだ。
  인간의 생활 중에서 물은 없어서는 안 될 것이다.

071 ~べく ~하기 위하여

「~ため」와 비슷한 표현으로, 동사의 기본형에 접속한다. 단, 「する」 다음에 올 때는 「するべく」, 「すべく」 모두 쓸 수 있다.

- 営業実績_{えいぎょうじっせき}をあげるべく朝_{あさ}から晩_{ばん}まで走_{はし}り回_{まわ}っている。
  영업 실적을 올리기 위해 아침부터 밤까지 뛰어다니고 있다.
- 皆_{みな}さんの期待_{きたい}にお答_{こた}えするべく頑張_{がんば}ります。
  여러분의 기대에 부응하기 위해 노력하겠습니다.

072 ~まじき ~해서는 안 될

동작이나 행위에 대한 금지, 불가능, 부정적 결의 등을 나타낸다. 동사의 기본형 다음에 오며, 「する」와 접속할 때는 「するまじき」, 「すまじき」 모두 쓸 수 있다.

- 飲酒運転_{いんしゅうんてん}は警察_{けいさつ}としてあるまじき行為_{こうい}だ。
  음주운전은 경찰로서 있어서는 안 될 행위이다.
- 彼_{かれ}は許_{ゆる}すまじき暴言_{ぼうげん}を吐_はいた。 그는 용서할 수 없는 폭언을 내뱉었다.

073 ~までだ/~までのことだ ~뿐이다, ~하면 그만이다

'그뿐이다, 그 외에는 생각할 필요도 없다'는 의미로, 「までのことだ」가 더 강조하는 표현이다.

- 心配_{しんぱい}になってもう一度確認_{いちどかくにん}して見_みたまでだ。
  걱정이 되어 다시 한 번 확인해 보았을 뿐이다.
- いくらいい会社_{かいしゃ}でも本人_{ほんにん}が嫌_{いや}なら行_いかないまでのことだ。
  아무리 좋은 회사라도 본인이 싫으면 안 가면 그만인 것이다.

074 〜までもない 〜할 필요도 없다, 〜하지 않아도 된다

'다른 여지가 없다'는 의미로, 동사의 기본형 접속한다.

- そんなことは心配するまでもない。 그런 일은 걱정할 필요도 없다.
- 校則を守るのは言うまでもないことだ。 교칙을 지키는 것은 말할 필요도 없는 일이다.

075 〜もさることながら 〜은(는) 물론이거니와

명사에 접속하여 당연한 내용을 나열하고 강조할 때 사용한다.

- 人物もさることながら、人格もすばらしい。 인물은 물론이거니와 인격도 멋지다.
- 彼は文学もさることながら、美術にも詳しい。
  그는 문학은 물론이거니와 미술에도 박식하다.

076 〜や否や 〜하자마자

동사의 기본형에 접속하며, 앞의 동작에 이어 뒷일이 바로 이어질 때 사용한다. 비슷한 표현에「〜が早いか(〜하기 바쁘게, 〜하자마자)」가 있다.

- 父は朝ご飯を食べるや否や、急いで会社へ行った。
  아버지는 아침밥을 먹자마자, 서둘러서 회사에 갔다.
- 生徒たちは、チャイムが鳴るや否や、教室を飛び出した。
  학생들은 벨이 울리자마자 교실을 뛰쳐나갔다.

077 〜ゆえに・〜ゆえの 〜때문에・〜때문인

원인이나 이유를 나타내는 표현으로, 다소 예스러운 느낌을 준다.

- 頭が痛いゆえに、原稿が書けない状態だ。
  머리가 아프기 때문에 원고를 쓸 수 없는 상태이다.
- このごろは不景気ゆえのブームもある。 요즘은 불경기이기 때문인 붐도 있다.

078 ～をおいて ～을(를) 제외하고, ～이외에

'～이외에는 아무것도 없다'는 표현으로, 뒤에 부정 표현이 온다.

- この仕事ができる人は彼女をおいて誰もいない。
  이 일을 할 수 있는 사람은 그녀를 제외하고 아무도 없다.
- 長崎をおいてチャンポンを語ることはできない。
  나가사키를 제외하고 짬뽕을 이야기할 수는 없다.

079 ～を限りに ～을(를) 한해서, ～을 마지막으로

'오직 그것뿐'이라는 한정의 뜻으로 쓰이며, 명사에 접속한다.

- 今回を限りに全てを許してあげる。 이번을 한해서 모든 것을 용서해 주겠다.
- 今年度を限りにごみの無料収集は終わりになります。
  올해로써 쓰레기의 무료 수거는 끝납니다.

080 ～を皮切りに ～을 시작으로, ～을 계기로

어떤 행위의 출발점을 나타내는 표현이다.

- 文字練習を皮切りにこれから本格的な勉強をさせる。
  문자 연습을 시작으로 앞으로 본격적인 공부를 시키겠다.
- 中国戦を皮切りにワールドカップのアジア予選が始まった。
  중국전을 시작으로 월드컵의 아시아 예선이 시작되었다.

081 ～を禁じ得ない ～을(를) 금할 길이 없다

앞에는「同情(동정)」,「怒り(분노)」등과 같은 감정을 나타내는 말이 온다.

- 国民的に愛されていた女優が亡くなられ悲しみを禁じ得ない。
  국민적으로 사랑받았던 여배우가 돌아가셔 슬픔을 금할 길이 없다.
- いくら未成年者であっても、殺人だなんて、怒りを禁じえない。
  아무리 미성년자여도 살인이라니, 분노를 금할 길이 없다.

082 ～をもって　～로써, ～으로

'수단, 방법, 재료' 또는 '시작, 종료, 한계' 등을 나타내는 표현이다.

- 今日の会議の内容は書面をもって通知致します。
  오늘 회의 내용은 서면으로 통지하겠습니다.

- このクラスは3月をもって終了します。 이 클래스는 3월로써 종료합니다.

083 ～をものともせずに　～을(를) 문제 삼지 않고, ～을(를) 아랑곳하지 않고

'어려운 상황에도 지지 않고 당당히 맞서다'라는 의미로, 말하는 사람 자신의 행위에는 쓰지 않는다.

- 彼は暴雨をものともせずに一人で道を歩いていた。
  그는 폭우도 아랑곳 하지 않고 혼자서 길을 걷고 있었다.

- うちの子は寒さをものともせずに外で遊んでいる。
  우리 아이는 추위를 아랑곳하지 않고 밖에서 놀고 있다.

084 ～を余儀なくされる　어쩔 수 없이 ～하게 되다

외부 힘에 의해 '(어쩔 수 없이) ～하게 됨'을 나타내는 수동 표현이다. 명사에 접속한다.

- 部下のせいで部長は辞職を余儀なくされました。
  부하 탓으로 부장님은 어쩔 수 없이 사직을 하게 되었습니다.

- 骨折のため、車イスでの生活を余儀なくされた。
  골절로 어쩔 수 없이 휠체어 생활을 하게 되었다.

085 ～をよそに　～을(를) 아랑곳하지 않고, ～은(는) 안중에도 없고

해야 할 일을 하지 않거나 소홀히 하여 비난을 하는 뉘앙스를 가진다.

- 娘は試験勉強をよそにして遊んでばかりしている。
  딸은 시험공부를 뒷전으로 하고 놀기만 하고 있다.

- 両親の心配をよそにして彼はゲームに夢中になった。
  부모님의 걱정을 아랑곳하지 않고, 그는 게임에 열중했다.

086 ~んがために ~하기 위해서

'무언가를 반드시 이루기 위해 ~하다'라는 의미로, 문어적이고 격식을 차린 표현이다. 동사의 ない형에 접속하며, 「する」동사의 경우는 「せんがために(~하기 위해서)」가 된다.

- 金持ちにならんがために一生懸命に仕事をする。
  부자가 되기 위해서 열심히 일을 한다.
- 彼は選挙に勝たんがために、どんな汚い手も使える人物だ。
  그는 선거에서 이기기 위해서 어떤 지저분한 방법도 쓸 수 있는 인물이다.

087 ~んばかりに/~んばかりの/~んばかりだ
곧 ~할 듯이 / ~할 듯한 / ~할 듯하다

동사의 ない형에 접속하며, '금방이라도 ~할 것 같은 모습'을 나타낸다. 「する」 동사의 경우는 「せんばかりに」가 된다.

- あまりにも悲しくて泣かんばかりに頼んでいます。
  너무나도 슬퍼서 곧 울기라도 할 듯이 부탁하고 있습니다.
- 何にも知らんばかりの顔をしている。 아무것도 모르는 듯한 표정을 하고 있다.